大学通识教育教材

YANJIANG
YISHU
JIAOCHENG

演讲艺术教程

（第二版）

主　编　武小军
副主编　樊　洁　王莫楠　王　庆

中国教育出版传媒集团
高等教育出版社·北京

内容提要

本书是大学通识教育教材。

本书主要内容包括：演讲的历史演变，演讲的构成、种类及作用，演讲中的有声语言，演讲中的无声语言，演讲的谋篇布局，演讲的技巧，演讲的常用形式，演讲中的辩论之术等。本书还附有演讲语言训练，以及针对性较强、风格各异的演讲稿供学习者参考。此外，本书用二维码技术链接了演讲示范音频等资源，供读者学习参考。

本书可作为本专科院校相关课程的教材，也可供广大社会读者参考学习。

图书在版编目(CIP)数据

演讲艺术教程／武小军主编．—2版．—北京：高等教育出版社，2022.1

ISBN 978-7-04-053684-3

Ⅰ．①演… Ⅱ．①武… Ⅲ．①演讲—语言艺术—高等学校—教材 Ⅳ．①H019

中国版本图书馆CIP数据核字(2020)第029313号

策划编辑 张晶晶　责任编辑 张晶晶　封面设计 张文豪　责任印制 高忠富

出版发行	高等教育出版社	网　址	http://www.hep.edu.cn
社　址	北京市西城区德外大街4号		http://www.hep.com.cn
邮政编码	100120		http://www.hep.com.cn/shanghai
印　刷	杭州广育多莉印刷有限公司	网上订购	http://www.hepmall.com.cn
开　本	787mm×1092mm　1/16		http://www.hepmall.com
印　张	15.75		http://www.hepmall.cn
字　数	310千字	版　次	2013年2月第1版
			2022年1月第2版
购书热线	010-58581118	印　次	2022年1月第1次印刷
咨询电话	400-810-0598	定　价	36.00元

本书如有缺页、倒页、脱页等质量问题，请到所购图书销售部门联系调换

版权所有　侵权必究

物　料　号　53684-00

前　言

我们正生活在一个伟大的新时代。心怀理想，勇于担当，书写人生华章是当下青年人的情怀，既反映了青年人新时代下的求实、奋进精神，也决定着他们在时代的绚丽舞台上能够尽情发挥所能，施展才华。知识与能力并重已成为时代的要求，有人说"我们不仅要埋头拉车，更要抬头说话"，在这个时代，社会交往能力和语言表达能力已显得更加重要。因交际和表达不畅而使青年人陷入入职、发展困境的事例也使很多年轻人迫切希望提高自己的交际和表达能力。

前些年，有一个女大学生，身材高挑，面容姣好。她到一家世界500强企业面试，最后的结果是，她落选了！面试官是我的一位朋友，他告诉我，这次招聘是为公司储备中层领导人才。朋友告诉我她落选的原因：她交谈时声音小，词不达意，话语呆板，显得不自信。而公司招聘的这个职位，恰好要求具备很强的语言表达能力和严谨的思维。很明显，她不能胜任这个职位。

这个女大学生的求职结果已经不是个案。从表面看，这似乎就是一个说话、表达的问题；但究其实质，说话和思维紧密相关。透过一个人的说话，可以看出其大脑的思维能力，并且要达到某种效果，没有效果的说话是没有任何意义的，特别是将来要走上管理岗位的青年人，说话效果则显得更加重要。

还有一个学生，在上课几周后，突然找到我，很小心地对我说，他两周后的一个周末，要去主持他姐姐的婚礼。我听后很高兴，婚礼主持需要掌控全场的能力，特别是对语言表达能力的要求很高，不知他能否达到这一要求。他向我讨教语言表述方面的问题，于是我们从主持稿的层次安排、话语设计、主持风格、语音语调变化、情感投入等进行了多方面的交流。两周后，他告诉我，婚礼很成功，他对主持的效果也很满意。他还告诉我，他原来是个很腼腆、羞涩的人，现在他可以直视别人的眼睛说话；他觉得原来认为很困难的事，其实并不是想象中那样不可完成。我知道，在他身上，从此发生了重大的变化。

我经常对学生说的一句话是：要学会用两条腿走路。这两条腿，一条是指拥有专业知识，另一条就是拥有应用技能。

知识是应该首先具备的。知识是人类的认识成果,包括所有自然科学和社会科学的集合。知识在人类社会实践的世代延续中不断积累和发展着,"知识生,混沌凿矣"。一般来说,知识的学习要先于工作,知在行前,知为行之本。知识何以获得呢?古人说,根本在"格物"。儒家经典《大学》有道:"古之欲明明德于天下者,先治其国;欲治其国者,先齐其家;欲齐其家者,先修其身;欲修其身者,先正其心;欲正其心者,先诚其意;欲诚其意者,先致其知。致知在格物。"其中,"明德""修身""正心""诚意""致知"是对每一个身处社会中的青年人共同的人生规范,而这所有的一切,都需建立于"格物"之上。

"格物",既含穷究事理之意,也含方法运用之妙。前者为致知之源头,后者为技能之养成。知识是为人的基础,技能是翱翔的羽翼。

在当代社会,拥有技能显得日益重要。比如人的说话能力就是一种很重要的应用技能。人在社会中,总是要和各色人等打交道,通过语言和他人进行知识、思想与情感的交流。诸如国际访问、竞职竞聘、商务洽谈、法庭官司、婚礼主持、答记者问、申办陈述、项目议定、规划讨论、学术答辩,甚至凭吊、宴请、销售、调研、述职等都和语言表达有关。可以说,人们生活在一个语言表达的世界中。但语言表达却常常因人而出现迥异的效果。有人说话令人感动,有人说话招致反感。善于言辞,可为自己赢得良好的人际关系;而言辞笨拙,语义不明,表述混乱,就很难形成一种人格魅力,工作也常处被动之中。我国经济的强劲发展以及国际间交流与合作的日益扩大,对于人的说话能力也提出了更高的要求。人们更多地出入公众场合,或聚会,或商谈,或宣讲,或论辩,因此,对话语的"格物"也就成了青年人应当探求的重要任务。

"说话?谁不会呀!"很多青年朋友对此产生了疑问。是的,"话"是人人都会说的,但说话要讲究质量,在不同的场合,针对不同的对象,在不同的言语主题之下,对话语的要求和表达是不一样的。比如日常的家庭说话、朋友聚会,或商务会谈、大会发言等,其话语语调、语速以及婉转变化,都有区别。而不同的话语语调、语速及婉转变化等都会传达出不同的语义信息,供听者准确地接收。这个过程,就是言语交际中所说的"语言编码"与"语言解码"的过程。怎样"编码",怎样"解码",则又蕴含了丰富的理论知识和技巧,而所有这些,都需要一个不断学习的过程。

有一次我看见几个年轻人,在闹市街头练习大声说话,惹得很多行人驻足观看,细一打听,原来他们认为自己的公众语言表达能力较欠缺,胆量又不够,才有意识地在此培养和训练。而在日常生活和工作中,抱有此类憾事的青年人可谓比比皆是。在公众场合练习说话和语言表达,的确可以提高胆量和思维能力,但这只是完成了第一步,接下来就是说话如何吸引人、感染人的问题了。而后者并不是天生的,而是经过长期的学习、不断积累而逐步养成的。

在对青年朋友群体演讲活动的长期观察和教学实践过程中,我发现困扰他们的首先是语言表达的技巧和方法,其次是演讲思想表达的深度,再次是对演讲理论知识的摄入。为此,本书的结构编排立足于演讲知识的系统性,既注重演讲理论知识的介绍,又突出演讲语言及演讲技巧等内容。全书共设八章及两个附录,分别从演讲历史、演讲构成、演讲语言、演讲谋篇布局、演讲语言运用与控场技巧、雄辩演讲等几个方面依次排列。同时,考虑到现代社会对演讲需要的多样性,增设了几种实用的演讲形式,如竞聘、述职、公关和推销等。本书附录一配以语言训练指导:首先进行普通话正音,然后过渡到短语、句子,再到朗读、说话,最后到演讲的演练。本书附录二选取了针对性较强、范围较广、风格各异的演讲稿以供读者学习参考。

谨以此书献给立志提高公众语言表达能力的青年朋友们!

武小军

2022 年 1 月

目 录

第一章 穿越历史的天空
——演讲,一门古老而实用的学问 / 1
一、西方演讲的发展演变 / 3
二、中国演讲的发展 / 7
三、演讲的功用 / 10
思考与练习 / 13

第二章 更识庐山真面目,不因身在此山中
——演讲,大学生社会生存之利器 / 15
一、演讲的构成 / 17
二、演讲的种类 / 22
三、演讲的意义 / 23
四、演讲与大学生成长 / 30
思考与练习 / 37

第三章 悠扬婉转,蛟龙潜鱼
——演讲中的有声语言艺术 / 39
一、演讲中有声语言概述 / 41
二、演讲中的停连 / 43
三、演讲中的语速 / 47
四、演讲中的重音 / 52
五、演讲中的句调 / 57
六、演讲中有声语言技巧的运用应注意的问题 / 60

思考与练习 / 62

第四章　姿态万千，游刃有余
　　——演讲中的无声语言艺术 / 63
　　一、无声语言概述 / 65
　　二、首语 / 66
　　三、手势语 / 68
　　四、仪表仪态 / 69
　　五、道具语言 / 73
　　思考与练习 / 74

第五章　精巧布阵，百战不殆
　　——演讲的谋篇布局 / 75
　　一、确定演讲选题 / 77
　　二、设计题目 / 80
　　三、组织材料 / 82
　　四、编写提纲 / 84
　　五、演讲稿通用格式 / 89
　　思考与练习 / 104

第六章　大弦嘈嘈，小弦切切，登泰山而小天下
　　——演讲的语言运用与记忆、控场技巧 / 105
　　一、演讲中的语言运用技巧 / 107
　　二、演讲中的记忆技巧 / 112
　　三、演讲中的控场技巧 / 113
　　四、怯场及消除怯场的方法 / 117
　　思考与练习 / 120

第七章　社会百态，我自左右逢源
　　——演讲的常用形式 / 121
　　一、竞聘演讲 / 123

二、公关演讲 / 128
三、推销演讲 / 134
四、述职演讲 / 137
五、即兴演讲 / 140
思考与练习 / 142

第八章　唇枪舌剑，似入无人之地
　　——演讲中的辩论之术 / 143
一、辩论概述 / 145
二、校园辩论赛 / 148
三、商务谈判 / 160
思考与练习 / 171

附录一　演讲语言训练 / 173
一、字词发音 / 175
二、朗读 / 185
三、说话 / 193
四、演讲 / 194

附录二　演讲稿范例 / 203
【政治演讲】开放共创繁荣　创新引领未来 / 习近平 / 205
【典礼演讲】活着就是为了改变世界 / 史蒂夫·乔布斯 / 210
【典礼演讲】在 USC Marshall 商学院毕业典礼上的演讲 / 埃隆·马斯克 / 214
【典礼演讲】青蒿素：中医药给世界的一份礼物 / 屠呦呦 / 215
【迎送演讲】对毕业生想说的几句话 / 韩大元 / 219
【竞聘演讲】竞聘校长演讲 / 李敬东 / 222
【述职演讲】我的述职报告 / 224
【凭吊演讲】悼念玛丽·居里 / 爱因斯坦 / 227
【凭吊演讲】在巴尔扎克葬礼上的演说 / 维克多·雨果 / 227
【宴请演讲】国际汽车展览会开幕招待酒会祝酒词 / 229

【婚庆演讲】 婚庆主持辞 / 230

参考文献 / 237

后记 / 239

第一章 穿越历史的天空
——演讲，一门古老而实用的学问

人类是充满智慧和思考的。古希腊哲学家普罗泰戈拉曾说："人是万物的尺度，是存在者存在的尺度，也是不存在者不存在的尺度。"但人在表述思想时也是讲究方法和目的的，并在社会活动中显示出极强的功用。以古观今，演讲存在了几千年，表现出了作为个体的人和社会发展千丝万缕的联系。古希腊-罗马文明以修辞技巧为辅助，通过辩论疑难问题来促进知识的发展；人们通过出众的口才，成功说服他人，使仕途之门大开。于是乎，成为一名出色的政治家便是大多数青年的当然理想。有智慧、有口才的人就被称为"智者"，世风如此，雄辩术、修辞学即大行其道。今人思之，其学理也应形同古人。

本章要点：西方演讲的发展演变，中国演讲的发展，演讲的功用

一、西方演讲的发展演变

西方崇尚演讲的历史悠久,对演讲的研究和认识可追溯到五千年前,最早的文献史料见于古埃及文学作品《一个能言善辩的农夫》。作品描述了一个农夫被一个有权势的人抢去财产后到王宫控诉,通过巧言善辩,终于取得胜利的故事。作品虽然叙事简单,结构也不复杂,但从作品描述的社会背景来看,农夫的巧言善辩正是当时演讲功用的真实写照。

西方对演讲的认识还见于其他史料记载的事例。公元前3000年左右,古埃及法老休尼在写给他长子卡杰姆尼的信中就提出了要进行有效表述的建议。公元前21世纪,另一位年迈的法老谆谆告诫其即将继承王位的儿子麦雷卡说:"当一个雄辩的演讲家,你才能成为一个坚强的人。""舌头就是一把利剑,演讲比打仗更有威力。"

(一) 古希腊、古罗马时期

古希腊时期是西方演讲学繁荣兴盛的重要时期。当时,古希腊城邦之间经常举行音乐、体育和演讲的竞赛与交流。每年在奥林匹亚和其他一些地方都有各种形式的口头颂诗会。盛大的祭神庆典、公共集会、法庭讲演,严肃活跃的哲学、伦理问题讨论,产生了撰写演讲稿和讲授辩论术的专业人才。他们个个知识渊博、口才出众,可以说,那个时代简直是一个崇尚演讲、辩术的时代,涌现出了许多著名的演讲家,他们在演讲理论和演讲实践上也取得了许多伟大的成就。

古希腊演讲的兴盛源于其深刻的社会背景。当时的雅典,政治民主,倡导自由。国家规定,凡具有公民资格者,无论出身贫富贵贱,只要口才出众,善于辩论,并能够成功说服他人,就会被选举为城邦领袖。在这样的社会基础下,成为一名出色的政治家或领袖人物便成为很多人共同的理想,于是雄辩之术成为很多青年人追求的目标。与训练雄辩演说技能相关的知识,如文法、修辞和辩证法,便成为当时"最有价值"的知识,师生辩难、生生辩难成为当时流行的教学方式。雄辩因其自身特有的技巧或艺术,形成了"修辞学",即我们指称的演讲。

当时兴起的演讲有辩论性演讲、评议性演讲、表演性演讲三类,它们是今日法庭辩论、时政评论和表演性演说的起源。当时著名的演讲家有柯拉克斯、高吉阿斯、安提丰以及诡辩家德摩斯梯尼、西塞罗、普罗泰戈拉、克拉底鲁、高尔吉亚、伊索克拉底、普罗塔高勒斯等。这些人也被称为"智者派",他们确定了西方教育史上沿用长达千年之久的"七艺"中的前三艺,即语法学、修辞学和逻辑学,进而产生了演讲学的形式论和实用的教育思想方式。

古希腊对演讲学贡献最大、影响最深的理论家是柏拉图和亚里士多德。古希腊哲学家柏拉图是演讲学理论的开山鼻祖。他的两部著作——《乔治亚:假修辞学的研究》和《费德斯:真修辞学的研究》奠定了演讲学的理论基础,提出了演讲者或演说家所必须具备的哲学修养、逻辑修养、修辞修养和心理修养等。这一理论至今仍被誉为演讲修辞学理论的真谛。在演讲理论的著述上,柯拉克斯发表了第一部演讲学名著——《演讲艺术》,提出了"论点可以由可能性发展而成"的观点和"演讲稿结构"的概念。而古希腊演讲学集大成者当属伟大的哲学家、思想家、修辞家亚里士多德。他提出了演讲应具备三个基本要素,即演讲者、听众和演讲内容,他的《修辞学》等著作成为演讲方面具有影响的典范著作。

在演讲实践上,古希腊的教育家伊索克拉底于公元前392年开办了第一所修辞学校,师承智者派的教育传统,主要教授修辞学和雄辩术,以培养演说家为己任。在他的指导下,许多学生成为当时有名的演说家、政治家。由于其教学切合社会和学生的实际需要,教学成绩斐然,希腊各地乃至东方国家的青年纷纷前往求学,伊索克拉底因此成为古希腊时代最成功的专业教师,其创办的演讲学校也成为古希腊最著名的学校之一。古希腊演讲学理论及演讲实践的丰富和兴盛,为后世演讲事业的发展奠定了重要的基础。

古罗马文明与古希腊文明一脉相承,罗马人不仅借鉴而且发展了希腊文化。这一时期,西塞罗和昆体良是最杰出的演讲家。

西塞罗是罗马共和国末期著名的政治家、哲学家和文学家,也是享有盛名的著名演说家。他创立了一种演讲体——西塞罗体,他留传下来的大量作品中有完整的演说词57篇,它们不仅反映了当时许多重大的历史事件,有珍贵的史料价值,而且在演讲史上影响极大。西塞罗著名的演讲《罗马人》用宏辩之词热情洋溢地赞美自由,歌颂祖国。后人评价西塞罗的演讲气势磅礴,仿佛"尼罗河泛滥"一般滔滔不绝。除了演讲词,西塞罗还写了一系列演讲理论著作,如《论演说家》《论雄辩家》《论修辞学的发明》,系统地阐述了演讲学理论。他认为,演讲必须以语言学和人文学科为基础。他还在亚里士多德的演讲要素理论的基础上提出演讲稿在结构布局上应包括序言、论点、论证、反驳与结论,从而进一步完善了演讲结构理论。

西塞罗认为,一个名副其实的雄辩家,必须能就眼前的任何问题进行得体的演说。一个雄辩家绝不同于一般的"会说话的人"。一个会说话的人,可在大庭广众之中,"根据人类通常的判断力,准确而清晰地表达自己的思想",只此而已。能清楚地表达思想与能就任何问题发表演说是不同的,能清楚地表达自己的意思,并不一定能就遇到的任何问题作生动而具有影响力的演说。要对任何遇到的问题作生动有力的演说,只有雄辩家才能办到。一个雄辩家在某一专业领域的知识肯定不如该专业的专家,但只要获得该专业的基本知识,他演讲起来就会比他请教过的专家还要生动和精彩,其中的原因就在于雄辩家善于雄辩。西塞罗的这种观点在当时以及以后的一个多世纪中,成了权威性的观点。

昆体良是古罗马帝国初期时的雄辩家和教育家,长期经营一所修辞学校,教授演讲技巧,工作长达二十年之久。他通过总结古希腊教育思想以及自己在修辞学和教育领域的学识和经验,完成了巨著《雄辩术原理》。该书从心理学的观点论述了演讲与可信度的问题,被称作"培养演讲人才的教学大纲"。昆体良认为,演讲人首先应具有高尚的人格,然后才能论及他的演讲内容和演讲技巧。在表达方法上,昆体良提出,先天条件(如音质、音量)固然重要,但后天训练更不容忽视。他进而叙述了演讲时手势和面部表情的表达效果,以及幽默在演讲中所能发挥的重要作用等。

昆体良在《雄辩术原理》中提出了修辞学规则,探讨了发现、布局、措辞、记忆、行动等技巧问题。但他同时也提出,大多数规则会因时空和事物特性的变化,以及自身的强烈需求而改变。因此,对一个演说家来说,最重要的才能是明智的适应能力,因为他会被要求处理最变化莫测的紧急情况。

总之,西塞罗与昆体良不仅应用了柏拉图与亚里士多德的演讲理论,而且将其内容不断充实并加以系统化。

(二) 中世纪欧洲

中世纪的欧洲大兴宗教传播之风,这时期的演讲和传教有关。《圣经》被西方人称作"天主的启示",其中《希伯来书》就有关于"天主"言语的生动描写:"天主的话确是生活的,是有效的,比各种双刃的剑还锐利,直穿入灵魂和神魂,关节上骨髓的分离点,且可辨别心中的感觉和思念。没有一个受造物,在天主面前不是明显的,万物在他眼前都是袒露敞开的,我们必须向他交账。"在著述中,"天主"是一位说写俱佳的人物,他文笔朴实无华,言词理直气壮,擅长沟通技巧。"天主"也好,其子耶稣也罢,他们在传教过程中,都需要通过一定的演讲技巧向民众传播教义,离开语言、离开演说是无法进行的。然而基督教在创建初期却认为演讲修辞理论属于异教理论,加以抵制,使演讲学的发展遭受挫折,一度衰落。直到罗马天主教廷的圣人、《忏悔录》的作者、传教士奥古斯丁发现并指出演讲学理论在传教上的重要性之后,演讲学理论才逐渐得到重视和恢复。奥古斯丁本人最早爱好世俗文艺,对古希腊罗马文学有深刻的研究,曾担任文学、修辞学教师。他深受西塞罗的影响,决心追求真理,即使最终在其母的影响下摒弃世俗的追求转而笃信天主教,他仍然对中世纪的演讲学发展具有实际的推动作用。在中世纪欧洲,宗教传播活动本身虽然就是演讲的过程,但是仍然局限于传教的范围。

(三) 文艺复兴以后

文艺复兴以后,思想家们高擎理性主义的大旗,社会上重新重视哲学和思辨之风。19世纪末期,在英国的新古典主义和纯文学运动中,演讲学的研究再度兴起与昌盛起来。著名学者休·布莱尔发表了《论纯文学与修辞的演讲》,把演讲学的研究推向了一个新的高潮。它不仅是演讲理论的研究著作,而且还是指导人们怎样演讲的实用手册。布莱尔对演讲学理论研究的重大影响是,将心理学的理论融入了演讲学,而且提出了如何评价演讲修辞的整套理论。英国著名哲学家培根,从方法学的角度,就演讲学的采证提出了崭新的论点,还指出感官上造成的错觉,如固执的观念、狭隘的观念、漂浮不定的观念以及过度的感情,都会导致演讲推理上的错误。1876年坎伯尔的《修辞哲学》出版,坎伯尔在古代演讲学理论的基础上,应用社会科学和行为科学的理论与证据来论述演讲与辩论。该书与其他演讲学著作的不同之处在于,坎伯尔强调演说应以听众为中心,即演讲的内容、举例以及语言的运用等,都应该考虑听众的文化背景、知识程度、喜恶、兴趣和利害关系等。另外,在演讲学的历史上,坎伯尔首次采用数学推理方法来推断演讲结论的成立率。当时,在议会和其他公共场所,演讲均很流行。随着演讲之风日盛,大批语言学家积极从事语言学的研究,尤其是在口语表达、语音与修辞、词汇与语义方面,已经形成了系统的理论。

(四) 20世纪以来

20世纪以来,伴随着欧美资本主义的发展,演讲之风长盛不衰。从政治演讲到学术演讲再到商业推广活动,演讲正发挥越来越重要的作用。从康德、黑格尔到丘吉尔、罗斯福,从马丁·路德·金、赫赛尔、甘地到列宁、斯大林,无数的西方哲学家、政治家、思想家和领袖人物身上闪耀着雄辩演讲的光芒。美国总统林肯的《葛底斯堡演说》至今仍是演讲史上的光辉典范,美国黑人领袖马丁·路德·金的著名演讲《我有一个梦想》早已成为争取人权、民主,反对种族歧视的代言词。

在现当代演讲学中,西方逐步形成了以美国学派为中心的演讲学潮流。美国许多行为科学家(包括心理学家、社会学家和传播学家)从各个方面对传统的演讲学理论加以分析研究和科学论证,并且运用现代逻辑推理、信息交流和传播媒介等理论充实和发展演讲学。英国学者奥格登和理查兹合著的《意中之意》(*The Meaning of Meaning*, 1923)一书,论述了语言文字的意义是由人来决定、而并非由语言文字本身决定的。作者由此提出,要研究演讲语言所产生的效果,必须研究听众对这些语言的反应。这一理论的提出,对现代演讲学的研究方法具有重大影响。演讲学理论家伯克进一步提出了演讲分析的五个条件,即演讲人、演讲事件、演讲目的、演讲地点和演讲方法。这种分析法已经得到了广泛的运用,如哲学家托尔敏,就用逻辑思维方法去分析和研究说服性演讲。

在当代西方，为演讲发展做出杰出贡献的当属美国著名的演讲家、语言大师戴尔·卡耐基，他一生致力于演讲学、人类关系学、西方实用心理学、商业谈判等方面的综合研究，批评指点过15万篇演讲稿，总结出了一整套演讲模式。1926年，他的专著《公开演讲：企业人士的实用课程》出版，在此基础上，经过多次修订，于1931年以《语言的突破》为名正式出版，在10年内发行了2 000万册，创造了出版史上的奇迹。他倡导的"卡耐基课程"，训练和造就了数以百万计的青年学子。

二、中国演讲的发展

在我国，关于演讲历史的传说和记载很多，最早可追溯到从原始社会向奴隶社会过渡的尧舜禹时代。随着私有制和阶级的逐渐出现，部落之间的战争也随即发生，而顺应社会的演讲也应运而生。《尚书·盘庚下》中记载的"盘庚迁都"事件，是我国早期关于演讲最有影响的历史事件，距今已有三千多年。盘庚在朝中通过三次演讲，据理力争，终于说服臣民，实现了迁都的目的，而盘庚也成为我国有文字记载以来的第一位演讲家。《尚书》记载，盘庚在朝中召集臣民，首先解释了为何要惊动万民而迁徙：

尔谓朕曷震动万民以迁？肆上帝将复我高祖之德，乱越我家。朕及笃敬，恭承民命，用永地于新邑。肆予冲人，非废厥谋，吊由灵。各非敢违卜，用宏兹贲。

接着，他阐述了自己的政治主张，话语恳切而威严：

呜呼！邦伯、师长、百执事之人，尚皆隐哉！予其懋简相尔，念敬我众。朕不肩好货，敢恭生生，鞠人谋人之保居，叙钦。今我既羞告尔于朕志若否，罔有弗钦！无总于货宝，生生自庸，式敷民德，永肩一心。

此外，《尚书》中还多处出现古人对演讲的记录。例如，《牧誓》就记载了武王在牧野临战前的一次演讲：

时甲子昧爽，王朝至于商郊牧野，乃誓。王左杖黄钺，右秉白旄以麾，曰："逖矣西土之人！"……"称尔戈，比尔干，立尔矛，予其誓。"王曰："古人有言曰：'牝鸡无晨！牝鸡之晨，惟家之索'。今商王受，惟妇言是用，昏弃厥肆祀弗答；昏弃厥遗王父母弟不迪，乃惟四方之多罪逋逃，是崇是长，是信是使，是以为大夫卿士。俾暴虐于百姓，以奸宄于商邑。今予发，惟恭行天之罚。今日之事，不愆于六步、七步，乃止齐焉。夫子勖哉！不愆于四伐、五伐、六伐、七伐，乃止齐焉。勖哉夫子！尚桓桓，如虎如貔，如熊如罴，于商郊。弗迓克奔，以役西土。勖哉夫子！尔所弗勖，其于尔躬有戮！"

武王的演讲，列举了商王的种种罪状，重心突出，铿锵有力，具有极大的鼓动性和号召力。

在两千多年前的春秋战国时期，演讲之风可谓盛行。当时的社会，群雄并起，百家争鸣,诸子百家分派立说,辩士策士不胜枚举,形成了别样的风景。

当时,社会动荡、变革不断,由于士阶层的日益壮大,他们为了所依附的阶级与统治集团的利益,四处奔走,以辩力为雄。尤其是在商鞅变法之后,随着秦国的崛起,其他六国的威胁感日益强烈。六国企图联合抗秦,而秦国则利用六国间的矛盾,"远交近攻",从而分化瓦解六国,这便形成了中国长达百年的"合纵""连横"的斗争。谋臣策士在这种错综复杂的政治、军事、外交斗争中大显身手。他们大多具有一定的政治主张,往往为个人的功名利禄,朝秦暮楚,见风使舵。但他们谙熟纵横之术,凭借机谋智慧、口才辞令,四处奔走游说,周旋于各政治集团之间,为诸侯攻城略地出奇谋、划妙策。正是这种社会形势,产生了士阶层中一批又一批的游说策士,如张仪、苏秦、陈轸、唐雎、蔺相如、乐毅、范雎、蔡泽、邹忌、毛遂均是典型代表。除此之外,诸如孔子、孟子、晏子、墨子、孙膑、庞涓等先贤学者,不仅才学出众,而且还精于辩论。相传墨子是研究论辩演讲最早的一位学者。史载公孙衍与张仪,一纵一横,其辩才声震天下,可谓"一怒而诸侯惧,安居而天下息";爱国诗人屈原,巧于辞令;农民领袖陈涉,善于鼓动;籍籍无名的门客毛遂以三寸不烂之舌说服楚王救赵;儒士郦食其仅用三寸之舌就为汉王刘邦说下齐地70余城……这样的事例在中国历史上不胜枚举。《左传》《国语》《战国策》中记叙了关于演讲的许多经典故事,我们熟知的《曹刿论战》《召公谏厉王弭谤》《苏秦始将连横说秦》《崤之战》等都塑造了栩栩如生、能言善辩的人物。从先秦到两汉,诸侯纷争,豪杰并立,游侠策士英雄辈出,他们中的许多人正是凭借高超的演说能力为主效力、为国争光,自己也青史扬名。

到两晋之时,由于玄学之风盛行,文人士族崇尚清谈。"清谈"是相对"俗谈"而言的,也叫作"清言"。不谈国事与民生,专谈老庄或周易。这种"清谈"在当时很流行,特别是上层社会的士族文士,如著名的"王谢"家人,更视之为风雅之举。他们在一起讨论争辩,各抒己见,以驳倒他人为能事。"清谈"的方式有几种,或是主客对答,或是一主多客或一客多主,或是"自为主客"。史载谢安"自叙其意,作万余语",侃侃而谈,见解独特。"清谈"类似于辩论演讲,它和现代演讲的共同点是,要求有新意和不同的观点,要"见人之所未见,言人之所未言,探求义理之精微而达于妙处"。如步人后尘,拾人牙慧,就会令人烦躁厌听。

清谈固然要求理论观点标新立异,同时还必须有高超的语言技巧。相传有一次,刘惔到王蒙家清谈,刘走后,王蒙的儿子问其父:"你和刘惔谁胜了?"王蒙说:"韶音令辞不如我,往辄破的胜我。""韶音令辞"是指语言优美动听,"往辄破的"是说理论上一发即中。前者主要指音韵和谐、辞藻犀利,是清谈的语言形式;后者指的是说事析理的辩论技巧。由此可见,清谈的内容和形式是密不可分的。清谈起源于东汉,兴盛于魏晋,推动了我国古代的哲学思想发展,加深了中华民族对世界万物的认知,老庄的哲学思想和艺术精神正是在这一时期融入中华民族的血液和性格中。同时,作为一种演讲形式,在客观上也推进了汉语的思辨、论辩和讲演的风气及技巧。

及至宋明,程朱理学在发展过程中也离不开演讲形式的传播与辩论,只是封建制度和残酷的礼教已不再允许人们如先贤往圣一般自由议论、各抒胸怀,也因此有西方学者将这一段时期称为中国的"中世纪"。

直到启蒙思潮传入中国,影响深远的"五四"新文化运动使演讲成为反帝反封建斗争的有力武器。年轻学生组织了演讲团,走向街头,以演讲号召全国人民起来反帝救国。在新民主主义革命时期,演讲又成为共产党人在不同革命阶段宣传群众、组织群众、争取群众、打击敌人的最强有力的武器之一。无数中国共产党人走向城市、走入农村,宣传革命、传播真理,使广大群众认清时局,作出正确的判断,中国革命逐步走向了光明的道路。严复、孙中山、李大钊、陈独秀、毛泽东、周恩来、闻一多、彭湃、恽代英等人以震撼人心的演讲和高超的语言艺术,谱写了中国近现代史上光耀人心的著名篇章。

新中国成立后,新时期的演讲活动出现在大学校园里。1979年第一次全国演讲学术讨论会召开;1981年,第一个校园演讲协会在复旦大学成立;1983年,演讲专刊《演讲与口才》在吉林市诞生。伴随着世界华语大专辩论会、亚洲大专辩论赛、澳亚大专辩论赛、国际英语演讲赛、汉语桥中文演讲赛等国际演讲赛事的风行,口才与论辩受到了当今大学生的喜爱,并且成为他们必备的基本素质。

进入新世纪的中国,经济发展日新月异,伴随着改革开放的时代步伐,"入世""申奥""申博"的成功,中国和世界的交往越来越密切,演讲所发挥的社会功效也越来越巨大。人们更加注重语言的运用,人们期待着将话说得更好。跨文化的国际交流与合作,更多地依靠演讲来完成。演讲不仅是说理论辩的方式,更加承载着汉语推广和中华文化国际传播与伟大复兴的重要使命。著名的演讲家李燕杰、曲啸、刘吉、彭清一、邵守义、张海迪等,在我国社会主义发展的历史阶段中,用他们富有激情而言辞隽永的演讲,点燃了千千万万青少年的心灵之火。许多语言研究者和演讲家著书立说,从不同的层面上分析了演讲的特质和技巧,如《实用演讲学》(邵守义)、《现代演讲学》(刘德强)、《演讲学》(刘永凤)、《演讲的理论与实践》(中华全国总工会)、《演讲美学》(李燕杰)、《演讲英语》(马壮赛)、《商务演讲艺术》(何永利)、《疯狂演讲与辩论》(刘烨)。

随着互联网的普及和发展,网络传播平台更加灵活广泛,以微博为代表的微媒介、微舆论铺天盖地。演讲的形式和内容变得更加新颖灵动,关注的内容和议题也更加多元、广泛。每一个人在这样的条件下都可以成为自由的演讲者,我们有更多的机会、更多的自由畅快表达,我们每一个人都有可能成为成功的演讲者。因此,新的时代需要演讲者以更新、更强的能力来表达自我。

三、演讲的功用

不管是在西方还是中国,演讲文明已历经几千年,且长盛不衰。战火纷飞,朝代更迭,都无法改变其作为人类基本交往和沟通的一种重要手段的地位。

演讲,英文为"speech"(speak 的名词式),既指当众演说,又指说话能力及言论,范围非常宽泛。亚里士多德在其《修辞学》中,把修辞定义为"在特殊的事例中发掘出可用于说服的本领",并阐述了增强说服力有三个要点,即:演讲者要有道德、可信度;唤起公众的情感;在辩论的主题下展开有力的逻辑论战。亚里士多德所处的时代,演讲主要就是为了辩论哲学问题,当时人们辩论是为了寻找真理,而说服的基本功能就是要找到事实真相和伸张正义。所以,他提出的"修辞"概念可转用于我们今天对演讲本质的理解。西方的演讲历史证明,所有形式的演讲都遵循着一个共同的基本原则,即用语言媒介(包括有声语言、无声语言),将演讲者的观点和对事物的认识等传输给听众,以此感召和鼓动听众。演讲是一种基于现实的语言交际与信息交流活动,"演讲是一门融道德伦理、社会政治、文学艺术为一炉的实用传播艺术,是把美学与生活实践、哲理与语言艺术巧妙结合的人类交际方式,是为实现某种目的而影响听众行为的社会实践活动"[①]。不管是古代还是当今,演讲都具有无可替代的巨大功用。

(一) 社会功用

1. 演讲是宣扬观点和价值观的有效途径

人类社会的文明史从来充满了不同路线、不同观念、不同价值、不同利益的斗争,而演讲历来是这种斗争的主要工具。秉持不同观点的人往往都借助演讲这一形式宣扬自己的立场和主张。

当丘吉尔和罗斯福在倾尽全力鼓舞人民与法西斯顽强斗争的时候,希特勒正在对德意志民族疯狂洗脑。正义的力量和真理的价值需要通过更加磅礴有力的宣传和演讲,才能唤醒民众、宣传真理、引导思想、凝聚公众意志,形成统一的社会意识。1775 年,美国演讲家帕特里克·亨利在弗吉尼亚发表了激动人心的独立演讲《不自由,毋宁死》,唤起了千百万人民坚定地投身于独立战争中。他的"不自由,毋宁死"至今仍激励着千万民众为自由而战。林肯在葛底斯堡的演讲中提出了民有、民治、民享的政治主张,成为美国价值观的重要基石。演讲可以促使正确价值观的形成,引导健康正面的舆论,促进社会的文明进步。可见,杰出的演讲可以启迪人心、弘扬正气、宣传真理、推动人类社会发展。

2. 演讲可熏陶高尚的情操,培养健康的人格

演讲家在演讲时,总是用真善美的道德情感来感染听众,培养听众美好的情感,

---

① 张泉君. 著名教育家演讲鉴赏[M]. 济南:山东人民出版社,1995:总序.

诸如爱国主义、集体主义、英雄主义、人道主义,通过情感的长期积淀,养成高尚的人格和情操。麦克阿瑟在告别西点军校的"责任、荣誉、国家"的演讲中,用强烈的情感鼓舞学生以母校为傲,为国家而战。"在我黄昏的记忆中,我总是来到西点,耳边始终回响着:责任,荣誉,国家"。这句感人肺腑的演讲词,会永远回响在听众耳边,激励起无数后继者强烈的爱国之情。乔布斯在 2005 年斯坦福大学毕业典礼上的演讲则是用情感的涓涓细流告诉莘莘学子如何感悟生命,让人觉得温暖细腻,感人肺腑。如今许多地方的学校邀请演讲者对学生进行亲情教育,常常见到孩子们因感恩而与父母相拥而泣,场面感人。可见演讲对培养、影响听众的情感作用非常巨大。

3. 演讲可唤起听众的行动,将信念转化为人生实践

一次成功的演讲,除了启迪人心、传播真理、培养情感外,最终目的是唤起听众的行动和实践。"五四"时期风起云涌的学生演讲,抗战之中热血青年的街头演说,无不号召民众行动起来,用行动弘扬科学与民主之精神,用血肉捍卫家国民族之尊严。可以说,一切成功的演讲必须能唤起听众的行动,反之则绝不是好的演讲。特别在人们面临重大挑战或是遭遇不幸的时候,更需要的是行动而不仅仅是语言。"9·11"恐怖袭击发生当晚,乔治·W. 布什发表的电视讲话虽然不是最经典的演讲范例,但在那个特殊的时刻仍然鼓舞着遭受重创的美国人民迅速团结和积极行动起来。"5·12"汶川地震之后,各地民众自发组织的悼念活动中也出现了演讲者的身影,他们鼓励全国人民在悲痛中团结起来,上下一心,拯救灾民。所以,一次成功演讲的终极目标,应当是将语言的力量转化为行动的力量,将信念和意志转化为实践的脚步。每位演讲者都应当主动追求这种积极的引导作用,使演讲产生强烈的现实意义和历史价值。

4. 演讲可形成思想意识领域的交锋,创自由民主之风

通过演讲,人们可广开言路,积极思考,自由阐发,各抒己见,开创民主与自由、思辨与智慧的风气,不同的见解可在碰撞中产生火花,创见新思想的萌芽。北京时间 2012 年 5 月 3 日凌晨,正值法国大选投票前夕,时任法国总统萨科齐和社会党候选人奥朗德进行了一场总统大选前的电视辩论。这场激辩在法国创下了极高的收视率。大约有三分之一(两千多万)的法国民众全程关注了这场双雄对决。辩论共持续了两个半小时,从经济、外交到移民政策、欧债危机……辩题宽泛,辩论激烈,让当地的政治评论家们颇感惊讶。通过演讲,法国民众更加深入地了解了执政者各自的思想政见。

(二) 个体功用

1. 演讲是个人阐发思想、表达观点的窗口

无论是小到个人目的,还是大到政治理念的宣扬,如果能通过恰当的演讲技巧赢得支持,达成说服的目的,甚而将演讲者的意志转变为听众的意志,那么即使不能成

为一个专门的演讲家,这样出色的演讲技巧也能使我们获得更加广泛的支持,使生活和事业更加符合我们的意愿。古今中外著名的演讲,无一不是演讲者意志淋漓尽致的体现。苏秦游说六国,诸葛亮舌战群儒,拿破仑鼓舞士兵,丘吉尔号召危难中的英国为正义而战,马丁·路德·金对自由与民权的呐喊……这些案例一次又一次证明了演讲的功用。

2. 演讲可提升个人的语言能力和思维能力

演讲作为一种阐发思想的方式,对演讲者本人的语言能力、思维能力有非常高的要求。当我们看到口若悬河、滔滔不绝的演讲者的时候都会赞叹不已,这里既有对悦耳和谐的语音语调的欣赏,更有对其严密的逻辑及雄辩的论述的叹服。演讲能力的培养是对一个人综合素质的巨大提升。首先,优秀的演讲者应当具备超越世俗局限、拓展时代观念的前瞻性思维,他应当能够透过当下看到未来社会进步的趋势,能够引领和启迪受众探寻真善美的价值。其次,他还必须拥有渊博的学识、丰富的阅历以及敏锐的观察力、敏捷的思维力、准确的判断力、迅速的应变力和较强的记忆力。最后,这一切能力都要体现在表达之中,因而对语言高超的驾驭和运用能力是对演讲者最基本的要求。

诺贝尔奖得主、英国著名剧作家萧伯纳年轻时具有一切初学演讲者的通病——胆怯,他拜访客人时竟会在门口徘徊半小时而不敢敲门。后来通过参加演讲、辩论,"固执地一个劲儿地让自己不断出丑直至习以为常",终于锻炼为成功的社会活动家、雄辩家。从个人能力的发展来看,演讲的作用在于激励个体迅速成长,综合提升个人从语言驾驭的能力到应对进退的技巧、才学见识眼界乃至思想和德行。

3. 演讲可改变个人的交际环境

现代社会人们的交往日益密切,信息广为交流和传播。我们每一天都在与人打交道,都在表达与接收、说服与被说服之间博弈。广义的演讲事实上贯穿于我们生活的各个方面。除了表达自我的观点、提高个人的能力以外,演讲还对我们的人际环境有巨大的影响。演讲者在台上侃侃而谈、气度从容,在生活中也应当谈吐得当、举止大方。这不仅有利于创造和谐的气氛,而且也有利于人们的愉快交往。演讲家经过长期训练和实践所得的本领,不仅使自己在演讲台上可以表现他们的文雅举止和出众口才,在日常生活中,他们丰富的学识、敏捷的反应也能使其在人际交往中脱颖而出,达成与他人更加迅速有效的沟通。这不仅能够冲破种种人际关系的阻碍,还能建设起身边和谐的人际环境。同时,演讲所必须具备的优秀的心理素质和情感智商还可以使自己广泛地与各种不同类型的人接触交往,扩大人际圈子,为自己的发展赢得更加优良的人脉资源。相反,如果表达技巧不当,那么生活事业诸多方面都会产生种种阻碍,事倍功半甚至诸事不顺。

思考与练习

1. 古希腊时期,雄辩之风盛行,请据此分析演讲和社会之间的关系。

2. 《鬼谷子》里说:"辞言有五,曰病,曰恐,曰忧,曰怒,曰喜……是故与智者言,将以此明之;与不智者言,将以此教之,而甚难为也。"请结合社会交际需求,谈一谈你的看法。

3. 有人说,演讲就是开口说话,人只要不是哑巴,说话又有何难?试针对这一看法谈谈你对演讲的理解。

4. 演讲的功用是什么?请结合大学生未来就业和事业发展等问题阐述自己的认识。

第二章 更识庐山真面目，不因身在此山中
——演讲，大学生社会生存之利器

北宋文学家苏轼在《题西林壁》中如是说："横看成岭侧成峰，远近高低各不同。不识庐山真面目，只缘身在此山中。"诗句道出了人在知行上的局限性。但苏轼是聪明的，他明白，"知"上的超脱，方能统领全局。对大学生而言，演讲不仅仅是一门课程，也是生存于社会的一件法宝。演讲作为一门学问，独具规律，心如不超脱，无识其面目。

本章要点：演讲的构成，演讲的种类，当代社会与演讲，演讲与大学生的人生发展

一、演讲的构成

演讲是由演讲者面向听众,以有声语言为主要表达手段,并借助一定的手势、表情、动作等无声语言阐述自己的思想和观点,抒发自己的情感的一种口头语言表达艺术。演讲充分体现出了"演"和"讲"的特质,"讲"指的是通过话语语音作用于听众的听觉;"演"则指通过人体态势作用于听众的视觉。在演讲活动中,应以"讲"为主,"演"为辅。

演讲究其本质是通过语言和声音向听众传输思想信息,因此,一次演讲活动的完成,必须有演讲者、听众、语言媒介信息和演讲时境等四个要素,缺少其中任何一个要素都不能构成演讲。①

(一)演讲者

演讲者是演讲的主体,是演讲内容和形式的生发者和体现者,是演讲活动的中心和前提。没有演讲者,演讲活动便不能构成。而一个演讲者要想获得演讲的成功,从衣着、精神面貌、风度到语言表达、知识涵养、思想修养等各方面都须达到较高的水准,归结起来,主要有以下几个方面的内容:

1. 外在形象

由于演讲活动中,演讲者直接暴露在公众面前,因此,演讲者的外在形象就成为公众首先认识和考察的一个重要内容。在人们的日常交往中,"第一印象"总是占有极高的比重,演讲也是如此。当演讲者以其自身形象出现在听众面前时,其形象的塑造便显得异常重要。通常,演讲者的形象要素包括演讲者的体形、容貌、衣冠、发型、举止和神态等,好的演讲者总是给人一种朴素、自然、轻松、得体、精神饱满的感觉,他们总是特别注意自己的举止和神态,保持微笑、善意、和蔼和亲切,总是以乐观向上的精神风貌感召着听众。

演讲者的形象展示一直伴随着整个演讲活动过程。其外在的美与丑、好与差,不仅直接影响着演讲者思想感情的传达,而且也直接影响着听众的心理情绪和感官享受。所以,任何演讲者在登台演讲之前都应对自身形象进行一番"刻画"和"装饰"。

---

① 邵守义,谢盛圻,高振远.演讲学教程[M].北京:高等教育出版社,1994:3.

2. 语言表达

演讲中的语言表达既包括口头语言表达,也包括体态语言(即态势语言)表达,这是演讲活动中非常重要的一个环节,直接体现出演讲的魅力。要搞好演讲,必须过语言关,其要求是:口头语言表达一定要做到发音准确、清晰,语言表述流畅,声音的高低缓急轻重等运用恰当;体态语言表达则要巧妙借助表情、手势等身体动作来深化演讲的内涵,加强演讲的效果。

语言表达的培养非一朝一夕之功,良好语言的养成靠的是个人长期的语言训练。开口说话并不难,但要说好却不易,演讲更多的是在语言上下功夫。同样一句话,可产生不同的效果,有的听得清楚,有的听得含混;有的听后让人激动、振奋,有的让人昏昏欲睡。一些大学生不注重对语言表达的培养,如普通话不标准、方音浓重,发音干涩,重音停顿处理不当,说话无激情;在态势语言运用上,表情羞涩,手势不到位或动作多余,这些已成为通病。

3. 知识涵养

演讲是集多门学科为一身的艺术,如哲学、美学、社会学、伦理学、逻辑学、语言学和文学、写作。演讲者要想获得演讲的成功,就必须涉足广泛的知识领域,博览群书,使自己成为博学之人。特别是当代大学生,要"努力拓宽知识面,用人类社会创造的一切优秀文明成果丰富和提高自己"[①]。受经济大潮的影响,当今的大学生比以往任何时期的大学生所面临的局势都要复杂和严峻,一些大学生不懂文史,不学哲学,不关心时政,沉溺于网络和游戏,个人主义思想泛滥,在这类学生的演讲中,鲜有引经据典或思想深刻之处,显露出肤浅的一面。文化素质的低下,直接造成了演讲主题缺乏深度、说理不透彻等痼疾,演讲自然不能打动人心。

4. 道德品质

演讲活动还要求演讲者必须要具备高尚的道德品质,孔子曰:"其身正,不令而行;其身不正,虽令不从。"古语也有"身教胜于言教"之说。演讲的目的就是要教育人、说服人和影响人,而演讲者的道德品质和所作所为,直接关系到演讲的效果。演讲扣动听众心弦的,不单单是演讲技巧的运用,也不局限于语言的流畅表达,更重要的是演讲者的高贵品德和高尚人格的再现。古罗马时期的雄辩家、教育家昆体良在其《雄辩术原理》一书中就提出,一个雄辩家既要擅长雄辩,同时也应具有崇高的思想和高尚的情操。对于雄辩家来说,才能与德行是相互联系、缺一不可的,在一定意义上,德行比才能更为重要。

中国历代的思想家一贯重视思想品质的修养,儒家学派的集大成者孔子、孟子就是这方面的典范。孟子曰:"我善养吾浩然之气。"宋代的儒学大师程颢对此也有经典

---

① 江泽民.在庆祝北京大学建校一百周年大会上的讲话[M].中国教育报,1998-5-5.

表述:"君子所不可及者,其唯人之所不见乎?"伟大的物理学家、相对论的创立者爱因斯坦,一生不仅致力于科学研究,还广泛关注国际和平事业,如支持中国的抗日斗争,反对使用原子武器,关心人类文化和道德的发展。1931年2月16日,他在美国加利福尼亚理工学院对师生发表了题为《科学的颂歌》的演讲,阐述了"科学发展的前途在于造福人类"的主题,使到场的所有听众深受感染,人们被大师对科学的不倦追求和从事人类和平事业的崇高精神所打动。演讲者以其宏大的思想及高尚的人格屹立在听众的面前,产生了无与伦比的强大力量。

演讲的才能不是天生的,深邃的思想也不是与生俱来的,而是不断进行社会实践,不断学习,对社会、对人生不断思索而产生的,是经过艰苦的、多方面的训练,逐步成长起来的,是一个长期修养和积累的过程。

(二)听众

听众是演讲的客体,是演讲的接受者、对象和演讲效果的体现者,这里主要是指演讲者在演讲时面对面的直接听众(现场听众)。演讲者只有充分地了解听众,掌握听众的心理特点和需求,才可能有效地征服听众,从而发挥演讲的作用,最终达到演讲的目的。

在大学生演讲中,听众主要是大学生群体,而当今的大学生来自祖国的四面八方,性格、喜好、经历、背景、观念、语言习惯各不相同,听演讲的目的也各不一样。即使抱着同一目的而来,对同一演讲内容也是各有偏好;即使是同一个人,也可能因时间与条件的不同,而产生不同的情绪。因此,了解听众,有的放矢地发表演讲,才能达到预期的目的。

1. 听众的反应与作用

演讲是一种双向的信息传输交流,既离不开演讲者,更离不开听众。听众不是被动地、消极地坐在会场里接受演讲者的演讲内容。他们在倾听,也在选择,在获取有用的信息,他们希望得到激励,更愿意去感受演讲者心灵深处那些闪光的思想。从演讲效果来看,有的演讲使人激动,有的演讲使人冷漠,有的演讲甚至使人反感;而一旦听众出现了这样或那样的不利反应,则可能直接破坏演讲者的情绪。

美国语言大师戴尔·卡耐基曾说过:"讲台上的人和讲台下的人之间隔有一堵墙,那么利用听众的参与,便可打倒这堵墙。"因此,听众不是可有可无的,在一定程度上,他们可以左右演讲的效果。可以说,听众掌握着演讲最大的自主权,如演讲时听众到达的多少,落座时位置的远近,倾听程度的高低,聚集的疏密间隔,听众的各种临场状况都可能直接影响演讲者的发挥。

2. 听众心理评价

听众对演讲绝对不是被动地接受,相反却始终在主动地评判。那么,听众是怎样在心中评价演讲的优劣好坏呢? 总的来讲,听众对一次演讲的心理评价主要体现在以下几个方面。

（1）追求"真""善""美"。演讲因人而异，目的各不相同，但真正成功的演讲，其目的在于讴歌"真理"，在于激发听众去追求"真""善""美"，去揭示或传播主观对客观世界的正确认识，去引导人们用道德原则正确调整个人与个人、个人与群体之间的关系，并从中体现出一种美感，教会人们去追求美、鉴赏美和创造美。只有为真理而演讲，为呼唤真理而演讲，才是富有生命力的演讲。

（2）富有人格感召力。对于听众而言，演讲者的人格感召力非常重要。演讲者人格形象的树立，有助于形成演讲者的人格魅力。演讲者的人格不仅在于外表的漂亮打扮和装饰，而更在于向听众传达出的坚定信念、一身正气，热爱祖国、无私奉献、光明磊落以及充满活力、蓬勃向上等基本品质。没有人格，知行不一，甚至品德败坏的演讲者是不会受到听众欢迎的。

（3）体现真知灼见。所有给听众留下难忘言语、深邃思考以及人生美好启迪的演讲都可称作是成功的演讲，演讲者的哲理思维往往闪现出一种真知灼见，对客观事物的评价充满了智慧。那些富有哲理性的语言最能打动听众的心，能给听众无穷的思考和深远的启示，而这些恰好是听众最需要的。

（4）起伏多变的语言。演讲特别讲究语言的变化，就口头语而言，有抑扬顿挫、轻重缓急之分；就态势语言而言，依靠身体的变化，可传达出高兴、欢乐、激越、哀伤、愤懑等语言信息。演讲语言的起伏多变，使整个演讲或高昂，或低沉，或严肃，或诙谐，综合运用多样性的语言就是让听众接受各种语音刺激，从而调动听众"听"的积极性，强化演讲主题，给听众留下深刻印象。

（5）洋溢激情。演讲贵在打动人心，因此，演讲离不开演讲者的情感投入。情感发自演讲者的内心，通过多样的形态变化而显现，加上身体语言的介入，可以使演讲更加激情澎湃。没有演讲者的情感投入，就不会有听众的情感付出；没有演讲者的情感变化，也就不会激起听众的情感波澜。

总之，要作好演讲，就必须理解听众，掌握听众在演讲过程中的心理特点并最大限度地加以发挥。

(三) 语言媒介信息

只有演讲者和听众还不能构成真正意义上的演讲，语言这种传播媒介促成了演讲的双向交流。语言是信息的载体，运用语言进行交际，实际上就是在进行信息传播。信息传播的过程一般分为三个环节。一是传播者的语言编码环节。所谓语言编码，就是将语言信息转换成一种能让接受者理解的信号——语言信息代码（如语言符号或文字符号）。二是语言信号的传递环节。语言信号往往通过一定的信道而传递给接受者，信道就是语言信号传递时所要经过的渠道或所要借助的媒介，比如口头语、书面语、手势语、麦克风等渠道，或广播、电视、网络等媒介。三是接受者的语言解码环节。接受者在接收对方发来的语言信号以后,要把它还原成一定的语义信息。在演讲中,语言充当了重要的传播渠道,如组织信息、传播信息,而听众也实现了由语言代码到接受语言信息的过程。

1. 语言媒介信息的构成

演讲的语言媒介信息主要由两个方面构成:一是话语,即有声语言;二是态势语言,属于无声语言。有声语言是演讲活动最主要的物质表达手段,是信息传递的主要载体。有声语言借助语言和声音,直接作用于听众的听觉器官。无声语言是变化着的形体动作,借助姿态、动作、手势、表情等,作用于听众的视觉器官,辅助着有声语言表达的思想和感情,从而产生演讲效应。

2. 语言媒介信息的特点

(1)语音的多变性与信息传输的时限性。语音的多变性是指演讲时语音语调的起伏变化,最明显的是要反映出语音的高低、轻重、快慢等语言信息特征,这是演讲的活力所在,是演讲必不可少的一个重要方面。信息传输的时限性则指演讲时在单元时间内语言信息输出的有限度。演讲有时间限制,不能无限度地延长时间,而要求在较短的时间内完成适度的信息输出。没有哪一位听众愿意把时间耗在劳而无效的场合里。他们希望在有限的时间里,听到简短、精辟、一语中的的精彩演讲。所以,凡有经验的演讲者,在其演讲过程中,会首先通过一定的估算来获取听众的信息接受能力,并在有限的时间内以此来确定演讲的信息传输量,以传递给听众较为丰富的语言信息。

(2)态势语言运用的适度性。演讲中的态势语言运用是必需的,作为演讲的一种辅助语言,态势语言是为了加强有声语言的效果而使用的。演讲中,人们总是有意或无意地使用无声语言,如眼神、表情、手势、姿态。不同的态势语言在具体的语言表述环节上代表不同的意义并作为一种语言信息向听众传达。但态势语言在使用中应体现出适度性原则。运用过多,则会削弱演讲主题,甚至影响到听众对演讲者人格及修养的正确评判;若一味追求演讲的表演化效果,只会使听众感受到一种表演艺术,削弱了演讲的实用性和真实性。所以,有经验的演讲者,在演讲中总是追求态势语言的均衡和适度,该运用时大胆运用,不该用时绝对不用,演讲者就是在自身对态势语言的控制中恰到好处地将语言信息传递给听众的。

(四)演讲时境

演讲时境通常指的是演讲中的时间与空间环境。在日常语言的交际中,语言总是存在于各种不同的交际环境中,语言学上把言语的环境简称为语境。演讲是语言表达的艺术,离不开语言,因此,也必定存在着演讲的环境。演讲的时间、空间环境,是演讲活动赖以进行的客观条件,是演讲者和听众构成特定关系的场合,对演讲活动能否顺利进行乃至成败具有直接的制约作用。每一个人都生活在一定的社会关系当中，而且总是以这样或那样的身份向别人表达自己的思想感情。这就决定了演讲者必须根据不同情况，考虑时间、地点、场合、对象、自我等因素，选用不同的演讲风格，说出适时合宜的话语。

演讲时间不同，决定着演讲效果的差异，对演讲者来说，层次安排和语言表达设计也会不同。在下午演讲，听众会略显疲顿；在周末演讲，听众则会心意慌乱。若不得已必须在下午或周末安排演讲，则吸引人的内容和多变的语言是演讲制胜的法宝。

不同的地点、场合等空间环境，也会对演讲选用的语言和风格造成影响。在正式的地点和场合，如会议室、报告厅、法庭、议会、教室，进行由正式组织筹划的各类论坛、新闻发布和一些涉及重大原则的如宗教、外交、道德、军事的演讲，语言往往倾向于庄重、严肃，话题也比较集中。而在另外一些地点和场合，如广场、商业区、闹市、集会，说话一般比较自然、随意，话题也比较分散。不同的空间结构和演讲条件对演讲语言及风格也会造成影响。演讲地宽敞明亮，听众人数众多而集中，音响高保真等都有助于演讲；而狭小、空旷、有噪声，或天气太冷、太热、刮风下雨，听众靠后等都会破坏演讲。

综上所述，演讲活动的四个要素相互配合，就构成了演讲活动的整体，缺少哪一个要素都不能构成演讲。

二、演讲的种类

演讲和社会密不可分，演讲的内容是社会的直接反映。所有涉及政治、经济、军事、科学、文化、道德、宗教、法律、文艺以及日常社会生活的内容，都可以作为演讲的主题。演讲的场所也不固定，各种集会、课堂、广场、街头、法庭、战地及广播台和电视台等宽阔或不宽阔之地，室内或室外都可以作为演讲的场所。而演讲的目标听众也是来源广泛，无论工人、农民、士兵、学生、商人、知识分子，无论男、女、老、少，无论城市、乡村，无论领导、百姓，也无论民族、肤色，都可以作为演讲的听众。正因如此，演讲的种类依照不同的划分标准而呈现多样化的特点。

根据演讲活动的性质和特点，可以把演讲分成如下类型：

（1）从演讲内容上分，主要有政治演讲、生活演讲、法律演讲、学术演讲、公共关系演讲、道德演讲、教育演讲、军事演讲、商业演讲、宗教演讲和外交演讲等，这是演讲最基本的分类。

（2）从演讲形式上分，主要有命题演讲、即兴演讲和论辩演讲等。

（3）从演讲目的上分，主要有说服性演讲、鼓动性演讲、传授性演讲、娱乐性演讲等。

（4）从演讲场合上分，主要有集会演讲、课堂演讲、街头演讲、法庭演讲、议会演讲、教堂演讲、战地演讲、广播演讲和电视演讲等。

演讲的类型多种多样，其分类没有固定不变的规定，但每种分类都必须从同一角度、采用同一标准。在实际的演讲过程中，一种演讲往往是综合了多种演讲类型，如政治演讲，也可以包含外交演讲和宗教演讲；可以是即兴演讲，也可以是命题演讲；可以是说服性演讲，也可以是鼓动性演讲；可以在集会上，也可以在议会中；可以是叙述式，也可以是抒情式；可以用英语，也可以用汉语或双语。了解演讲的分类及各种演讲的性质与特点，对演讲实践具有一定的指导意义。

三、演讲的意义

当代社会的发展带来的是知识经济和信息化的高度发达，现代科学技术的突飞猛进和网络的普及，使"地球的'半径缩短'而使人的'舌头延长'了"[①]，各国间政治、经济、文化的交流已超越了时空的界限而变得唾手可及。人际传统的生活方式和封闭的社会空间已被打破，信息的传播、交流、沟通，已成为现代社会的主要特点。思想与信息的交流对于人类来说显得越来越重要：首先，它已成为人们生存的基本需求。美国心理学家马斯洛提出了人类生存的五个层次的需求，社交需求位列第三[②]。其次，它已成为人们获取信息的主要途径之一。据研究，人们在工作中所需要的信息，其中"只有20%～50%是通过文字材料得来的，而有30%的信息则来自文字以外的渠道，如和朋友、同行的聚会、聚餐、聊天、讨论"[③]。再次，它是人们创造良好的生活、学习、工作环境的主要手段之一。而演讲就是思想与信息交流方式中重要的一种。

（一）演讲是当代社会重要的交际手段

当代社会使得人与人之间、人与社会之间的关系变得非常密切，因此社交往来也成为不可缺少的重要环节。随着个人和各级组织间互相合作机会的增加，话语表达能力（即演讲能力）就显得更加重要了。无论是政府、军队、企业，还是商人、教师、法官，不管是哪个民族、哪种肤色，也无论是领导还是平民，都存在着言语交际需要。从各级各类大会报告到纪念重大节日的领导人讲话、外交部的声明等，从国家之间的礼仪祝词、节日讲话和盛大宴会上的祝酒词，到企业团体之间的经济谈判、文化往来、产品推介，或是新婚贺喜、生日祝福、迎送致辞、凭吊悼词等，我们所处的时代，无论是个人交际场合，还是团体交际场合，都存在着交往需要，都存在着演讲。

1. 演讲是群体与群体间沟通的常用手段

在美国，演讲的概念异常宽泛，常常指一切面对公众的讲话，包括各种形式的会谈、说话、致辞、会场演讲、辩论等，演讲已成为美国人生存和发展竞争的一种必备工具。在当今社会，"讲话"即意味着沟通。因此，一些美国企业家认为当代社会已进入

[①] 邵守义. 实用演讲学[M]. 北京：中国青年出版社，1985：3.
[②] 五种需求为：生理需求、安全需求、社交需求、尊重需求、自我实现的需求。
[③] 刘忠信. 社交大全[M]. 长春：吉林大学出版社，1989：6.

了"沟通时代"。沟通时代的来临,直接促使 CEO(chief executive officer,首席执行官)变成了一个沟通者 CCO(chief communication officer,首席咨询官)。

不仅如此,联合国成员间的协商,国家与国家的对话,民间团体的文化交流,企业与企业的谈判,各组织之间的商谈协调等,都成为演讲发挥作用的地方。

2005 年 4 月 29 日,中国国民党主席连战访问大陆,揭开了六十年后国共两党合作的历史新篇章,胡连的握手被称为"世纪性握手"。连战在北京大学的演讲促进了两岸的沟通。演讲,可以融化坚冰;演讲,超越了任何可及的形式。在这次演讲后,北大师生就一些敏感的话题与连战进行了面对面的交流。这些严肃而又现实的话题,通过演讲这一有效的手段,在有限的时间内向听众进行了无限的传播,而连战也站在中国台湾的现实立场,代表中国国民党阐述了对相关问题的看法和观点,海峡两岸的心,随着演讲在一步步沟通,在一步步走近。连战精彩的演讲词,沉稳的演讲风格,深刻而富有远见的观点给人留下了清晰深刻的印象,这次演讲使人看到了两岸交流往来及和平统一的曙光。

2. 演讲是个人与群体沟通的重要形式

演讲是个人说服、鼓动人群的最直接有效的手段。1992 年在联合国大会上,一个名叫 Severn Suzuki 的 12 岁小女孩,用一个孩子的话语震撼了成人的世界。其演讲视频获得上千万次的点击率,她因此被称为"让世界沉默 5 分钟的女孩"和"最年轻的环保斗士和演说家"。以下是她在联大的演讲节选:

大家好!我是 Severn Suzuki,我代表"儿童环境组织"来此演讲。我们是一个由四名十二三岁孩子组成的小团体,我们希望改变一些世界。我们自己筹集经费,从 5 000 英里外来到这里,只是为了告诉你们这些成年人——你们必须改变你们的生活方式。今天我在这里,没有什么隐秘,我们是为我们的未来而战。失去未来不像选举失败或者股市下跌那么简单,我来到这里是为了将来所有的世代而演讲。我演讲是为了世界上所有忍受饥饿的儿童,而他们的哭泣却无人听见。我为这个行星上无数正在垂死的动物而演讲,因为它们几乎已经无处容身了。我现在害怕晒太阳,因为臭氧层出现了空洞。我现在害怕呼吸空气,因为我不知道那里有多少化学物质。以前我常常和我爸爸在我们的家——温哥华钓鱼,直到最近几年,我们发现鱼的身上到处都是癌细胞。现在,我们每天都会听说一些动物和植物灭绝,灭绝意味着永远消失。我的梦想就是能看到成群的野生动物,茂盛的丛林和大片的雨林中到处是鸟类和蝴蝶在飞舞。但是现在我质疑我们的孩子是否还有机会再看到它们。童年时,你们是否担心过我们现在担心的事?所有这一切就发生在我们眼前,然而我们还是一直向大自然无度索取我们所需要的。

我不过是个孩子,我不知道该怎样弥补这一切。但我们这些孩子也希望你们认识到,你们也没有办法找到答案!你们不知道如何去修补大气的臭氧空洞,你们也不知道怎么去从死亡的河流中拯救鱼类,你们更不知道如何让灭绝的动物重返大地,你们也不能把曾经的森林从沙漠中带回来。如果你们不知道如何拯救,那么请您停止破坏吧!在这里,你们可能代表着你们的政府、企业、机构,但你们也是父亲、母亲、兄弟、姐妹、阿姨和叔叔,你们都是人子。

我只是一个小孩,但我知道我们都是一个大家庭的成员,超过50亿人的大家庭,以及超过三千万物种的大家庭,政府和国界永远无法改变这个事实。我身为小孩都知道,我们在地球的母亲怀中都是孩子。我们应该为了相同的目的进行相同的行动!然而事实却让我很愤怒,但我也很清醒,我虽然害怕,但我敢于告诉世界我真实的感受。在我的国家,我们制造了如此之多的浪费,我们买了丢,再买再丢,如此反复。而在发达国家里,有些人却不会分享给那些真正需要的人们,即使他们拥有的远远超过需要。他们害怕分享,害怕失去自己的财富。

我只是一个小孩,然而我知道,要是把花在战争上的钱,用在找寻环境问题答案上来,或用在结束贫穷并找到解决问题的方案上来,这个星球将是个多么美好的地方啊!在学校,甚至在幼稚园,你们大人教我们如何处世,你们告诉我们不要打架,要尊重对方。找出答案,解决矛盾。去分享,而不是贪婪。你们大人为什么去做与你们教导孩子相反的事情呢?不要忘记你们为何而来到这里开会,你们为谁做事情?我们是你们的下一代,你们正在决定我们将要在一个什么样的环境中成长,父母需要能够宽慰孩子们,告诉他们"一切都没问题,那不是世界末日,我们正在尽其所能地改变"。但我不能再相信这样的话了,孩子们还是你们的优选名单吗?

这段演讲站在一个孩子的角度,描述了她看到的惨遭破坏的世界。她用无可辩驳的事实质问主宰世界的成年人,用深痛的哭泣鞭挞毁坏世界的成年人,用悲天悯人的思想警醒成年人。这无疑给唯利是图、破坏环境的成年人以当头棒喝,震撼了世界。这是小Suzuki向整个人类发出的呐喊和呼吁。

3. 演讲是领导者传达思想、发挥领导才能的重要途径

二次世界大战时,艾森豪威尔将军的一次经典演讲已被广泛引入现代企业的"管理"与"领导"概念之中。艾森豪威尔时任欧洲盟军统帅,有一次召开高级军事主管会议时,为了说明沟通与领导力的重要性,他拿起一根绳子往桌上一丢,然后说:"假如我们今天用这根绳子,来驱使(push)你去做一件事情,你从一头(绳子的一个端点)去推动它,你会发现困难度非常高,可能它并不听你的命令,走不到你要去的方向,你要它往东,它可能是往西去的。反过来,假如今天你改用导引(pull)的方式,即用很有效的沟通方式,让每一个人理解今天作战的目的是什么等问题,如同把这个绳子往上一

拉,往左一拉,我们可以马上看到这个绳子完完全全听候你的指示。"

艾森豪威尔的演讲深入浅出,他阐明了一个重要的哲理,即驱使(push)与导引(pull)的关系问题。导引是指用善意而良性的沟通来引导员工跟着你的想法去推进工作。艾森豪威尔用一个简单的例子说明了作为一个领导,不管你是政府、企业或者是军事化的领导,沟通都是非常重要的。

把自己的思想、主张和理念用简明、有效而生动的方式传达给下属,是领导者必须具备的基本技能。一位优秀的领导不仅要能通过演讲传达思想和观念,而且要能鼓舞下属的斗志、激发下属的战斗力。下面是二战时,苏联军队准备反攻德军,斯大林在红场阅兵时的演讲:

红军和红海军战士们,指挥员和政治工作人员们,男女工人们,集体农庄的男女庄员们,智力劳动者们,在敌后暂时陷在德国强盗压迫下的兄弟姐妹们,我们那些破坏德国侵略者后方的光荣的男女游击队队员们,同志们:

我代表苏维埃政府和我们布尔什维克党向你们致敬,并庆祝伟大的十月社会主义革命二十四周年!

同志们!今天是在严重情况下庆祝十月革命二十四周年的。德国强盗背信弃义的进攻和强加于我们的战争,造成了对我们的威胁。我们暂时失去了一些地区,敌人已经进犯到列宁格勒和莫斯科的门口。敌人认为,在第一次打击之后,我们的军队就会崩溃,我们的国家就会屈膝投降。可是,敌人大大地失算了。我们的陆海军虽然暂时失利,但仍然在整个战线上英勇地反击着敌人的攻击,使敌人损失惨重,而我们的国家,我们全国已经组成了一个统一的战斗阵营,同我们陆海军一起共同来粉碎德国侵略者。

我们的国家曾经经历过比现在的处境更加危急的时日。试回忆1918年我们庆祝十月革命周年纪念时的情形。当时我国四分之三的领土都在外国武装干涉者手中。我们暂时失去了乌克兰、高加索、中亚细亚、乌拉尔、西伯利亚和远东等地区。当时我们没有同盟国,我们没有红军(那时我们才刚开始创建红军),我们缺乏粮食,缺乏武器,缺乏被服。当时有十四个国家围攻我国。可是,我们不曾灰心,不曾丧气。当时我们在战争的烈火中组织了红军,并把我国变成了一座军营。当时,伟大的列宁精神鼓舞了我们为反对武装干涉者而战。结果怎么样呢?结果我们粉碎了武装干涉者,收复了全部失地,争得了胜利。

现在,我国的状况要比二十三年前要好得多。现在,我国无论工业、粮食和原料,都比二十三年前丰富许多倍。我们现在有同盟国,他们同我们一起结成反德国侵略者的统一战线。我们现在拥有精锐的陆军和精锐的海军,他们正在挺身保卫着我们祖国的自由和独立。我们无论对于粮食、武器或被服都不感到严重的缺乏。我们全国,我国的各族人民都一致支援我们的陆海军,帮助他们粉碎德国法西斯分子侵略匪军。我们有源源不断的人员后备。现在伟大的列宁的精神和他的胜利旗帜,就像二十三年前一样,仍然鼓舞着我们去进行卫国战争。

我们能够并且一定会战胜德国侵略者,这难道可以怀疑吗?

敌人并不像某些惊慌失措的知识分子所形容的那样强大。魔鬼也不像人们所描述的那样可怕。谁能否认,我们红军曾屡次把大受吹捧的德军打得仓皇而逃呢?如果不是根据德国宣传家大肆吹嘘的声明来判断问题,而是根据德国的真实状况来判断,那就不难了解,德国法西斯侵略者正面临崩溃。现在饥饿和贫困笼罩着德国,在四个月的战争中,德国已损失士兵450万,德国血流殆尽,人员后备宣告枯竭,不仅陷于德国侵略者压迫下的欧洲各国人民,而且连看不到战争尽头的德国本国人民都充满了愤怒的情绪。德国侵略者正在作垂死挣扎。毫无疑问,德国是不能长久挣扎下去的。再过几个月,再过半年,也许一年,希特勒德国一定会由于其罪行累累而崩溃。

红军战士和红海军战士,指挥员和政治工作人员,男女游击队队员,同志们!全世界都注视着你们,把你们看作是能够消灭德国侵略者匪军的力量。处在德国侵略者枷锁下的被奴役的欧洲各国人民都注视着你们,把你们看作是他们的解放者。伟大的解放使命已经落在你们的肩上。你们不要辜负这个使命!你们进行的战争是解放战争,正义战争。让我们的伟大先辈——亚历山大·涅夫斯基、季米特里·顿斯科伊、库兹马·米宁、季米特里·波扎尔斯基、亚历山大·苏沃洛夫、米哈伊尔·库图佐夫的英勇形象,在这次战争中鼓舞你们!让伟大的列宁的胜利旗帜引导你们!

彻底粉碎德国侵略者!

消灭德国占领者!

我们光荣的祖国、我们祖国的自由、我们祖国独立万岁!

在列宁旗帜下向胜利前进!

这次演讲激发了苏联人民被德军几乎摧毁殆尽的斗志,唤醒了苏联人民心中的爱国情怀,重新树立了苏联人民赶走强寇、收复失地的信心,为苏联军队夺取反攻的胜利乃至夺取苏德战争的胜利打下了基础。

4. 演讲助力个人走向成功

来自美国的一份调查报告显示,有85%的成名企业家认为,他们的成功是因为沟通和人际关系的能力超人一等,善于沟通,善于说服,善于把自己的思想、理念外向地表达,从而得到外界的帮助,使企业得到了大力的发展。

风靡高校的"21世纪杯"全国英语演讲比赛,旨在促进英语学习和国际交流。第一届"21世纪杯"全国英语演讲比赛的冠军是来自南京大学外语系的刘欣,而刘欣同时也是当年(1996年)国际英语演讲比赛的冠军。1996年,由国际英语联合会主办的一年一度的国际英语演讲比赛在英国伦敦拉开帷幕,这次比赛共有20个国家的37名选手参加,是历届比赛中参赛人数最多的一次。来自英语为母语国家的选手,如英国、美国、澳大利亚,占了相当的比例。中国参赛的4名选手分别来自南京大学、北京大学、北京外国语大学和外交学院。此次国际比赛规则十分严格,要求每位参赛选手自行选定演讲题目,作5分钟自由演讲,然后有2分钟时间回答评委所提出的问题。刘欣的演讲以其深刻而丰厚的文化内涵、纯正流利的英语表达和高雅大方的风度,令严谨、挑剔的评委们频频点头。一个非英语国家的姑娘,竟然在英国本土力克众多英语国家选手,获得第一名,为首次派选手参赛的祖国赢得了殊荣。

由国际英语联合会副主席、英国BBC节目主持人、《金融时报》撰稿人等权威人士组成的评委团,在对刘欣的评判词中说道:"这位女选手一出场就吸引人,演讲结构完美,表演脱俗,礼仪很好。"比赛组织者和英国驻华使馆为之震动,相继致电我国有关方面,对中国年轻一代的英语水平和中国的英语教育给予了高度评价。

刘欣演讲的成功,不仅为祖国赢得了巨大的荣誉,也为她自己打开了通向世界的大门。

在当今社会里,因善于演讲和沟通而取得成功的事例还有很多。成功并不仅仅取决于一个人的学识多少,以及为此花费的工夫,其中一个重要的因素是如何与他人进行思想的交流。一个人能不能很有效地进行表达和与人沟通,把自己的思路、工作理念有效地表达出来,从而顺利完成任务,这往往是通向成功的基础。

不仅如此,现实中的求职和应聘也是这样,短短的几十分钟,就可能决定一个人人生的基本走向。当今社会面试评价的标准中,一个重要的参照便是人的表达和沟通能力。对于求职和应聘者而言,清晰而简洁地表达自己的思想和观点,是取得职位的先决条件,而对于招聘单位而言,则会将一个人具有良好的表达沟通能力作为选择的重要条件,并愿意对其委以重任。

演讲与沟通是实际工作中的一项重要技能。随着现代社会的分工越来越精细,要使这些工作连结为一个整体,就需要协调、说服和沟通,而这一切全部依赖于语言,这是社会文明发展的一个必然结果。在日益开放的现代社会,懂得说话技巧的人总是占有极大的优势。笨嘴拙舌、不会说话者则可能弄巧成拙,被人看低。

(二)演讲是当代社会人才应当具备的基本素质

演讲,究其本质,是指说话的艺术,也就是口才。同样一句话,使用不同的语调、语速、句式和感情,效果截然不同。早在先秦时代,我们的祖先就已认识到口才的重要性,并将口才与治国联系起来。在先秦儒家学派的重要著作《荀子·大略》中就有如下表述:

> 口能言之,身能行之,国宝也。口不能言,身能行之,国器也。口能言之,身不能行,国用也。口言善,身行恶,国妖也。治国者敬其宝,爱其器,任其用,除

其妖。

此外，我们熟知的许多古今经典语句也描述了口才的作用，如：

一言能定国，一言能丧邦。

言为心声。

语言是人类最重要的交际工具。

一人之辩，重于九鼎之宝；三寸之舌，强于百万之师。

刀伤易痊，舌伤难愈。

舌者，杀人之利器也。

赠人以言，重如珠玉；伤人以言，甚于剑戟。

良言一句三冬暖，恶语伤人六月寒。

酒逢知己千杯少，话不投机半句多。

欲加之罪，何患无辞。

在我国历史上，还流传着许多关于说话艺术的经典例子，例如：

  明代开国皇帝朱元璋，出身贫寒，少年时候放牛，给有钱人家打工，甚至一度还为了果腹而出家为僧。但朱元璋却胸有大志，历经磨难，终于成就一代霸业。朱元璋当了皇帝以后，有一天，他儿时的一位穷伙伴来京求见。朱元璋很想见见旧日的老朋友，可又怕他讲出什么不中听的话来。犹豫再三，还是让传了进来。那人一进大殿，即大礼下拜，高呼万岁，说："我主万岁！当年微臣随驾扫荡庐州府，打破罐州城。汤元帅在逃，拿住豆将军，红孩子当兵，多亏菜将军。"朱元璋听他说得动听含蓄，心里很高兴，回想起当年大家饥寒交迫时有福同享、有难同当的情形，心情很激动，立即重赏了这个老朋友。消息传出，另一个当年一块儿放牛的伙伴也找上门来了，见到朱元璋，他高兴极了，生怕皇帝忘了自己，指手画脚地在金殿上说道："我主万岁！你不记得吗？那时候咱俩都给人家放牛，有一次我们在芦苇荡里，把偷来的豆子放在瓦罐里煮着吃，还没等煮熟，大家就抢着吃，把罐子都打破了，撒下一地的豆子，汤都泼在泥地里。你只顾从地上抓豆子吃，结果把红草根卡在喉咙里，还是我出的主意，叫你用一把青菜吞下，才把那红草带下肚子里。"当着文武百官的面，"真命天子"朱元璋又气又恼，哭笑不得，只有喝令左右："哪里来的疯子！来人，把他轰了出去！"

例子中前后两人面对朱元璋说的是同样一个意思，但为什么结果却截然相反呢？由此看来，在人际交往的过程中，怎样说话，直接关系着交往的功效。而揣测对方心理，把话说到别人的心里去，是说话得体、动听从而达到成功交往的关键因素。

在当代社会里，口才可以说已成为决定一个人生活及事业优劣成败的一个重要因素。美国著名的演说家戴普曾经说过："世界上再没有什么比令人心悦诚服的交谈能力更能迅速获得成功与别人的钦佩了。"人的工作、生活、思想、情感以及所有的喜怒哀乐,往往是通过他的言语来对外表达,口才好、说话流利、思维清晰而又有独特见解的人会使人托付重任。在现今这个高度发达的商品经济社会,一场报告会、一次商品推广活动、一次产品发布、一次公关社交、一次商务谈判甚至写一篇讲话稿都可以使人获得成功。近几年,来自社会用人单位的招聘、就业信息表明,用人单位越来越重视考察个人的综合素质能力,包括人的言语表达、应变、思维、心理、社会实践等能力。我们熟悉的"毛遂自荐"的典故,便是毛遂通过"自荐",在实践中完成使命的经典例子。"苏秦以连横说秦"中,遭受"黑貂之裘弊,黄金百斤尽"的苏秦若只埋头于书房读书,而不用其"三寸不烂之舌"游说列国,纵有宽广的知识和才能,又怎能成就千秋功业?

西方一位哲人曾说过:"世间有一种成就可以使人很快完成伟业,并获得世人的认识,那就是令人喜悦的讲话能力。"口才是现代智能型人才应当具备的基本素质,思维敏捷、能言善辩是事业成功的保证。

四、演讲与大学生成长

(一) 大学生成长与社会要求

大学阶段是人生最美好的时期,大学生是国家的栋梁,是祖国未来的建设者。学好专业知识固然重要,但时代的发展告诉我们,要在现实社会中有所成就,取得成功,仅靠专业知识是远远不够的。提高自己的综合素质,构建全面发展的知识结构是时代所趋。因此,掌握演讲的内涵,培养演讲的能力,学会说话的艺术,对于大学生的职业发展具有重要的现实意义。

当今的大学早已远离了"两耳不闻窗外事,一心只读圣贤书"时代,随着社会经济的发展和人们思想观念的不断更新,大学生们与社会的距离也越来越近,他们纷纷走出"象牙塔",走进社会。从商品推销、市场调查、兼职翻译到从事家教,如今,半工半读的学生已遍及校园,无论是家庭状况困难的,还是家庭环境良好的,对于大学生来说,走入社会从事各种兼职、工作绝非仅为了解决个人的生计问题,吸引他们更多的是工作本身的挑战性。因此,与社会的零距离接触,使得大学生的人际交往更加密切,在言语交际方面也提出了更高的要求。

随着大学生的校园活动日益丰富和完善,从参与各种协会、社团,到组织或参加各类学生活动,这些校园活动与社会活动一样,存在着言语交际需要。

当代大学生在这个开放的社会里,思维活跃,观点丰富,表达自由。他们对现实中许多问题有着浓厚的兴趣,比如人生、就业、理想、爱情、交友等,他们需要思考、需要交谈、需要沟通,别人的成功经验可进一步帮助自己,别人失败的教训可引以为戒。大学生由于处在特定的年龄段,性格、认识具有很大的可塑性,人生观、世界观正在形成,对社会的发展以及一些表象尚理解不深,有时会产生误区或表现出激进的一面,需要通过沟通和交流来调整。因此,学会演讲,学会表达,实现有效沟通,成为所有大学生必备的人生利器。

(二) 大学生成长误区

当今的大学生最突出的问题之一是不善交际、不善表达,加之受网络的影响,许多大学生沉溺于网络的虚拟交际,以此逃避现实的重压,并由此产生许多心理问题,如自卑、抑郁、嫉妒、偏执,甚至产生更严重的后果,如封闭自己、放弃学习,甚至与社会为敌、轻生自杀。

1. 交际不善

种种迹象表明,大学生产生的诸多问题,其根源是交际不善,而交际不善则源于没有架构好大学中的人际关系。大学生的人际关系结构通常有以下几种:宿舍内的人际关系、学业方面的人际关系、业余生活方面的人际关系等,包括寝室同窗、班级、同专业、相关学科专业、老乡、社团协会、异性等。每一个大学生在校期间,都面临着各种复杂的人际关系,都需要去进行言语交际。随着高校的连年扩招,大学生的内在素质参差不齐。"踏着铃声进出课堂,宿舍里面不声不响,互联网上诉说衷肠",这句顺口溜实际上反映了相当一部分大学生的交际现状。现代大学生的交际困难主要表现为不会独立生活,不知道如何与人沟通,不懂交往的技巧与原则。有的同学有自闭倾向,不愿与人交往;有的同学为交际而交际,不惜牺牲原则而随波逐流。

大学生交际困难常出于以下方面的原因:一是目前大学生多为独生子女,对其教育不当造成了一些负面效果,如任性自私、为所欲为;二是由于从小缺乏集体环境而导致缺乏集体感与合作精神;三是家长的过分包办使独生子女上大学之后缺乏最起码的独立生活及为人处世的能力。交际困难一方面导致大学生产生自闭偏执等心理问题,另一方面因无倾诉对象,有问题的学生心理压力更会加重,还易导致心理疾病。

2. 沉溺网络

在当今网络环境下,随着电脑、手机的普及,越来越多的大学生沉溺于网络虚拟空间中,其中不乏因交际困难而在网络的虚拟世界里寻找心理满足的人。有些大学生对网络的依赖性越来越强,甚至染上网瘾,每天花大量时间泡在网上,自我封闭,与现实生活产生隔阂,不愿与人面对面交往和言语沟通。久而久之,便会影响大学生正常的认知、情感和心理定位,还可能导致人格分裂,不利于健康性格和人生观的塑造。迷恋网络还会使部分大学生产生精神依赖,他们在网络的虚拟世界里聊天、游戏往往得心应手,而对现实世界里的事物和人际交往却毫不关心,一方面抱怨学校的集体活动太少,另一方面有活动又不参加,在日常生活和学习中举止失常、神情恍惚、胡言乱语、行为怪异、孤僻暴躁。

3. 对社会需求认知不足

现实世界是残酷的,而成功只给予有准备的人。如今的招聘会现场,有成百上千的学子,成百上千的简历。一些大学生满面春风地准备面试,却又失望而归。如此尴尬的局面,不得不令人反思,大学几年,大学生们到底学到了什么?在专业知识的背后,是否还有其他重要的东西?

思考能增长智慧,知识运用能提高能力。在大学里,我们除了学习专业知识,更应该培养智慧。大学四年生活中,一方面,我们要学会快速地适应不断更新的知识,使自己知识之树常青。另一方面,现在的企业既重视知识,更重视人的能力,要求大学生要具有一定的组织能力、策划能力、协调能力和执行能力,即使是对纯粹技术型的人才也有这样的要求。因此,学会演讲,可以克服交际不畅的弱点,可以增进人际间的友谊,从而促使人获得成功。对于大学生而言,无论是在学校,还是去工作,演讲都是非常重要的手段。

(三) 演讲是大学生适应社会的一种有效途径

美国著名的语言大师卡耐基曾经说过,演讲能使人自信、勇敢和镇定,并在事务上具有应付他人的能力,而且还能使人在日常生活中更好地处理人际关系。正因如此,演讲这种形式在当今的高校方兴未艾。许多大学生将演讲作为应用型知识而有意识地加以训练和培养。演讲可开化人的知识,感动人的心灵,演讲可有效训练思维,可使语言表达更简洁明快,演讲可以令人看问题更加深入,可使思想得到有效交流,演讲可赢得他人的尊重。因此,演讲已成为当今大学生生活与学习中的一项重要内容。

2012年1月9日,由日本侨报社日中交流研究所主办的第7届中国人日语征文大赛表彰仪式及日语演讲会,在北京的日本驻华大使馆文化中心举行。最优秀奖获得者是国际关系学院日语系的学生胡万程,他以《王君的"加油日本"》为题,讲述了在面对日本大地震时,他是如何通过自己的努力使身边的好友从"愤青"转变到可以理性看待日本的过程。他声情并茂的演讲感动了所有到场人士,日本侨报社社长段跃中更是流下了热泪。胡万程是该征文大赛有史以来首位获得最优秀奖的男同学,他还获得了"日本一周免费游"的奖励。

2002年7月2日,在巴黎举行的国际展览局第131次大会上,来自复旦大学的两名女大学生在中国申办2010年世博会的陈述中作了三分钟的"压台"演讲。她们以流畅的语言、真切的感情、大方自然的仪态,表达了中国青少年对上海举办2010年世博会的热切期盼,受到与会者的热烈欢迎。

演讲是座桥梁,它连接着人与社会。当代大学生拥有了专业知识,如同拥有了先进的设备,在人生的发展路途中,如果能进一步去铺路架桥,便能到达光辉的彼岸。

当今高校的教育者们十分清楚一个道理,那就是演讲等同于能力培养。因此,演讲以不同的形式在各个阶段进行着。英语演讲便是其中的一种形式。除此之外,还有中文演讲、中英双语演讲、英法双语演讲、日语演讲、韩语演讲、中文辩论赛、英语辩论赛、沙龙、英语角、协会社团主题活动、报告会、评议会、竞聘会、座谈会等许多不同形式的演讲。许多高校还将其中的一些活动与学分挂钩,充分体现出对这类活动的重视。

无论何种形式的演讲,都可以培养大学生的语言表达能力,增强文化知识;不仅如此,演讲还可提升大学生的思辨能力,有助于学生养成良好的性格。一些社会现象和热门话题都可以成为演讲的内容。演讲可以使大学生形成理性的思想,有助于培养其科学的世界观和人生观,这对于大学生的健康发展无疑是有好处的。大学生是一个思想活跃的群体,他们对许多事物充满好奇,并愿意积极地尝试和评价。但由于他们处在特殊的人生发展阶段,对一些事物有认识不清甚至偏颇的倾向,如学业与创业,人与生命,人际关系与交往,政党与社会,网络问题,爱情、交友与结婚,理想与现实,诚信问题,台湾问题,中美、中日关系问题,反恐问题等。学子们在有些问题上显露出矛盾、彷徨的一面,通过演讲可以获得明确认识。

(四) 大学生演讲能力的现状

当今大学生中不乏演讲的佼佼者,但从普遍的层面上看,好的演讲者却是凤毛麟角。对于绝大多数大学生而言,演讲中暴露的问题很多,在一定程度上影响了演讲的质量。对于立志提高演讲能力的大学生来说,以下问题应特别关注。

1. 发音不标准

演讲(通常指中文演讲)必须使用普通话。普通话是我国的通用语言,在全国得到推广。一些大学生由于缺乏长期的普通话训练,加上浓重的方音影响,发音不正,表现出在语音方面的弱势。常见的发音问题有:

(1) 声母不正:如翘舌、平舌中的 zh 和 z,ch 和 c,sh 和 s,以及鼻音 n 和边音 l 的读音区别不大。

(2) 韵母发音不规范:如 in 和 ing、en 和 eng、eng 和 ong 等分辨不清,以及无(少发)儿化音 er。

(3) 声调不全或多调:用方言调去发普通话声调,音变、轻声等语音技巧掌握不够。

发音不标准造成一些字词理解有误,并影响演讲中的语音审美。

在实际演讲中,有一些大学生可能读得准有意义的一组音节(如词、短语),但如果以句子形式出现或脱稿演讲,需要靠自己的思维去灵活、自由地组织语言材料时,则往往会出现语义不连贯,甚至读错音的情况。有时注意了音调,却使句子无法流畅;有时注意了句子连贯,但却发音不准。有的人发音混沌,声音悬在半空,无法落地,造成吐字不清。

2. 演讲无激情

演讲中常可以看到如下一些情景：演讲者拿着演讲稿上台，目光不离地照着稿子念；演讲语调平淡，无明显的降升曲转变化；无态势语言，在台上不做任何动作等。这样的演讲常常导致一个后果，那就是台上演讲，台下说话。在听众的心里，演讲者的吸引力渐渐淡去。这些情况的出现，主要在于演讲者自身缺乏激情，不能吸引和感染听众，于是听众对其演讲便不感兴趣，自然就无心听讲了。

在不谙演讲的人看来，演讲就是拿着讲稿到台上去念。殊不知，这正犯了演讲之大忌。由于缺乏与听众的目光和心灵交流，演讲自然会受到听众的抵制。难怪有人评论说：既然如此，何不将自己的声音录下来，拿到台上一放不就省事了吗？要演讲者上台又有何作用呢？因此，演讲者若以自我为中心，阻断与听众的交流，听众也会淡漠与演讲者的交流。

演讲的魅力来自激情，激情往往表现为声情并茂。一个好的演讲者常会自问：演讲中，自己投入了激情吗？一个连自己都无法感动的主题，凭什么要求听众倾心去听呢！

3. 不注重仪表

一些大学生在演讲时不注重仪表仪态，穿着随便，不修边幅，在台上有很多小动作，甚至精神不振，表现出很大的随意性。如穿着臃肿或宽大的服装，着圆领衫，T恤不干净，衬衣不内扎，外套不扣纽扣（不拉拉链）；头发凌乱、过长、染色，胡子拉碴；用手挠头，抚弄鼻孔，双手撑住演讲台，两脚不停摆动或"金鸡独立"。

没有良好的仪表和风度，演讲者很难牢牢吸引听众的注意力，也会使演讲效果大打折扣。

4. 横向知识储备不够

大学生在演讲中普遍的问题是对演讲的主题思考不深入，横向知识的储备量不够。一些大学生以为演讲就是朗读，于是手拿杂志、报纸，选取一段，照本宣科。还有一些大学生自己写了演讲稿，但是深度不够，观点和态度不够鲜明，缺乏旁征博引。演讲是道理的深刻阐释，是思想的绽放，是思考的闪光。一次成功的演讲除了形式上的完美，还需要内容上的深刻、广博。这主要体现在：一是具有深刻思辨的智慧火花，用马克思主义哲学武装自己的思想，改进思维，提高分析力；二是具备丰富的知识，天文、地理、社会、历史等知识信手拈来，充分利用诸方面的知识和信息来丰富自己的演讲内容，增强自己观点的说服力，为自己的演讲添光加彩。而这些，恰好是一些大学生容易忽视的。

5. 演讲准备不足和怯场

一些大学生从思想上不重视演讲，也不愿花工夫去作认真的准备，以至于上台后结结巴巴，无话可谈。上台后，常见的表述有："我今天没作什么准备""我不知道说什么,就随便讲一点吧"。凡此表述都是对听众的极端不负责任,听众对他们自然也不感兴趣。

怯场是人人都可能发生的。大学生演讲时的怯场有多方面的因素,如准备不充分,因台下人多而害怕,口吃,性格内向,甚至个矮、体弱、长相不好、家庭贫困都可能造成怯场。怯场是缺乏自信心的外在表现,而提高自信心的方法可以是来自小范围的成功,如一次好的交谈、一次高分的考试、一次出色的组织活动,甚至是一次来自老师或同学的表扬、鼓励。随着自信心的增强,便可克服演讲怯场。

(五) 大学生提高演讲水平的方法

有人把"舌、美元、电脑"并称为当今社会三大"战略武器",而"舌"位列榜首,足以表明口才在现代社会中的重要性。大学生要适应社会,要在工作中干出一番事业,应当逐步提高自己的演讲水平。演讲不是生活中口语的随意表达,也不是朗诵,而是一门学问,是一种关于说话的艺术,其涉及的学科领域相当广泛,包括语言学、文学、哲学、修辞学、逻辑学、心理学、伦理学、美学和表演艺术等多方面的知识,有一定的理论深度和广度。大学生要有效提高演讲水平,必须有科学的态度和正确的方法。

1. 掌握演讲的理论和技巧

演讲已发展成为一门新的学科,即演讲学。演讲学本身有自己的理论及运用技巧,隶属社会科学范畴,是一门既富有艺术性又非常实用的社会科学。它以演讲活动作为研究的对象,研究演讲中如何运用有声语言和无声语言表达的特殊手段和技巧,研究演讲的发生和发展的规律。如:演讲的本质特点及其变化;演讲的要素、分类、艺术技巧,演讲稿的撰写及方法;演讲者的自我修养及能力要求和规律;演讲的语言发声等。涉及演讲的技巧很多,如:怎样选题,怎样开场、控场和结尾,如何设计演讲的兴奋点,如何谋篇布局,如何措辞及表达,以及演讲中如何运用适宜的论证方法,如何确立演讲的风格等。一次好的演讲,总是贯穿着深刻的理论和多样的技巧。因此,掌握一定的演讲理论和技巧,对大学生提高演讲水平是非常有帮助的。

2. 说一口流利的普通话

普通话是我国推行的国家通用语言,现代汉民族的共同语,也是所有中文演讲中语言信息传递的主要载体。普通话在演讲语言里通常指的是有声语言,它由语言和声音两种要素构成,其中声音运载着演讲者的思想和情感,直接诉诸听众的听觉器官,从而产生演讲效应。普通话在演讲中的具体要求有:发音吐字清楚、准确,语气、语调、节奏富于变化。因此,对于演讲者而言,说一口流利的普通话便显得异常重要,而普通话的培养和训练主要靠平时的不断积累。

3. 克服心理压力,在实践中锻炼成长

一些大学生只要面对听众(或人群),他们就不愿说话(或少说话),到了不得不说的时候,心理压力陡增。一些大学生沉溺于网络,不愿面对现实,不愿参加集体活动,

从心里对面对面的谈话感到反感,而一旦进入网络世界,他们立刻恢复了"青春"与"朝气",在虚拟的网络空间向他人尽情地倾诉。一些大学生可能从小缺乏集体生活经验,不懂得如何与人相处,还有的可能是因为某几次谈话失败了,而造成了心理障碍,于是索性就不肯多言。

然而在现实生活中,交际和谈话是任何人无法避免的。要克服演讲的心理压力,只能在现实中,在实践中去锻炼成长。说话的能力,不是天生的,而是在实践中锻炼出来的。实践要遵循渐进的原则,先多听,理解别人是怎样说话的,然后再说;先小范围说,如和室友、老乡说话,再扩大范围,如班级主题活动、团支部组织生活,再到协会社团、院系学校的文体科技活动、专项演讲活动和其他各类社会实践活动的讲话。总之,融入集体,参加集体活动,每一个人都会得到锻炼和成长,集体的力量是无穷的,每一个大学生都会成为演讲的天才。

26岁的郑州大学毕业生汪立彬自幼被严重的口吃困扰,一度完全说不了话。为了让口齿清晰,他仿效古希腊演说家德摩斯梯尼,三年里每天含石子练习朗诵,练得满口鲜血。为了克服心理障碍,他业余打工时选择了从事自己最恐惧的销售工作。为了彻底克服口吃的毛病,他学习电影《国王的演讲》中的口才训练法,每天坚持在公交上演讲两到三个小时。汪立彬的努力取得了显著的成效,语言表达流畅了许多,口吃已不明显。取得进步的汪立彬说:"我已经突破了很多的障碍,我想现在的我最不缺的就是激情。"

每一个成功者都是在实践中成长、在跌倒中变强、在失败中进步的。孟子有言:"天将降大任于是人也,必先苦其心志,劳其筋骨,饿其体肤,空乏其身,行拂乱其所为。所以动心忍性,曾益其所不能。"如果害怕失败而退缩不前,将永远失去成功的机会。

4. 加强对马克思主义哲学学习及自身思想道德素质的提高,学会思辨

马克思主义哲学给我们提供了科学的世界观和方法论。深入学习和掌握其理论知识,能使我们的人生目标明确,对社会、对各类现实问题看得深、看得透,对前途充满信心,少走弯路。当代大学生只有不断改造自己的主观世界,才能使自己的思想水平始终跟上社会发展的脚步,保持一种昂扬向上的精神状态,站在时代的前列。

思想道德素质的提高,有助于培养大学生高尚的思想情操和良好的道德品质,引导和帮助大学生树立马克思主义的世界观、人生观和价值观,确立崇高理想,学会正确处理人际关系、友谊与爱情的关系等,实现大学生的全面发展。

大学生掌握一定的马克思主义哲学原理以及不断提高自身的思想道德素质,形成一种思辨的能力,看问题会更加地全面和深刻,而这些也正是演讲所必需的。

5. 言行一致,乐观向上,心理健康

随着社会开放程度的加大、生存竞争和压力的增大以及文化和价值取向的多元

化,大学生的心理健康问题已经被普遍重视,许多实例都可证明心理问题正困扰着当今的大学生。一个民族,若没有振奋的精神和坚强的意志,就不可能自立于世界民族之林。而一个人若没有振奋的精神和坚强的意志,则不可能成为高素质人才。世界上许多成功人士的共同之处就在于,他们不仅具备扎实的知识素养,较强的专业能力,而且还拥有良好的心理素质。而那些事业失败、人生遭受挫折的人,也往往是与其情感意志比较脆弱,经不起困难、挫折,承受不了挑战和考验有关。因此,大学生应努力培养良好的个性心理品质以及社会适应能力、承受挫折能力和情绪调节能力,把自己培养成新时期的高素质人才。

面向听众的大学生演讲活动,正是以此为根基。演讲中,要让听众认同演讲者的观点,首先就要求演讲者要有相当的可信度。这个可信度直接来源于演讲者在听众中的客观印象。一个言行不一,消极悲观,甚至有心理疾患的人,无论他的演讲多么地道,所述道理多么掷地有声,听众也不会认可。因此,言行一致,乐观向上,身心健康,是每一个演讲者首先要具备的基本品质。

6. 具备广博的学识

古罗马著名的演讲家西塞罗认为,要想成为一个名副其实的雄辩家,首先必须具备广博的学识。"依我所见,除非他拥有各种重要的知识和全部自由艺术,否则他就不可能成为一个多才多艺的雄辩家。"西塞罗所讲的要通晓全部自由艺术,是指文法、修辞,以及柏拉图所主张学习的算术、几何、天文、音乐等学科;他所讲的各种重要知识,则是指政治,包括各国政治制度、法律、军事和哲学等。其次,还要在修辞等方面具有特殊的修养,因为决定演讲水平高低的重要方面是遣词造句以及整个演讲词的文体结构。其三,还应具有优美的举止与文雅的风度等良好品质。其四,要不断加强练习,要进行经常的模拟演讲,同时要勤于写作,用写作来磨炼演讲。写作可以训练人的逻辑思维能力和表达能力,同时,这种能力可以转移到演讲能力中去。

西塞罗的演讲思想对后世影响深远,也给我们提供了学好演讲的基本方法。

思考与练习

1. 演讲对于大学生的重要意义体现在哪些方面?
2. 大学生应该从哪些方面去提高自己的演讲水平?
3. 我们应该从哪些方面去欣赏一场演讲?
4. 演讲活动的四个要素是什么?就其中一点谈谈你的体会。

第三章 悠扬婉转，蛟龙潜鱼
——演讲中的有声语言艺术

清末小说家刘鹗在《老残游记》第二回中写到了一个出奇人物白妞。此人天生一副好嗓子，不仅吸收了京、昆腔小调，还自琢磨出梨花打鼓之新调。"竟至无论南北高下的人，听了他唱书，无不神魂颠倒"。书中述云："声音初不甚大，只觉入耳有说不出来的妙境。""唱了十数句之后，渐渐的越唱越高，忽然拔了一个尖儿，像一线钢丝抛入天际。""他于那极高的地方，尚能回环转折。几啭之后，又高一层，接连有三四叠，节节高起。"忽又"陡然一落，极力骋其千回百折的精神，如一条飞蛇在黄山三十六峰半中腰里盘旋穿插"。直弄得听书人只能"于我心有戚戚焉"！何以为譬，只思孔子"三月不知肉味"了。此境此情，为白妞语音语调高低回环错落之功，若演讲的语音达成此效，则不枉听众"到此一游"也。嗓音是身体的音乐，语调是灵魂的音乐。以此看来，要展现演讲的魅力，我们当用灵魂说话！

本章要点：演讲的有声语言概述，演讲中的停连、语速、重音、句调及综合运用

一、演讲中有声语言概述

语言是人类最重要的交际工具。演讲是一种非常重要的语言活动,是一种语言表达艺术,因此,学习演讲就不能不研究和掌握演讲语言。

演讲语言是指演讲者面对听众时所运用的语言,是演讲者交流思想、表达情感、传递信息的工具,包括有声语言和无声语言(态势语言)。演讲的有声语言是演讲活动最重要的表达手段,是信息传递的主要载体,是听众听觉接受的对象和欣赏的对象。演讲有声语言的运用是否恰当,将直接影响演讲的效果。任何一个演讲者要提高演讲的质量就一定要认真刻苦地训练演讲有声语言。

著名的演讲教育家李燕杰曾经说过:"演讲要选最好的语言。"什么是"最好的语言"?那就是"能叫人眼亮的语言;能使人动情的语言;能叫人惊叹的语言;能使人感悟的语言"。他还认为:"写文章靠文字,演讲靠声音。"[1]这些话,道出了演讲语言的运用标准和作用。

(一) 演讲有声语言的特点

演讲的有声语言是一种独特的语言运用形式,它不同于日常口语,也不同于朗诵,更不同于书面语。邵守义等演讲家和语言学家曾做过一个有趣的实验[2]:选取诗歌《教师之歌》中的"我有一支教师的歌,在这美好的时光歌唱"一句作为语言材料,分别用口语、演讲和朗诵等有声语言的不同方式来表达,记录音长,并用音高计分,作出其音高、音强的曲线图。

通过比较,发现三种语言表达形式在音长、音强、音高以及后续语义诸方面均呈现出较大的差异。口语、演讲、朗诵三种表达形式的音长之比为 6∶7∶11,也就是说:演讲的音长比朗诵的音长要短得多,更接近口语的音长,但又比口语音长略长;在语速方面,演讲介于朗诵与口语之间,更接近口语;在停顿处理上,朗诵的停顿和连接的处理更鲜明突出,停顿时间一般要长些;每种表达形式的发音动程不一样,朗诵语言的发音吐字更追求饱满,字音的动程更长。

在音强(轻重音)方面,演讲和朗诵的音量明显比口语更强一些。在音高(包括声调和语调)方面,朗诵的语调起伏最大、波浪感最强,演讲语言次之,口语最平。由此

---

[1] 曾凡莹. 李燕杰演讲答问录 300 题[M]. 北京:北京理工大学出版社,1995:131.
[2] 邵守义,谢盛圻,高振远. 演讲学教程[M]. 2 版. 北京:高等教育出版社,1993:92-93.

可见,演讲有声语言是既区别于日常口语又区别于朗诵语言的一种独特的语言形式。

表 3-1 语言实验的后续语义及语感

语言运用形式	例 句	后续语义	语 感
日常口语		说给你听听	快速
演讲语言	我有一支教师的歌	请大家听一听	稍快
朗 诵		在这美好的时光歌唱	稍慢

演讲的有声语言不同于日常的口语。演讲是面对听众的讲话,其声音应比平时谈话更洪亮以使更多的人听清楚,此外,还要对声音进行必要的润饰、加工,使之具有感染力和号召力。

演讲的有声语言不同于朗诵。朗诵的内容固定,语调夸张,语速较慢,注重音步节奏,语调语气吻合作品主题,其表演性、艺术性极强。演讲则注重临场性,多用自己平时讲话的口语风格,充分而自由地发挥,真实体现出自己的独特个性。

(二) 演讲中有声语言的要求

演讲的性质和特点决定了演讲有声语言的基本要求,其内容主要有:普通话要求标准规范;发音字正腔圆,悦耳动听;停连恰当;轻重搭配,合情合理;语速快慢得当,疾徐有致;语调抑扬顿挫,自然动情;等等。

从演讲的实际出发,其语气既有内在思想感情的色彩和分量,又有外在快慢、高低、强弱、虚实的声音形式。语调是语气外在的快慢、高低、长短、强弱、虚实等各种声音形式的总和。语气的千变万化,决定了语调的丰富多彩。

演讲中的语调把握首先要抓住全篇的情感基调,还要理解具体语句中喜怒哀乐的感情色彩,明晰感情的分寸,分辨语气的不同分量。语调是直接表明朗读者的思想感情和态度的,如果不会运用各种句调的变化去表达自己对所述事物的不同态度和感情,而只会用一种固定、单调、生硬、刻板的语调来演讲,那么,无论要表达的内容多么好,或是演讲稿写得多么精彩,也不会吸引听众。因为,平板的语言无法体现有声语言生动丰富的表现力。

演讲者在理解作品的内容时,其思想感情总是处于一种活动状态。体现在有声语言的表达上,就产生了快与慢、抑与扬、轻与重、虚与实等种种回环交替的声音形式。在朗读全篇作品的过程中,这种由一定思想感情的波澜起伏所造成的抑扬顿挫、轻重缓急、回环往复的声音形式,就是语调。因此,语调不是硬性加工出来的,而是由一定的思想感情的波澜起伏所造成的,是由演讲稿的众多词句、众多层次的推进形成的。

(三) 普通话正音与吐字归音训练是演讲有声语言的基础

在日常谈话中,我们可能使用普通话也可能使用方言,因谈话的语境不同而选择面较大。但演讲的语言则应该是国家的通用语言——普通话,即以北京语音为标准音,以北方话为基础方言,以典范的现代白话文著作为语法规范的现代汉民族共同语。

我国幅员辽阔,民族和人口众多,各民族语言语种不同,不便交流;即使汉语言各方言之间,也可能无法互通,如粤方言、吴方言、客家方言。我国有七大方言区,一个大的方言区内,还有方言的各种分支。汉语方言之复杂,方言之间差异之大是别的语种很少见的。汉语方言的差异性一方面显示出汉语言的多样性,另一方面也造成人际交流和沟通的障碍。使用普通话演讲可以更方便地消除语言障碍,架起沟通桥梁。演讲者如果使用方言,尤其是方音很重的方言,就不能达到演讲的效果。

从20世纪50年代起,我国就一直致力于推广普通话,并取得了很大的成效。使用普通话进行演讲,毫无疑问,是对汉民族共同语的一种积极推动,也对演讲者规范化的语音、语调提出更高的要求。因此,我们应该树立现代语言观念,认识到语言是一种能力,是一种习惯,更是一种意识决定的行为。我们应该摆脱小农经济式的保守心态,破除狭隘的地域观念,树立语言规范意识,以新时代的宽阔胸怀,树立开放的现代语言观念,为营造良好的社会语言环境而共同努力。

演讲是大庭广众的语言活动,发音应该字正腔圆,悦耳动听。要达到这样的效果,就必须做到:① 吐字清晰,干脆利落,字头短促有力,字腹圆润饱满,字尾和缓渐弱;② 音量恰当,适应场景;③ 养成良好的发音习惯,注意共鸣区的调整。

二、演讲中的停连

(一) 停连的概念

停连是演讲语言运用中的一种重要的技巧,是指声音的停顿和连接。在有声语言表达过程中,声音中断、休止的地方就是停顿,不中断、不休止的地方(特别是有标点符号而不中断、不休止的地方)就叫连接,演讲时有停有连才能更好地表情达意。停连和有声语言同时存在,它不仅是演讲者调节气息的需要或单纯语法上的需要,停下来换气还可使结构层次分明,更是演讲者准确、鲜明、生动地表达语言内容和感情的需要,使听者有时间领会演讲内容。

一句话停顿的位置不同,就会表达出不同的意思。例如,"我看见她笑了"。如果在"她"后面停顿,那是"我笑了";如果没有停顿,则是"她笑了"。两种不同的停顿表达出两种不同的语意。因此,生理上换气需要的停顿,必须服从结构上或语意表达上的需要,否则便会割裂语意,影响表达效果。再如,"美国会通过一项决议",读成"美/国会通过一项决议"和"美国/会通过一项决议",意义也是不一样的。

一句话停连的位置错了,甚至会造成对语意的错误理解,例如,"我国少数民族使用和尚保存的乐器至少有四百多种",如果把"和""尚"连起来读,那就会歪曲语意,应该在"和"后面略作停顿,把"尚"和"保存"连起来才是正确的读法。因此,演讲中该停顿时一定要停顿,不该停顿时决不可随意停顿,否则便会割裂语意,影响演讲的效果。

一般说来,文字作品中的标点符号是演讲停连安排的重要参考,较显著的停顿在演讲稿里一般都会用标点符号表示出来。演讲者在登台演讲之前,常常要先行拟定演讲稿,这是一种预先设定的书面语言结构形式,演讲者可通过标点符号来设置停顿。标点符号分为点号和标号。点号,如句末的句号、问号、叹号(一级停顿),停顿时间最长;其后依次为冒号和分号(二级停顿),逗号(三级停顿)和顿号(四级停顿);标号,如省略号、破折号也表示一定的停顿;而段落与段落之间停顿的时间更长。但标点符号不是停连的唯一依据,也就是说,不能见到标点符号就停,没有标点符号就连。在演讲中,使用不同级别的停顿,能使说话顿挫有度,语意层次分明。

看下面的停顿(文中单斜线表示短暂的停顿,双斜线表示稍长的停顿,三斜线表示较长的停顿):

同学们,/我们就要告别大学生活了。//在我们每个人面前,/都摆着大学时代的最后一张考卷,/一张严肃的考卷——///

人民/用血汗培育了我们,/人民/用知识武装了我们,/今天,//在人民需要我们出征的时候,/我们/将作出怎样的选择?///

面对着这张考卷,/我想写下/我心灵历程中的思考……///

(节选自缪建伟《在这张严肃的考卷面前》)

上文的停顿遵循停顿的基本要求,但在演讲中,有时会按照感情设计和抒发的需要作出停顿的调整,如上文中的"人民""我们""我想写下"等词和短语后,没有标点符号也要作出适当的停顿,这种现象称为逻辑停顿或感情停顿。

(二) 停连的位置

1. 强调之处的前后应该略作停顿

例如:

① 一个成熟的人往往会觉察到他可以责怪的人越来越少了,因为/每个人都有自己的难处。

② 心里放不下自己,是没有/智慧;心里容不下别人,是没有/慈悲。

③ 始终微笑的/和蔼的/刘和珍君确实//死掉了,这是真的,有她自己的/尸骸//为证。

④ 在一些平凡的小事上,往往能够看出//一个伟大人物的优良/品质。

2. 对比关系之处应该停顿

例如:

① 说也奇怪,和新朋友/会谈文学、谈哲学、谈人生道理等,和老朋友/却只

话家常,柴米油盐,细细碎碎,种种琐事。

②牡丹没有花谢花败之时,要么/烁于枝头,要么/归于泥土,它跨越委顿和衰老,由青春/而死亡,由美丽/而消遁。

3. 并列关系之处应该停顿

例如:

①一个国家要有/民气,一个队伍要有/士气,一个人要有/志气。有了这三股气,封锁怕什么?扔原子弹怕什么?我们顶天立地地活着!我们不拒绝外援,但是我们不乞求外援,我们要维护自己的政治独立,根据自己的特点,我们能够自力更生地建设好我们的国家!

②幸福不喜欢喧嚣浮华,它常常在暗淡中降临。贫困中相濡以沫的/一块糕饼,患难中心心相印的/一个眼神,父亲一次粗糙的/抚摸,女友一张温馨的/字条……这都是千金难买的幸福啊!

③身陷苦难却仍为荷花的盛开欣喜赞叹不已,这是一种趋于澄明的/境界,一种旷达洒脱的/胸襟,一种面临磨难坦荡从容的/气度,一种对生活童子般的/热爱和对美好事物无限向往的/生命情感。

4. 生理上需要停顿之处

比如特定的语噎、哽咽、生命垂危时的叮咛、气喘吁吁的报告、个别人物的口吃等。例如:

①这时候,他用力把我往上一顶,一下子把我甩在一边,大声说:"快离开我,/咱们两个不能都/牺牲!……要/……要/记住/革命!……"

②他蓦地抽回手去,深深地吸了一口气,用尽所有的力气举起手来,直指着正北方向,"好,/好同志/……你/……你把它/带给……"

5. 直连

直连的位置常常在有标点符号而内容又联系较紧密的地方,顿号往往是直连最典型的"连点"。例如:

①当我们一次次遭遇人生的应聘失败时,与其抱怨自己的学历不够高、获奖证书不够多、找的关系不够硬,甚至暗骂招聘人员太苛刻时,不如静下心来,沉思一下,自己是否向招聘人员亮出了最优秀的简历表——你的修养、情操、细节、人品、言行……

6. 曲连

曲连的位置通常在短促的句子之间需要连接又需要区分的地方,连续的短分句间的逗号,是曲连最典型的"连点"。例如:

有不少年轻人在网上自嘲为"悲催族"。都市待不住,家乡回不去,蓝领不愿干,金领干不了,面对"生活之重",他们在阵阵"悲催"声中麻木了心灵、冰冻了梦想。谁的生活不曾面临过困境？哪一代人肩头没有承受过压力？不咆哮，不"悲催"，不折腾，坦然面对生活"困"境，勇于扛起人生责任。年轻人可以没车、没房、没经验、没身份，但必须有梦、有心、有勇气、有坚持。现实比梦想坚硬，梦想比现实坚强。奋斗"在路上"，一切都将有所不同。

(三) 停连的表达

1. 扬停强收

扬停强收是一种干脆利落、戛然而止的停顿。一般说来，上扬趋势的句子差不多都使用强收，在演讲表达雄壮、自豪、坚定的内容或情感时使用。例如：

① 我们不怕死，我们有牺牲的精神！/我们随时像李先生一样，前脚跨出大门，后脚就不准备再跨进大门！//

② 这腰鼓，使冰冷的空气立即变得燥热了，/使恬静的阳光立即变得飞溅了，/使困倦的世界立即变得亢奋了。//容不得束缚，/容不得羁绊，/容不得闭塞。/是挣脱了、冲破了、撞开了的那么一股劲！//

2. 落停缓收

落停缓收是一种渐弱渐止的停顿，适合表达情景交融的境界、意味深长的内容。例如：

① 盼望着，盼望着，东风来了，春天的脚步/近了。//

② 对爱情的渴望，对知识的追求，对人类苦难的不可遏制的同情，是支配我一生的单纯而强烈的三种感情。这些感情如阵阵飓风，吹拂在我动荡不定的生涯中，有时甚至吹过深沉苦痛的海洋，直抵绝望的边缘。//

3. 停后徐连

停后徐连常常用于表达细腻的感情，深深的赞美、由衷的祝福、亲切的缅怀等。例如：

① 这种子仅活了几天，但是，它那一股足以擎天撼地的生命力，令我/肃然起敬。

② 石榴有梅树的枝干，有杨柳的叶片，/奇崛而不枯瘠，清新而不柔媚，这风度/实兼备了梅柳之长，而舍去了梅柳之短。

③ 到达旅馆时，没有一个人跟我打招呼。原来，/我母亲在3年半以前就已经离开人间了。直到这时，我才知道母亲多年一直对我隐瞒的疾病——/糖尿病。

4. 停后紧连

停后紧连常常用于表达并列的事项、紧张的情势、急遽的变化、斩钉截铁的意志和决心等。例如：

① 转瞬之间，你就能听到春雷轰鸣般隆隆的潮声，接着高头大浪，/滚滚而

来,/水声隆隆而动地,/巨浪滔滔而掀天。

②团长一声令下:"团旗!/上!"我跃出战壕,/高举红旗,/向敌人的阵地冲上去。

③遭到了一点儿挫折,我能气馁、/退缩、/自暴自弃吗?难道我还不如这只虫子?

当然,停与连两者是既互相区别又互相联系的,演讲中不要拘泥于固定的停连格式,机械刻板地将二者割裂开来,而应该配合气息的运用,灵活恰当地选择停连方式,准确地表达作品的内容和思想感情。

认真研读下列演讲稿片段,依据内容和作者要表达的思想感情进行演讲练习。

成功其实很简单,不一定非要拥有多少资产,做成多大事业,在你的一生中,如果能够有人不惜个人安危来帮助你,那你就是个成功人士了;当你年龄一大把,还为家人所爱,你就是个成功人士了;当你不是以金钱,而是以人格魅力,结交了许多知心朋友,你就是个成功人士了。成功意味着健康、幸福、快乐、力量,这些东西能够获得最多的尊重和赞美。把财富作为衡量成功的标准,就像一些俱乐部只有富人可以加入、一些游戏只有富人才有资格参与一样,是对这个原本美好的词语的亵渎。

扫一扫,收听演讲音频

对于一个人的成长来说,贫困可以磨砺一个人的意志,可以养成吃苦耐劳的品质,知道更加珍惜现有的一切,从这个角度讲贫困是事业成功的推动器。但是贫困又是一笔经过艰辛努力才能转化的潜在财富。就是说,这笔财富确实有,但就像深埋在地下的煤炭,可能挖掘出来发光发热,也可能挖掘不出来,永远难见天日;而要把潜在财富变为现实财富,则取决于多种因素,环境、机遇、能力、品质、正确判断、奋斗精神,缺一不可。贫困是财富还是困难,关键在于我们自己,有人被贫困压倒,一辈子窝窝囊囊;有人则在贫困中崛起,成就了一番事业。强者与弱者的区别就在于此。

扫一扫,收听演讲音频

三、演讲中的语速

(一) 语速的概念

口语中吐字快慢的不同,叫语速。语速和停顿有密切关系。一般来说,说话快的时候,停顿可以适当减少;说话慢的时候,停顿可以适当增加。

语速在演讲中对于表达不同的情感有重要的作用。通常在激动、欢快的时候,语速要相对快一些;而在痛苦、悲伤的时候,情绪低沉,语速则往往要慢一些。抒发感情时,语速不宜过快;而慷慨激昂、激情奔放之时,语速则不宜过慢。演讲中,感情时而舒缓,时而奔放,因此语速的处理要随着演讲情感的变化而变化,快慢得当,疾徐有致,这样,才能表现出一定的起伏而不失于呆板。例如:

> 翻开中国的历史看看吧,中华民族经历了多少深重的灾难!五千年以来,它用自己的脊梁,背起历史的重负,步履蹒跚、气喘吁吁地来到二十世纪,肩上的灾难始终没有卸下。特别是1840年以来,几乎所有的帝国主义国家都侵略过中国,踩蹋过无辜的中国人民,践踏过中国神圣的领土。多少泪水伴随着血水,多少汗水混和着苦水。长江在哭泣,黄河在哀号。广大的中国土地上,多少人流离失所,妻离子散;多少人逃荒要饭,家破人亡!伟大的长城,中华民族文化的象征,可是就在它的脚下,堆积着多少死难者的白骨,游荡着多少无辜者的冤魂!
>
> (节选自楼炳文《信念的力量》)

上文中带线的语句表示慷慨激昂的强烈感情,演讲时语速渐快,语句间停顿间歇时短;而文中加点的语句则显示出痛苦、悲伤的情绪,演讲时语速稍缓。演讲中,只有做到缓急快慢的变化,才能激荡人心。

(二) 语速类型与选择调整

一般来说,演讲的语速分为快速、中速和慢速三种。快速指语速达每分钟240字以上,常常用于表达紧张、鼓动、诡辩、责问等内容;中速指每分钟200字左右,常常用于表达平静的叙述、情节的交代等内容;慢速指每分钟150字左右,常常用于表达哀痛、沉着、失望、怀念等内容。

1. 按照内容选择和调整语速

(1) 内容紧张、急促,情绪愤怒、强烈,语速一般较快,重点句段更为突出。如:

> ① ……你们杀死一个李公朴,会有千百万个李公朴站起来!你们将失去千百万的人民!你们看着我们人少,没有力量。告诉你们,我们的力量大得很,多得很!看今天来的这些人,都是我们的人,都是我们的力量!此外还有广大的市民!我们有这个信心:人民的力量是要胜利的,真理是永远存在的。历史上没有一个反人民的势力不被人民毁灭的!希特勒,墨索里尼不都在人民之前倒下去了吗?翻开历史看看,你还站得住几天!你完了,快完了!我们的光明就要出现了。我们看,光明就在我们眼前,而现在正是黎明之前那个最黑暗的时候。我们有力量打破这个黑暗,争到光明!我们的光明,就是反动派的末日!
>
> (节选自闻一多《最后一次的演讲》)

这段内容有很多感叹句、反问句,表达出极度的愤怒之情,感情色彩非常强烈,尤其是文中带线的语句必须使用较快的语速才能传达出这种情绪和力量。

② 我的狗慢慢向它靠近。忽然,从附近一棵树上飞下一只黑胸脯的老麻雀,像一颗石子似的落到狗的跟前。老麻雀全身倒竖着羽毛,惊恐万状,发出绝

望、凄惨的叫声,接着向露出牙齿、大张着的狗嘴扑去。

(节选自屠格涅夫《麻雀》)

这段内容描绘了一个异常紧张的场景,不用较快的语速就不能表现这种千钧一发的紧张气氛。

(2) 表达坚定的决心,对听众进行强烈的鼓动,情绪昂扬、急进、亢奋,也应该使用较快的语速。如:

① 人生是一条漫长的旅途。有平坦的大道,也有崎岖的小路;有灿烂的鲜花,也有密布的荆棘。在这旅途上每个人都会遭受挫折,而我始终认为生命的价值就是坚强地闯过挫折,冲出坎坷!你跌倒了,不要乞求别人把你扶起;你失去了,不要乞求别人替你找回。因此,我们应该以不服输的姿态去面对挫折和失败。无论顺境还是逆境,我们都要从容面对;无论获得还是失去,我们都要平静接受。这才是我们应有的活法。路就在我们脚下,不管过去多么暗淡,不管未来多么辉煌,一切的过去都以现在为归宿,一切的未来都以现在为起点!那么我们终将迎来的就是——最后的成功。

② 一个国家要有民气,一个队伍要有士气,一个人要有志气。有了这三股气,封锁怕什么?扔原子弹怕什么?我们顶天立地地活着!我们不拒绝外援,但是我们不乞求外援,我们要维护自己的政治独立,根据自己的特点,我们能够自力更生地建设好我们的国家!

③ 没有一个人将小草叫作"大力士",但是它的力量之大,的确是世界无比。这种力是一般人看不见的生命力。只要生命存在,这种力就要显现。上面的石块,丝毫不足以阻挡。因为它是一种"长期抗战"的力;有弹性,能屈能伸的力;有韧性,不达目的不止的力。

(3) 表达内容是轻松愉悦的,则语流中的顿挫少而时间短,宜于采用中速。如:

如此平坦、宽阔、无边无际的原野,从眼前向四面八方伸展开去,伸展开去,直到那渺茫的尽头,远与天接。怎能不使人心旷神怡,豁然开朗!怎能不引人襟怀坦荡、气势恢宏!

(4) 内容哀怨、凝重的,一般语调低沉,语流中顿挫稍多而时间较长,语速多偏慢。如:

① 不是年轻的为年老的写纪念,而在这三十年中,却使我目睹许多青年的血,层层淤积起来,将我埋得不能呼吸,我只能用这样的笔墨,写几句文章,算是从泥土中挖一个小孔,自己延口残喘,这是怎样的世界呢。夜正长,路也正长,我不如忘却,不说的好罢。但我知道,即使不是我,将来总会有记起他们,再说他们

的时候的。……

（节选自鲁迅《为了忘却的纪念》）

②总理的灵车徐徐开来。灵车四周挂着黑黄两色的挽幛，上面佩着大白花，庄重、肃穆。人们怀着沉痛的心情，尾随着灵车移动。灵车所到之处，像是一个无声的指挥，老人、孩子、青年都不约而同地站直了身体，摘下了帽子，向灵车致敬，哭泣着，顾不上擦去腮边的泪水，舍不得眨眨眼睛。人们心里都在深深地默念着："敬爱的周总理，我们想念您啊，想念您！您永远活在我们心里，永远活在人民心中！"

2. 语速要有变化

笼统和单一是演讲中最容易出现的毛病，也是运用语速之大忌。一次完美的演讲，应该是急缓相间，快慢结合的。如果演讲从头到尾都是同一种语速，或者像打机关枪一样快个不停，或者像老牛拉车一样慢慢悠悠，这种呆板的语速极易引起听众大脑皮层的抑制，以致昏昏欲睡而使演讲效果大打折扣。因此，在语速的处理上切忌通篇保持一种速度。没有快，无所谓慢，反之亦然。正确的做法是根据内容适时调整语速，并且语速的变化要有过渡，不能突然转换，否则会显得非常突兀，让人觉得莫名其妙。如：

正因为这样，所以马克思成为当代最遭嫉恨和受到最多污蔑的人。<u>各国政府——无论是专制政府或共和政府都驱逐他；资产者——无论保守派或极端民主派，都竞相诽谤他，诅咒他</u>。他对这一切毫不在意，把它们当作蛛丝一样轻轻抹去，只是在万分必要时才给予答复。现在他逝世了，在整个欧洲和美洲，从西伯利亚矿井到加利福尼亚，千百万革命战友无不对他表示尊敬、爱戴和悼念，而我可以大胆地说：他可能有过许多敌人，但几乎没有一个私敌。

（节选自恩格斯《在马克思墓前的讲话》）

这段著名的演讲词，总体语速可偏慢，但在文中画线的地方，应该相对快一些，这样语速快慢有致，疏密不同，才能够表达复杂丰富的感情——对"各国政府"和"资产者"们的蔑视，对马克思的功绩和人品的高度赞扬。并且在语速转换时应该有过渡，如"各国政府——无论专制政府或共和政府——都驱逐他"演讲时应该逐渐加快，这样才不显得突兀。

3. 欲快先慢，欲慢先快

为了用较快的语速表现急促、紧张的情势或迫切的心情，在此前的语句就应该处理得慢一些，舒缓一些；反之亦然。有快有慢，快慢适度，才会使演讲富有变化，不会显得语速刻板、机械，才会使感情的表达更加丰满和细腻，使演讲更有表现力和感染力。例如：

①（稍慢）小鸟给远航生活蒙上了一层浪漫色调,返航时,人们爱不释手,恋恋不舍地想把它带到异乡。(稍快)可小鸟憔悴了,给水,不喝!喂肉,不吃!油亮的羽毛失去了光泽。(稍慢)是啊,我们有自己的祖国,小鸟也有它的归宿,人和动物都是一样啊,(慢)哪儿也不如故乡好!

②（中速）等他们走后,我惊慌失措地发现,再也找不到要回家的那条孤寂的小道了。(渐快)像只无头的苍蝇,我到处乱钻,衣裤上挂满了芒刺。(稍快)太阳已经落山,而此时此刻,家里一定开始吃晚餐了,双亲正盼着我回家……(渐慢)想着想着,我不由得背靠着一棵树,伤心地呜呜大哭起来……

③（中速）西部地区又是少数民族及其文化的集萃地,几乎包括了我国所有的少数民族。(稍快)在一些偏远的少数民族地区,仍保留了一些久远时代的艺术品种,成为珍贵的"活化石",(稍慢)如纳西古乐、戏曲、剪纸、刺绣、岩画等民间艺术和宗教艺术。(稍快)特色鲜明,丰富多彩,犹如一个巨大的民族民间文化艺术宝库。

认真研读下列演讲稿片段,依据内容和作者要表达的思想感情确定和调整语速,进行演讲练习。

扫一扫,收听演讲音频

我向往的大学生活是自由的。校园内会有一片很大的植物园,"野芳发而幽香,佳木秀而繁荫",当太阳出来的时候,它会充满热带雨林的味道,阳光洒在曲折的小路上,斑斑点点,如晶亮的星光。那儿也会有一方莲池,有时我会坐在池边欣赏岸边的柳影婆娑;看圆圆的荷叶上,晶莹的水珠欢快地打滚;岸边的草地上会有或弹琴、或放歌、或嬉戏、或玩闹的学生,空气里到处充满了自由的呼吸。

我向往的大学生活是丰富多彩的。大学开阔的蓝天上,每一片云彩都会欢迎我们的栖息。那时我笔下流出的不仅是公式、图表,还有美丽的图画;我齿间吐出的不仅是字母、课文,还有充满朝气的歌曲;我脚下的路不只是在四面高墙的校园内绵延,而是走向社会,看到更为广阔的天空。

我向往的大学生活是严谨的。在宽松、自由的环境里,我们不会懒散,我们拥有蓬勃向上的心态。会在曙光初现的时候,放声朗读;会在书香弥漫的图书馆埋头钻研。

大学,梦萌芽的地方;大学,要用热情创造的地方;大学,更是一个需要去探索的地方!在座的各位同学,不管你处于《彷徨》《呐喊》《伤逝》《朝花夕拾》的哪个阶段,都不必过多地去伤怀,去后悔。学习永远都不会太迟。追逐梦想,永不放弃!

祝愿大家开心地度过美好的大学生活!

四、演讲中的重音

(一) 重音的概念

口语中需要强调或突出的词、短语，或者某个音节，叫重音。这里所说的重音仅指语法重音和逻辑重音，不包括词语的轻重音格式。重音听起来特别清晰，往往起着强调的作用，而强调某一个词语又往往反映了演讲者所要突出表达的思想内容和感情。

语句重音的位置取决于对演讲内容与思想情感的把握及对语句的内在含义的深刻理解。同一个句子由于重音位置的不同，句子的含义就会不一样。例如："我不会修电脑。"重音位置可以分别放在"我""不会""修""电脑"上，语意的侧重点是不一样的。

"<u>我</u>不会修电脑。"强调"我"不会，别的人可能会。

"我<u>不会</u>修电脑。"强调"不会"，而不是"会"。

"我不会<u>修</u>电脑。"强调不会"修"电脑，但可能会组装、会使用电脑。

"我不会修<u>电脑</u>。"强调我不会修"电脑"，但可能会修收音机、录音机等别的电器。

把握重音，要从具体篇章、段落、语句的思想感情出发，克服习惯重音的干扰。

此外，一个句子的重音可以不止一个，它们在具体语句中是有层次的，其中，主要重音只有一个，其余的重音可以称为次要重音。演讲时我们要处理好它们之间的关系。例如："有这么一个传说：古时候，天上有十个太阳，晒得地面寸草不生。"其中"十个"是主要重音，而"寸草不生"是次要重音。

(二) 重音的类型

1. 语法重音

语法重音，是按照语法结构的特点而重读的，一般来说，句中的谓语、状语、补语等常常是重音。如：

① 这个事实<u>告诉</u>我们……（谓语中的主要动词常常是重音。）

② 事实<u>雄辩</u>地告诉我们……（表示性状和程度的状语常常是重音。）

③ 这个话讲得<u>十分</u>深刻。（表示状态或程度的补语常常是重音。）

④ <u>这样</u>的好事是谁做的？（疑问代词和指示代词通常是重音。）

2. 逻辑重音

为了突出句中的主要思想或强调句中的特殊感情而重读的，叫逻辑重音。逻辑重音要依据演讲者的要求和情感的发展来确定。

(1) 强调性的重音。

例如：

① 为了捍卫我们珍视的一切，我们<u>必须</u>接受这个挑战。

② 一路上巴尼忍着剧痛,一寸一寸地爬着,他一次次地昏迷过去,又一次次地苏醒过来,心中只有一个念头:一定要活着回去!
(2) 并列关系的重音。

例如:

① 可是我们怎么能把思考交给电脑,把联系交给手机,把腿脚交给汽车,把健康交给药丸呢?

② 历史使人聪明;诗歌使人机智;数学使人精密;哲学使人深沉;道德使人严肃;逻辑使人能言善辩。

③ 我们赞美水,讴歌水,那是因为水是一切生命之母。水有诗的韵律,水有画的意境,水有哲理的内涵。

(3) 对比关系的重音。

例如:

① 你只看到两个人之间的异,却没有看到他们之间的同:他们同样有反省和进取的精神。形式的差异,往往蕴涵着精神实质的一致;表面的相似,倒可能掩蔽着内在的不可调和的对立……

② 爱所燃起的火焰远远多于恨所熄灭的火焰。

(4) 呼应关系的重音。

例如:

① 科学的精髓是:提出不恰当的问题,等于走上了通向恰当答案的道路。

② 中国西部通常是指黄河与秦岭相连一线以西,包括西北和西南的十二个省、市、自治区。

(5) 递进关系的重音。

例如:

① 我赞美燕窝,赞美采燕窝人的勇敢和高超技巧,我更加赞美建窝筑巢的那些不辞劳苦又具有奉献精神的燕子。

② 教书还给我爱心。不仅有对学生的爱,对书籍的爱,对知识的爱,还有教师才能感受到的对"特别"学生的爱。

③ 生命的精彩在于其多样与繁华,更在于其不确定性。

(6) 转折关系的重音。

例如:

① 给你足够的钱,却不给你人生目标,再没有比这更残酷的事情了。

② 放牛的日子里,我似乎没有感受到什么大的苦难,但我那多愁善感的心灵却镌上了人们被苦难灼干的眼睛。从山里走到都市,我一直用心灵装填着这些苦痛。然而,如今想来,这些苦痛已经不再是苦痛了,而是一种心灵感悟的

财富!

③ 一个人要想让自己生活愉快、自在,在事业上取得重大成就,学会变通是很重要的。同一件事,如果依照同样的思维习惯去运作,肯定不会有改变,但若能改变一下思维方式,用不同方法去开拓,自然就会结出不同的硕果。

(7) 比喻性的重音。

例如:

① 喋喋不休的人,就像一只漏水的船,每一个人都想赶快逃离它。

② 这些学生,犹如冥顽不灵的泥块,由于接受了老师的炽爱才勃发了生机。

③ 社会上普遍存在的一个现象,大多数人在做一件事时,总是习惯于"一根筋",哪怕撞得头破血流,也不知道转身。而事实上,在遇到困难时只要稍微转个身,我们看到的就会是一片天空。

(8) 反义性的重音。

例如:

① 爹完全不知道怎样表达爱,除非……

② ……其间耳闻目睹的所谓国家大事,算起来也很不少。

(三) 重音的表达

重音的表达是多种多样的,一般情况下,容易把重音理解为气息强一些,音量大一些,声势足一些,实际上这只是表达重音的方式之一。重音是在与非重音的对比中突显出来的,轻重强弱是相对存在的,有重才衬托出轻,有轻才显示出重,二者互为映衬。重音的表达可以包括声音的强弱、高低、长短等综合变化,有时,出于内容的原因不允许用加重的方法来强调,就可以改变为拉长或者故意减弱某个音节来达到强调的效果。

常用的重音表达方法有四种:

1. 加强音量法

这种方法是把要强调的字词说得重一些,响一些,一般用于表达明朗的态度、观点和形象鲜明的事物。例如:

① 我想要告诉自己,去追寻心中的梦想,抛开那些华美的枷锁,去创造专属自己的美丽!也许,会有失败,也许,会有伤痛,但这才是真正属于我的生活,青春就不该有太多沉重的牵绊。我要的,是自己作主的青春,无悔的青春!

② 在和平时代,唯有这种国家之间大规模对抗性的大赛,才可以唤起那种遥远而神圣的情感,那就是:为祖国而战!

③ 只有心怀正义才能正确行事,只要每个人坚定信念,在上帝的帮助下,我们必将胜利!

2. 延长音长法

这种方法指把要强调的字词的字音拖得长一些,以起到强调的作用。从发音的角度看,把单韵母发得长一些,把复韵母的动程延长,把鼻韵母的元音部分拉长并使尾音也说得更清晰些,同时声调调值很饱满,都能收到这样的效果。延长音长法一般用于表达真挚的情意,富于抒情色彩。例如:

① 看一眼路旁的绿叶,再看一眼海,真的,这才明白了什么叫作"春深似海"。绿、鲜绿、浅绿、黄绿、灰绿,各种的颜色,连接着,交错着,变化着,波动着,一直绿到天边,绿到山脚,绿到渔帆的外边去。风不凉,浪不多,船缓缓地走,燕子低低地飞,街上的花和海上的咸味儿混到一处,荡漾在空中。水在面前,而绿意无限,可不是春深似海!

② 都说这是一块陨石,从天上落下来已经有两三百年了,是一件了不起的东西。这使我们都很惊奇,这又怪又丑的石头,原来是天上的啊!

3. 一字一顿法

这种方法指在要强调的字词前后做必要的顿歇,把要强调的字词说得一词一顿或一字一顿,凸显被强调的字词,给人以深刻的印象和强烈的感染。例如:

① 我感到自己的无知,也感到了丑石的伟大,我甚至怨恨它这么多年竟会默默地忍受着这一切!而我又立即深深地感到它那种不屈于误解、寂寞的生存的伟大。

② 同志们!从20世纪20年代起,近百年来,中国共产主义的先驱者们,中国人民数以百万计的光荣革命战士和先烈们,流血牺牲,英勇奋斗,奠定了今天中国的局面。在新时期中,让我们继承先烈的遗志,在祖国的辽阔大地上,干出一番前人从来没有做过的伟大事业吧!

4. 重音轻读法

这种方法指把要强调的字词减弱音量,常常用于表达梦幻似的境界或深沉凝重、含蓄内敛的细腻感情,使其听起来轻柔真挚,真切感人。

① 大理花多,多得园艺家定不出名字来称呼。大理花艳,艳得美术家调不出颜色来点染。大理花娇,娇得文学家想不出字句来描绘。大理花香,香得外来人一到这苍山下、洱海边,顿觉飘飘然,不酒而醉。

② 我喜欢听雨,小雨声使我感觉温柔、静穆、和平,而又缠绵、弥漫、无尽。

③ 月光照进窗子来,茅屋里的一切好像披上了银纱,显得格外清幽。

究竟采用哪一种方法来表达重音,这要从演讲的内容出发,视具体情况而定,因为语言的内容和演讲者的态度都不是完全相同的,不同的演讲者对同样的演讲内容理解也不尽一致,所以,重音在哪儿,该用哪种方式强调和强调到什么程度,并没有硬性规定。表达重音的方式有时是综合运用的,比如,既夸大调值,又重音轻读,也是允许的。要做到恰当运用重音,不但要理解演讲内容,懂得哪里需要加以烘托和突出,还要懂得相应地减弱和淡化其他陪衬部分的声音色彩,形成和谐的层次。同时还要注意声音轻重强弱的和谐性,不能忽而音势极强,忽而喁喁低语。演讲高潮迭起时不必大喊大叫,演讲悄声细语处也必须传送清楚,不能像生活中窃窃私语那样轻微,须知声音形式一旦失调就会影响语言的表达效果。例如:

①(平缓,轻)牡丹没有花谢花败之时,要么烁于枝头,要么归于泥土,(中速,中量)它跨越委顿和衰老,由青春而死亡,由美丽而消遁。它虽美却不吝惜生命,即使告别也要展示给人(重,慢)最后一次的(一字一顿)惊心动魄。

②(平缓,略轻)由于濒临大海,大涨潮时,汹涌的海水便会排山倒海般地涌入洞中,形成一股湍湍的急流。(略重)据测,每天流入洞内的海水量达三万多吨。奇怪的是,如此大量的海水灌入洞中,却从来没有把洞灌满。(转轻)曾有人怀疑,这个"无底洞",会不会就像石灰岩地区的漏斗、竖井、落水洞一类的地形。(重)然而从20世纪30年代以来,人们就做了多种努力企图寻找它的出口,却都是(最重)枉费心机。

认真研读下列演讲稿片段,依据内容和作者要表达的思想感情确定重音位置和重音的表达方式,进行演讲练习。

扫一扫,收听演讲音频

一些人对我能够在20岁当理事、30岁当社长、40岁当会长不理解而提问时,话题经常是"快速提升"的秘诀是什么?面对这类问题,我感到十分困惑。因为我从来没有想过有什么秘诀,我的职位和职责有利于我做事,没有别的理由。而且每次升职都是企业主的决定,我无法左右。我虽然进入公司只有12年就被提升为社长,但我这12年与普通人的12年不同。我从没有过公休日,并且每天工作18个小时以上,相当于别人的两倍。这么计算的话,我等于是24年后才提任社长的,所以也不能说"过快"。

许多事情是在行与不行的想法之间徘徊的。认为不行的人脑海里只充满了不行的可能性和理由,而认为行的人,即使只存在1%的可能性,也会抓住这个希望不放的。即使没有这1%的可能性,哪怕是100%要失败的事儿,面对它的人也会从中获得经验。没有努力过的人什么也留不下,我用50比0的比率来计算这种差异,对任何事情都要以积极的挑战意识去对待的理由就在于此。

抱怨贫穷的父母,只能换来没有意义的一生。我从来不抱怨父母,也从来没有抱怨过这个贫困的国家。让我生在这片土地上是为了让我努力工作,我这样想,如果跟跑在我们前面的人一样睡觉、一样做事,就无法赶上他们。只有比他们更努力工作,才能享受到跟他们同样的生活。如果以工作为由,不做或做不了其他重要事情,那就是工作狂。因为工作忙而把生活中重要的事情,例如供养父母、照顾家庭、与朋友交流等丢在脑后,那就失去了忙的价值和意义。把握工作就等于把握时间。某人5个小时能完成的工作,别人用10个小时才能完成,那这后面的人,即使把握了工作,却未能把握时间。因此,从结果来看,等于输给了工作。

(节选自李明博《我的 12 年等于别人的 24 年》)

五、演讲中的句调

(一) 句调的概念

句调指整句话的音高升降变化,它是音高的变化形式。句调贯穿在整个句子中,特别在句末音节上表现最为明显。通俗地讲,句调也就是我们日常所指的抑扬顿挫。语调中的升降能表达不同的语气,一般说来,下抑的语调表示肯定的或者祈使的语气,上扬的语调表示疑问的语气,平直而慢速的语调表示庄严,平直而快速的语调则表示冷淡,弯曲的语调表示有言外之意或是反语。

(二) 句调的类型

常见的句调有四种形式,即升调、降调、平调和曲调。

1. 升调

升调指句子开头调子低,而句尾明显升高,常用来表示反问、疑问、惊异、号召等语气,或是出现在长句中的前半句。如:

① 是的,一切都这么美好,我为什么不高兴呢?

② 同学们！听到这些,你们想到了什么？同学们,是人民用血汗养育了我们,实现"四化",振兴中华,这是人民对我们的期望,也是时代赋予我们的光荣使命,更是我们每个大学生的职责。

③ 毛泽东曾经有一句话叫"卧榻之畔,岂容他人鼾声四起",就是我睡觉的床旁边不允许别人打呼噜。打呼噜尚且不许,在我旁边玩枪弄炮能允许吗？换位思考,如果我们在美国的邻国或是美国的东海岸、西海岸搞军事演习,美国能允许吗？正所谓"己所不欲,勿施于人",自己感觉不好的,怎么能强加给别人？

2. 降调

降调指调子先平后降,句尾明显降低,常用来表示陈述、感叹、请求等语气。如:

① 我们应该拥有以我们这一代青年命名的最新技术成果,让前人为之震惊和欣慰,让后人为之骄傲。

② 可是今天,面对眼前的老前辈我惭愧地低下了头,我猛然地意识到自己是多么的自私和渺小啊！

3. 平调

平调指调子始终保持同样的高低,语句首尾音高变化不明显,常用来表示冷静、平实、客观的陈述和严肃、冷淡等语气。如:

① 在政治学里有一个词叫"批判性公民"。根据这个理论,随着一个国家经济社会发展,民众权利和尊严意识提高,他们会变得越来越饶舌。这些饶舌民众

的基本特点是：大惊小怪、小题大做、不依不饶,常常会为一些"小事"把政府部门告上法庭。但历史经验表明,正是"批判性公民"的警觉,在推动政府不断完善公共服务。也正是这些民众对政府的"不信任",才把这个政府改造得越来越值得公众信任。

② 北京大学是我们大学里面的翘楚,也是中国现代新思潮的发源地。蔡元培先生有两句名言：寻思想自由的原则,取兼容并包之意。在这种自由包容的校风之下,北大为这个国家、为这个社会培育了很多精英分子。

4. 曲调

曲调指语句音高曲折变化,升高再降低,或降低再升高,常用来表示嘲讽、夸张、幽默、含蓄、怀疑、惊讶、意在言外等语气,以及重音出现在句子开头,或疑问代词出现在句中的疑问句等情况。例如：

① 现在全球华人圈中,有很多孩子以"性、药丸、摇滚"为口号,张扬"现代",家长们担忧这是"垮掉的一代",但事实上,关键的是这些孩子究竟是真的亲身尝试这些不健康的物品,还是只是以一种引喻式的方式表达自己的声音呢？如果是前者,注定会被时代惩罚；但如果是后者,就说明他们的反叛目的是在于"重建","破"传统的只是为了"立"新见。

② 你问我,难道你看不出我是这里的下士吗?

当然,上述几种类型与句调的联系也不是固定的、刻板的,可根据具体的演讲内容和感情来灵活地运用语调。例如：

西方有个寓言,叫点金术。说有个国王嗜金如命,每天都在祈祷上帝给他更多的金子。上帝为了惩戒他,给了他点金术。从此他摸什么什么是金子,面包、牛奶、花朵,乃至他心爱的女儿。他不能吃金子呀,他不能没有女儿呀！他终于忏悔,又祈求上帝收回点金术,回到他原本就很幸福的生活。这个寓言虽然夸张,但却生动地告诉了我们,财富并不是幸福的同义词。何况,财富再多,你也花不了多少。

这段话中下划线部分的语句应该使用升调,表达一种带有惊异意味的感叹；带点的句子应该使用平调,表达的是客观的陈述；而画波浪线的语句则应该使用降调,表达对结论的陈述和肯定。

句调的抑扬平曲的确立要从具体内容、具体层次、具体思想感情入手,考虑多方面的因素,并落实到句调的衔接和转换。欲扬先抑,欲抑先扬,为了凸显主要部分的"扬",次要部分就要先"抑",反之亦然。只有如此,演讲方才显得波澜起伏、跌宕有致。例如：

① (平起)三年前在南京我住的地方有一道后门,(抑)每晚我打开后门,便

看见一个静寂的夜。(渐扬)下面是一片菜园,上面是星群密布的苍穹。(略抑)星光在我们的肉眼里虽然微小,(更扬)然而它使我们觉得光明无处不在。(平而略抑)那时候,我正在读一些天文学的书,也认得一些星星,好像它们就是我的朋友,它们常常在和我谈话一样。

②(平起)其实你在很久以前并不喜欢牡丹,因为它总被人作为富贵膜拜。(渐扬)后来你目睹了一次牡丹的落花,你相信所有的人都会为之感动:(扬起)一阵清风徐来,娇艳鲜嫩的盛期牡丹忽然整朵整朵地坠落,铺撒一地绚丽的花瓣。(更扬)那花瓣落地时依然鲜艳夺目,如同一只奉上祭坛的大鸟脱落的羽毛,低吟着壮烈的悲歌(抑)离去。

认真研读下列演讲稿,依据内容和作者要表达的思想感情确定句调,进行演讲练习。

① 在这个庄严的时刻,也许是我国历史上最生死攸关的时刻,我向每一位民众——不管你们身处何方——传递这样一个消息,对你们的心情,我感同身受,甚至希望能挨家挨户向你们诉说,我们中大多数人将面临第二次战争。

扫一扫,收听演讲音频

我们已多次寻求通过和平方式解决国家间的争端,但一切都是徒劳。我们被迫卷入这场战争,我们必须接受这个挑战,如果希特勒大行其道,世界文明秩序将毁于一旦,这种信念褪去伪装之后,只是对强权的赤裸裸的追求,为了捍卫我们珍视的一切,我们必须接受这个挑战!为此崇高目标,我呼吁国内的民众,以及国外的民众以此为己任。我恳请大家保持冷静和坚定,在考验面前团结起来,考验是严峻的,我们还会面临一段艰难的日子,战争也不只局限于前线。

只有心怀正义才能正确行事,我们在此虔诚向上帝祈祷,只要每个人坚定信念,在上帝的帮助下,我们必将胜利!

(节选自乔治六世《国王的演讲》)

② 感谢各位的光临,我让大家来,只是想借此机会告诉大家,真正的首富并不是我,而是比尔·盖茨先生!因为在过去的五年里,比尔·盖茨先生一共向社会捐助了240亿美元的个人财富。要不然,他的个人财富会远远超过我。而我,这次被评为新的首富,只能说明我为大家做得还很不够,对此,我感到十分遗憾。一个人的价值在于他为社会作出的贡献,而不在于他拥有的财富。

扫一扫,收听演讲音频

③ 不要动不动指责老百姓素质不高。在指责之前,先反躬自省一番。只看到民众的拒绝,看不到民众为何拒绝;只炮轰民众,而不省思自身;只看到表征,

扫一扫,收听演讲音频

而不愿触碰和剖析表征之下的内核与危机,注定是傲慢与顽愚的,这种做派只会激化矛盾,而无法消解民怨,只会遮蔽危机,而无法寻求化解民怨的良方,更遑论行动了。

六、演讲中有声语言技巧的运用应注意的问题

停连、重音、语速、句调等有声语言的技巧在演讲中不是单一运用的,常常是综合运用的。运用这些表达技巧要注意以下几个方面的问题:

(1)熟悉演讲稿,正确理解并深入领会其所表达的思想内容和所流露的真实感情,根据内容、情感、听众、语境来确定基调。

(2)进一步分析演讲稿,注意通过恰当的停顿和连接的处理,讲出层次,讲出感情。

(3)正确运用音高和音强,调整语速,确定句调,锤炼重音,把隐含在演讲稿字里行间的思想感情和语音形式统一起来,使语音的物理特征、生理特征和心理特征自然地融为一体,做到因声求气,声气合一,声情并茂。

(4)注意不要过分夸张地运用表达技巧,更不能为技巧而技巧,应该从演讲内容的需要出发,形式为内容服务,使演讲自然、动听,起到沟通演讲者和听众桥梁的作用。

认真研读下面这两篇演讲稿,综合运用演讲有声语言的各种技巧准确恰当地表达出演讲的内容和思想感情。

扫一扫,收听演讲音频

① 这几天,大家晓得,在昆明出现了历史上最卑劣最无耻的事情!李先生究竟犯了什么罪,竟遭此毒手?他只不过笔写写文章,用嘴说说话,而他所写的,所说的,都无非是一个没有失掉良心的中国人的话!大家都有一支笔,有一张嘴,有什么理由拿出来讲啊!有事实拿出来说啊!为什么要打要杀,而且又不敢光明正大地来打来杀,而偷偷摸摸的来暗杀!这成什么话?

今天,这里有没有特务?你站出来!是好汉的站出来!你出来讲!凭什么要杀死李先生?杀死了人,又不敢承认,还要污蔑人,说什么"桃色事件",说什么共产党杀共产党,无耻啊!无耻啊!这是某集团的无耻,恰是李先生的光荣!李先生在昆明被暗杀,是李先生留给昆明的光荣!也是昆明人的光荣!

去年"一二·一"昆明青年学生为了反对内战,遭受屠杀,那算是青年的一代献出了他们最宝贵的生命!现在李先生为了争取民主和平而遭受了反动派的暗杀,我们骄傲一点说,这算是像我这样大年纪的一代,我们的老战友,献出了最宝贵的生命!这两桩事发生在昆明,这算是昆明无限的光荣!

············

反动派暗杀李先生的消息传出后,大家听了都悲愤痛恨。我心里想,这些无

耻的东西,不知他们是怎么想法?他们的心理是什么状态?他们的心怎样长的?其实很简单!他们这样疯狂的来制造恐怖,其实是他们自己在慌啊!在害怕啊!所以他们制造恐怖,其实是他们自己在恐怖啊!特务们,你们想想,你们还有几天,你们完了,快完了!你们以为打伤几个,杀死几个,就可以了事,就可以把人民吓倒了吗?其实广大的人民是打不尽的,杀不完的,要是这样可以的话,世界上早没有人了。……

…………

反动派,你看一个倒下去,可也看得见千百个继起的!

正义是杀不完的,因为真理永远存在!

历史赋予昆明的任务是争取民主和平,我们昆明的青年必须完成这任务!

我们不怕死,我们有牺牲的精神,我们随时像李先生一样,前脚跨出大门,后脚就不准备再跨进大门!

(节选自闻一多《最后的演讲》)

② 115 年前,美国哥伦比亚大学收到了一笔一万两千美元的捐款,捐款人有这样一个要求:我要捐一个汉学系。这个要求让校方十分为难,因为要设立这样一个专门从事中华文化的研究机构,需要多少人不知道,需要多少钱不知道,如何规划不知道,怎样发展不知道,不仅校方不知道,就连捐款人自己对此也知之甚少。捐款人只是坚持要捐一个汉学系,捐款人没有念过书,没有受过很好的教育,他不了解子曰诗云,也不了解兰亭隽永。可对他而言,却有这样一个愿望深扎心头,他要让中华文化在北美生根。1901 年 6 月 28 日,他把毕生的积蓄捐给了哥伦比亚大学,于是在这所著名的学府里设立了美国第一个专门从事中国语言、文化、哲学和法律教育的科系,他在写给大学的信中写道:"先生,我在此寄上一万两千美元的支票,作为贵校汉学研究的资助。"他在签名处写上了这样几个字"A Chinese person",一个中国人。这个人叫丁龙,他曾被当作猪仔卖到美国,在一个美国的贵族家庭中一世为仆,可在他心中却有一个强烈的愿望,那就是让自己积累下来的每一个铜板最终使中华文化在此处落地,让中华文化根不断、脉不绝!

扫一扫,收听演讲音频

我记得路遥曾写过这样一段话:这个世界上有太多美好的地方了,可是那里有黄山吗?那里有黄河吗?那里有长江吗?那里有长城吗?没有。对于丁龙,家国情怀就是让中华文化能够四海飘香,光华永世;对于我们,家国情怀就是爱自己国家的语言,爱自己国家的文化,这是作为一个中国人最起码的素养,这样的爱国力量虽小,但汇聚点滴之后,那便是强大的中国力量!

(节选自闵希瑶《一笔来自中国人的捐款》)

思考与练习

1. 什么是演讲中的有声语言?它和我们平时的说话有何不同?
2. 什么是朗读?试述朗读和演讲的相同点与区别。
3. 选取一些语言片段,尝试着做演讲的停连、语速、重音和句调练习。

第四章 姿态万千,游刃有余
——演讲中的无声语言艺术

《庄子·养生主》中记载了庖丁解牛的故事:"今臣之刀十九年矣,所解数千牛矣,而刀刃若新发于硎。彼节者有间,而刀刃者无厚;以无厚入有间,恢恢乎其于游刃必有余地矣。"厨师丁技艺超群,以致"踌躇满志",信心十足,这主要得益于其心与技的完美结合,真正实现了庄子"天地与我并生,万物与我为一"的道家精神。演讲不能只以言语传之耳,而缺视觉演艺之韵也。山地积石堆土是为言,山势逶迤多姿方为态。山川之美,在于结合,言语深处,必出态势。此乃自然常情。

本章要点:无声语言概述,首语,手势语,仪表仪态,道具语言

一、无声语言概述

现代神经生理学研究表明,人的大脑是由约140亿个神经元组成的神经网络,并且大脑有其自身的记忆编码与解读方法。传统的说法是,大脑左半球主要接受口头语言,即逻辑信号;而大脑右半球则专门接受非口头语言,即形象信号。逻辑信号和形象信号是交替出现、互为补充的。前面所述的是演讲的有声语言,它是人们在社会交际中显示思想的直接载体,是交往和沟通的一个必不可少的基本条件。本章主要讲述另一种重要的信息交流工具——无声语言及其内部的构成要素,也就是心理学家所说的非语言交际,如外表、体态、手势、眼神、表情、道具。

(一) 无声语言的概念

演讲是一门学问,也是一门艺术。一场完整的演讲,不仅需要演讲者发出语音,还需要辅之以动作和表情。演讲时,通过面部表情、手势、姿态及其他肢体语言动作进行思想感情交流和信息传播的"语言",就是无声语言,又称为态势语言、体态语言。

无声语言是从人的自然活动状态中经过加工提炼出来的,无声语言既符合言语交际规范,具备表情达意功能,还具有很高的审美价值。

(二) 无声语言的非言语性

行为科学家以及语言学家的研究成果表明,人类的非语言沟通方式,大多数是通过手势、姿态、位置、距离等来实现的,而且有些还是高度相通的,如笑声表示高兴、愉悦,皱眉表示反感、痛楚;点头表示肯定,摇头表示否定;招手表示"来",摆手表示"去";竖立食指和中指的"V"形表示胜利;拇指食指合圈,其余三指张开表示"OK"、成功。此外,还有旗语、交警手势、裁判手势等手势语,可谓五花八门。这些沟通方式主要是通过非语言文字符号进行信息交流的,有时比有声语言交流更为便捷,更富有表达力。非语言文字符号经常在更为宽广的范围内传达着丰富的含义,对语言符号起到强调、修饰、支持、补充等作用,甚至在特定环境下可以替代有声语言。因此,我们把无声语言也称为"非言语性语言"。

在我们的日常工作和生活中,不乏非言语性语言运用并传达内在意义的实例。如在交流中眼神的旁移,表明对某件事的躲闪或不感兴趣;眼睛直视他人,表明热烈、期盼或盛气凌人;挠头、咬指、握手时颤抖、用胳膊抱双肩等,表明紧张不安;嘴巴张开,眉毛上扬,眼睛瞪大,表示惊愕;脸红表示害羞;皱眉、挺胸、紧握拳头,表示愤慨;

微笑和温和的目光常传递出一种善意;轻微的动作如上跷大拇指,轻拍肩膀等表示肯定、支持和理解;甚至鼓掌、点头、耸肩、摇桌、步态都能传递出某种实际的信息,从演讲的角度看,这种"非言语性"特征都可以传递给听众并成为听众接收信息的重要源流。

(三) 无声语言的作用

1. 辅助达意

美国学者朱利·法思特在《人体语言》一书中说:"一个懂得人体语言并善于应用人体语言的人,如果将他所了解的姿势同周围的人的感情联系起来,他将永远比对方胜过一筹,处于主动地位。"这句话,也道出了无声语言在人际交往中的重要作用,即无声语言能有效地辅助有声语言,实现演讲的传情达意功能。

在演讲中,演讲者常常通过准确、协调、自然、优美和灵活自如的肢体语言,向听众传递丰富的信息,从而作用于听众的视觉,带来一种美的享受。演讲是一种人际交往,是演讲者和听众在一个特定的场合中,面对面进行的情感交流。任何一种步伐、一个眼神、一个细小的动作,都可以使听众感受到言外之意。无声语言可以把有声语言不便说、说不出的意识情感充分地表达出来,因而具有补充甚至取代有声语言的功效。

2. 视觉冲击

在演讲的语言运用中,有声语言是有声而无形的,它作用于听觉;而无声语言则是无声而有形的,它作用于视觉。两者结合,互为补充,相得益彰。演讲的成功与否,主要是由二者的组合语言对听众形成冲击力的大小而决定的。美国心理学家艾伯特·梅拉比安曾提出一个公式:

$$冲击力1 = 0.07 \times 言辞 + 0.38 \times 声音 + 0.55 \times 面部表情$$

表4-1显示的是48位成功的演说家在演讲时除语言之外其他手段的运用情况,从表中可看出眼睛(眼神)变化是运用最为频繁的一种手段,此外,声调停顿和手势、表情的有效运用比率也很高。

表4-1 非语言信息在演讲中的运用频度 (N=48)

非言语手段	眼 睛	手势、表情	声调停顿	笑、咳嗽	走 动
使用人数(f)	48	36	41	19	17
百 分 比(p)	100	75	85.4	39.6	35.4

数据来源:李国庆,胡坚.讲演心理探讨[M].长沙:湖南人民出版社,1988:32.

二、首语

首语又称头部语言,是指演讲者运用头部的动作、姿态来表达演讲信息的一种非语言符号。头部能显现的动作和姿态主要有头部转动、脸色、眉眼等。演讲中可根据感情表达的不同需要而灵活运用。

(一) 头部转动

头部转动主要有仰头、低头、点头、摇头、偏倾等动作，不同的头部转动能传递出多样的语言信息。

仰头有微仰、昂仰、偏仰等细微差别，可分别传递不同信息：微仰可表示演讲者的思考或停顿；昂仰表示演讲者的情绪激动；偏仰表示演讲者的呼唤或憧憬等信息。低头表示演讲者的谦逊，或忧虑，或不自信；点头表示演讲者的赞同和肯定，摇头表示演讲者的否定；偏倾表示演讲者的得意或愉悦，微倾表示演讲者的观察或思考；头部前突表示演讲者的惊讶或逗趣。

(二) 脸色

体语学的创立者伯德惠斯特尔指出，人的脸部可做出大约两万五千种表情，可以说是非语言信息最丰富、最集中的地方。人的脸部能反映出人的一些内心变化和情绪。如人在生气时，血管会收缩，导致脸色苍白；激动时，血管扩张，脸色涨红；高兴时笑逐颜开；得意时容光焕发；失意时满脸阴沉。若仔细观察人在特定情绪下的脸色，不难发现其中的一些带有规律性的东西。如高兴时，口角向上，脸色和悦红润，纹路顺当；悲痛或厌恶时，口角向下，嘴唇或紧闭或张大，脸色阴郁或苍白，纹路板滞；忍耐则咬住下唇；仇恨时则咬牙切齿。其他如：突出下颚，表示攻击性行为；缩紧下巴，表示畏惧、驯服；抚弄下颚表示掩饰不安或胸有成竹；下颚上抬、鼻子挺出，表示倔强、傲慢、自大；手摸鼻子，表示怀疑对方；手摸耳垂，表示自我陶醉。

人的脸色是多种多样的，配合着面部表情，可表达出不同的情绪，如快乐、幸福、喜爱、骄傲、满足、同情、妒忌、害怕、紧张、愤怒、悲伤。在演讲中保持适度的笑容和平和的心态是最重要的，微笑作为世界通用的无声语言，是最富有吸引力、最有价值的，也最能传递出友善、关注、尊重和理解等信息。在运用面部表情时，忌讳表情夸张、无度，也忌讳麻木、呆滞。

(三) 眉眼

眉眼主要指眉毛、眼睛的动作、姿态。演讲中，眉毛和眼睛通常是协同配合，共同完成人体各种复杂表情的。心理学研究证实，在人的各类感觉器官所获得的信息总量中，来自眼睛的占80%以上。《孟子·离娄上》说："存乎人者，莫良于眸子。眸子不能掩其恶。胸中正，则眸子瞭焉；胸中不正，则眸子眊焉。"而据现代科学统计，利用目光，人类就能交换几千种信息。由此可见，眼睛一方面具有传递深层次信息的功能，另一方面，透过眼睛又能探索别人的内心世界。眼睛的信息传递主要通过眼珠的转动、眼睑的动作和瞳孔的变化来具体实现。

黑格尔在其名著《美学》中说："不但是身体的形状、面容、姿态和姿势，就是行动和事迹,语言和声音以及它们在不同生活中的千变万化,全部可以由艺术化成眼睛。人们从这眼睛里就可以认识到内在的无限的自由的心灵。"在人类形形色色的眉目语言中,很多已有了约定的含义。如正视表示庄重,斜视表示轻蔑,仰视表示思索,俯视表示羞涩,逼视表示命令,瞪视表示敌意,不停打量表示挑衅,低眉偷觑表示困窘,白眼表示反感,双目睁大表示吃惊,不停眨眼表示疑问。

而不同的眼神也表现着不同的含义,如目光炯炯表示精神焕发,目光呆滞表示心事重重,目光狡黠表示心术不正,目光坚毅表示自信自强,目光衰颓表示自暴自弃。

在演讲活动中,演讲者恰当地使用眉目语言,既有助于思想感情的表达,也有利于相互理解与合作。巧妙地使用眉目语言,也是一种艺术。

在演讲活动中,并非所有人一开始就能自如地运用眉眼技巧,有些大学生一上台,要么眼睛盯着天花板;要么低头看着讲稿或桌面;要么始终盯着某一区域、某一个人;要么眼光虚浮,显得目光呆滞、面无表情;要么就是异常活跃,乱用眉眼,哗众取宠。眉眼技巧的掌握并非一蹴而就,既要靠长期的实践锻炼,也要靠不断的眼神训练。实践锻炼指的是融入集体,多与人交谈,多参加集体活动,多观察、多运用。眼神技巧要靠自己不断地琢磨学习和练习才能获得。

三、手势语

手势语是指通过手的动作、姿势表达信息、传递感情的非语言符号。在人类的社会活动中,手的运用最为频繁。在人际往来中,人们常常会做出各种手势来表达不同的含义。手势与表情结合,可以传递约40%的演讲信息。法国著名艺术家罗丹说过:"没有灵敏的手,最强烈的感情也是瘫痪的。"正因如此,几乎所有的演讲者都要运用手势语,都有自己独特的手势语言。领袖级人物如毛泽东、列宁、丘吉尔,公众人物如于丹、李开复、李咏、郎咸平、马云、李阳、李敖,他们当中的不少人都有其经典独特的手势语,让人至今回味无穷。

手势语主要是通过手指、手掌和拳头等的形状变化来表达和传递语言信息的,其中,手指和手掌的表意性最强,传达的语言信息最为丰富,演讲中运用也最为频繁。

(一) 指语

演讲中运用最多的手指是拇指和食指。拇指上翘,常表示友好、赞许或夸奖。食指前指,可指某人,也可针对某个话题。食指伸直向上或向下指,表示一种强调;靠近嘴边,表示安静;左右轻摇,表示提醒。有时,整个五指配合动作可表示不同含义,如五指并立张开向前,表明较强的针对性;五指整体弯曲收束,呈鹰爪状,表示力图控制全场,吸引听众。

(二) 掌语

演讲中手掌运用变化最多的是伸掌、合掌和劈掌。伸掌(即五指合拢,手掌平伸)

时，若掌心向上，常表示征求意见；若掌心向下，则表示抑制和安定；若掌心向前，则表示回避；若掌心向内并向胸前缩拢或向外推，常表示一种抚慰；若掌心向上侧向外（即摊开双手），常表示希望或理解。合掌（即双掌合拢）通常表示信心满怀和有把握；合掌并高举表示一种祈求；合掌高举头顶并前后摇动，表示感谢。劈掌（即手掌挺直展开，用力劈下）表示果断、坚决和不容置疑。

除此，演讲中常用的掌法还有，双手（或单手）抚胸表示心愿、想法；以手击头表示痛苦等。

（三）拳语

演讲中拳头运用变化最多的是握拳、举拳和摆拳。握紧拳头，常表示激动、决心、力量或坚决；握拳上举，表示坚定不移或情绪亢奋；拳头上举并摆动，表明不容怀疑。

来自演讲手势语的统计表明，演讲中手掌的运用频率为70%～80%，拳头的运用频率为20%～30%。表明在演讲中，掌语用得更多些，拳语则较少。

值得注意的是，演讲中对手势语的使用应遵守适度和合理的原则，不用不行，但既不可太过频繁，表达又要具有合理性。要通过精心设计演讲过程，把手势、动作用在关键性的、需要特别强调的词语或语句上，并力求简练，并能辅助有声语言。我国著名的演讲家李燕杰曾经说过："手势运用的标准只有一个字——美，还是那句话，美的本质是人的本质力量的对象化。一个低俗的人，想在演讲中出现高雅的手势，大概是不可能的。所以要想美，首先要提高自己的审美水平。"[①]

很多青年学生由于演讲临场经验不足，上台后会无意识地使用一些动作，如手抓麦克风，挠脑袋，习惯性摇晃身体、抖动腿部等。一些青年学生在设计演讲中的手势时，要么手势不准、达意不明，要么就是没找准地方，把手势、动作用在并不需要强调的词语或语句中，结果适得其反，使演讲大为失色，这些都是要注意的问题。

四、仪表仪态

仪表仪态一般指的是人的容貌、姿态，包括长相、体型、身材及服饰等，主要是指人的外部特征。仪表仪态能传递出多样的信息，在人际交往中有着十分重要的作用。英国的一位心理学家就此做了一项有趣的实验，他在萨立斯特大学，按照外貌、口才及理解判断能力等标准严格挑选了68名志愿者，让他们分别向四位过路人寻求支持。实验的结果表明，这些引人注目的志愿者比起那些仪表平平的对手，更容易获得成功。

演讲中对仪表仪态的要求比较严格和规范。一个面容憔悴、不修边幅、萎靡不振、衣着脏乱，或者华丽时髦、浓妆艳抹的人出现在听众面前，听众便无法从内心深处接受他的思想，感受他的情趣。因此，失掉了仪表魅力，也就失掉了演讲魅力。

---

① 曾凡莹. 李燕杰演讲答问录300题[M]. 北京：北京理工大学出版社，1995：141.

(一) 容貌及打扮

人的容貌是天生的,但我们可以对容貌进行修饰,以求得美的外显。演讲是"美"的艺术,包括语言美、激情美、仪表美,完全不注重或过分的修饰打扮都是不对的。

美国著名的演讲家达尔尼金在其《演说术》中说:"过分地装饰自己等于无情地排开听众。"那么,以什么样的修饰打扮出现在演讲台上为好呢? 其实,修饰打扮不能千人一面,千篇一律,一定要结合自身的实际情况,如体态、爱好、素养、气质等,并充分考虑演讲的场合、主题等要素,做到得体、大方、匀称、和谐、新颖、独特,向听众展示一个真实的自我。以上这些,可看作是修饰打扮总的要求。

修饰打扮的细节,总是因人而异的,做到得体并非难事。如脸洗干净,头发梳好,胡子修刮干净,牙白、齿缝不留异物,着淡妆。女同学还可略施粉黛,以保证脸部的洁净、清爽和红润,若演讲台光照强烈,可考虑妆容略浓。

一些大学生平时喜欢佩戴小饰物,如手镯、项链、戒指、胸花、发夹、耳环或其他的装饰品,适当地佩戴饰物能增强仪表美,但在演讲中如果饰物过多,或装饰不到位,均会影响演讲的效果。所以在演讲时应该有所选择,予以取舍。

(二) 姿态

姿态即指人的姿势,包括身躯动作和站姿、坐姿、靠姿等,除了靠姿常常用于商务的非正式谈话、闲聊以及熟人间的随意谈话,身躯动作以及站姿和坐姿均可用于演讲之中。但坐姿演讲往往见于非赛事演讲,如学术演讲、广播电视演讲。一般状态下,人们都站着演讲并辅以身躯动作来表情达意。如在联合国的演讲台上,一个共同的规则是,不管是国家元首,还是政府要员,都一律限定时间,站着讲话。世界上其他国际会议也都是如此。站立演讲有四点好处:第一,表示对听众的尊重;第二,可避免长篇大论或埋头念稿子的毛病;第三,显示演讲者的精神风貌;第四,调节场内气氛。

虽说人人都会站立,但站立演讲表示的丰富含义却并非人人都懂。演讲中站立的基本规则是:首先以一种愉快轻松的心情走上讲台。站定之后、讲话之前,悄然提气收腹,这个局部动作会使人产生全身肌肉挺拔,精神振作的感觉。站立时身体不要靠在讲台上,身体的重心平均落在两只脚上,两脚自然分开,不超过肩的宽度,或一前一后站定。双手轻松自如地沿着身体两侧下垂,头部端正,声音发出的方向应该沿着嘴部的水平线而稍微向上。

但演讲者在演讲中不可能一直保持这种站姿。对于那些技巧十分娴熟的演讲者来说,他们往往随着演讲的跌宕起伏、随着情感的变化,时而前进一步,时而又后退一步,时而踮脚,时而移步。一般来说,向前移步表示肯定、积极、期待、争取的意思;向后退步表示否定、畏惧、消极的意思;踮脚表示期望、召唤、探讨的意思;移步表示沉思、胸有成竹的意思。

从人体审美的角度来说,站姿缺少变化,就显得呆板。因此,有经验的演讲者更倾向于身体稍微侧一点,这样会使听众感到更灵活、更优雅一些。对此,心理学家梅拉比安有十分精确的表述:"身体的放松程度是一种传播行为。向后倾斜10°以上是极其放松;前倾约12°或向一边倾斜不到10°是较为自然的交往姿态。"

而身躯的姿态动作,也能表示各种不同的意思。一般来说,身躯正直,表示勇敢、威严;反身向后,表示否认、拒绝;微向前倾,表示关切、谦逊;左右摇摆,表示热烈、激昂。

常见的不雅演讲姿态有:走向演讲台时速度太慢,拖着步子,常表示自卑、紧张、缺乏自信;走向演讲台时眼睛一直正视前方,手摆幅度大,常表示目空一切;走向演讲台时低垂着头,眼睛盯着路面,甚至弓腰驼背,常表示心事重重、没有信心。在演讲台上,两手十指指尖按住桌面,肩膀耸立,常给人居高临下、唯我独尊之感;身体的一边斜靠在演讲台上,常表示懒散、无力;在台上两手插入裤袋或衣袋,表示随意和不尊重人;在台上两手无意识地做些小动作,如挠头、玩纽扣、搓手,或下意识地拨弄麦克风,常表示紧张;在台上小幅度摇腿、抖脚,或做"金鸡独立",常表示无所谓和缺乏修养;始终用一种手势而不变化,或始终站在原地不动,会使人"审美疲劳",甚至厌烦。

以上的不雅姿态,演讲者要极力避免。对演讲者在台上的一举一动,听众是完全能"读"出相关的语言信息的。

(三) 服饰

演讲者的服饰是听众审美的一项重要内容,因为服饰能掩盖自身外形上的缺陷,还能展示自己的内在美。演讲者的服饰不在于华贵,不在于时髦,而在于整洁大方,庄重朴素,轻便自如,协调和谐,得体入时,因地制宜。西方把这一切总结为"TPO"衣着原则。"T"(time)指时间,意思是说着装要注意时令与时代;"P"(place)指场所、地点;"O"(object)指目的、目标、对象等。笛卡儿对此有一句精辟的话语,他说:最美的服装,应该是"一种恰到好处的协调和适中"的服装。

服装总是和颜色的搭配联系在一起。在日常生活中,我们都有一些共同的体验,不同的颜色,反映出不同的含义,体现出穿着者的内心情感和思想理念。透过服装,我们可以感受到诸如优雅、高贵、严肃、纯真、喜悦,甚至哀痛、伤悲等种种复杂的情绪。因此,在不同的演讲环境里,对演讲服装的选择,也相应有了不同的要求。这就要求演讲者首先要对颜色本身的含义有一个清楚的认识。

1. 常见颜色的基本含义

红色常表示兴奋、精力、热情、喜庆、欲望、速度、力量、热爱、侵略、焦躁、危险,是一种激奋的色彩,有刺激的效果,能使人产生热情、活力、冲动、愤怒等不同感觉。

黄色表示享受、幸福、乐观、理想主义、想象力、希望、阳光、夏天,具有快乐、希望、智慧和轻快的个性,它的亮度最高,能充分反映光线。

蓝色表示和平、平静、稳定、和谐、统一、信任、真相、信心、冷淡,是最具凉爽、清朗感的色彩。它与白色混合后能显现柔顺、淡雅的气氛。

橘色表示精力、平衡、温暖、热情、颤动、率直、火焰、注意、要求,是一种激奋的色彩,具有轻快、欢欣、热烈、温馨、庄严的效果。

绿色表示自然、环境、健康、好运气、更新、青春、努力、春天、慷慨、富饶,介于冷暖两种色彩的中间,属中间色,显得和睦、宁静、健全、安息。它与金黄、淡白配合,能带来优雅、舒适的感觉。

紫色表示灵性、高贵、仪式、神秘、转变、智慧、启发、残酷,是最具神秘感的色彩,能产生高贵、庄严、豪华的气氛。

灰色表示安全、可靠、智力、固定、谦逊、尊严、成熟、团体、保守、实际,具有中庸、平凡、温和、谦让、中立、忏悔的情感特征。

白色表示尊敬、纯净、神圣、简洁、清洁、和平、谦卑、精密、清白、青春、出生,具有洁白、明快、纯真、清洁的情感特征。

黑色表示力量、精深、正式、优雅、财富、害怕、魔鬼、匿名、悲哀,具有庄重、寂静、悲哀、罪恶、绝望、灭亡等情感特征。

2. 服装搭配的一般规则

鲁迅先生曾经说过:"人瘦不要穿黑衣裳,人胖不要穿白衣裳;脚长的女人一定要穿黑鞋子,脚短就一定要穿白鞋子;方格子的衣裳胖人不能穿,但比横格子的还好;横格子的胖人穿上就把胖子更往两边裂着,更横宽了,胖子要穿竖条子的,竖的把人显得长,横的把人显得宽。"除此之外,服装和肤色的反差也不能过大。皮肤白的人适合各类颜色;皮肤较黑的人,则不宜穿黑色类服装及其他一些嫩色的服装。

一般来说,服装的色彩搭配分为两大类:一类是协调色搭配,另一类是对比色搭配。

协调色搭配分为:

(1) 同类色搭配。这种搭配指深浅、明暗不同的两种同类颜色相配,如墨绿和浅绿,咖啡和米色,显得柔和文雅。

(2) 近似色搭配。这种搭配指两个比较接近的颜色相配,如红色和橙色,黄色和青绿色,效果比较强烈。

对比色搭配分为:

(1) 强烈色搭配。这种搭配指两个差异较大的颜色相配,如黄色与紫色,红色与青绿色,这种配色效果强烈。

(2) 补色搭配。这种搭配指两个相对的颜色的配合,如:红与绿,青与橙,黑与白,补色相配能形成鲜明的对比,有时会收到较好的效果,黑白搭配是永远的经典。

演讲时应充分参考以上的搭配规则,不宜采用单色调配色,而应该在某一基色调基础上去求变化,但配色又不宜太杂,一般以不超过三种颜色为好。

演讲时的服饰配色还应参考演讲场地的具体环境而定,如场地灯光、环境布置、演讲主题。在灯光下,所有的颜色都会罩上黄色色调,看起来更趋近于白色,颜色会

"失真"。因此,若是在晚上进行演讲,最好选择在灯光下配色为好。环境布置和演讲主题也会影响演讲的服装搭配,也就是说,服装搭配要与演讲内容协调,如果演讲的主题严肃,可穿西装、打领带,或是穿其他正式的服装;若演讲轻松、活泼,则可考虑穿T恤、衬衣或其他款式较活泼且色彩鲜艳的服装。

不管在哪种情形下,演讲者的服装搭配都应该符合自己的体型和肤色特征,千万不要穿着得太随便,或是过分地去修饰。

(四) 风度

风度是指通过人的言谈、举止、仪表所体现出来的稳定的个人风格与气度。风度虽然同样是从外部特征表现出来的,却是个人的精神气质、文化修养、心理素质等诸因素的外化。

英国哲学家培根说过:"行为举止是心灵的外衣。"精神充实、情趣高尚的人,必然举止大方,行为端庄,谈吐高雅。两千多年前,孔子对这一点就说得很具体、很精深,《论语·雍也》记载,子曰:"质胜文则野,文胜质则史。文质彬彬,然后君子。"这里的"质"是指内在素质,"文"是指外在表现。意思是说:一个人若只注重内在素质而忽略外在表现,就会显得粗鲁和野蛮;若只注重外在表现而忽视内在素质,就会导致浮华和迂阔;只有文质兼备,即兼具内在美与外在美,精神充实与外貌风采完美地统一,才称得上君子之风度。

风度非一朝一夕所能养成,但风度也不是遥不可及、不可捉摸的,它总是从个人具体的言谈、举止、仪表中以某种稳定的方式表现出来。作为一个演讲者,应该在内在和外在两个方面同时下功夫,才能具备一定的风度,而演讲者的风度,直接影响着演讲的效果。

演讲注重表达个人的思想、感受,充满感情、个性,无论是有声语言还是无声语言都应发自肺腑,至情而生,因此其最高境界便是"天然去雕饰",只有这样,演讲才会感人,并让人感受到演讲者的真心实意。

五、道具语言

有人把演讲语言分为有声语言、态势语言和道具语言。道具语言,又称为审美刺激物,狭义的道具语言主要指演讲中所使用的挂图、地图、照片以及其他一些实物。广义的道具语言还包括视频、音频等现代电子类的设备及文档资料等。

演讲中使用道具语言的作用主要有:可直观、真切地传递语言信息;可使抽象的语言具体形象化;可引起听众的视觉聚焦。正是因为道具语言的这些功用性,演讲中常常将之归属于无声语言的范畴。

在演讲中充分利用道具语言,可在一瞬间调动听众的听觉和视觉并引起语言传输。听觉与视觉一旦相互结合,必然会起到互补互利的作用。有经验的演讲家常常会很好地利用审美刺激物。2005年9月23日,台湾知名学者、作家李敖在清华大学发表演讲时做出了一个令人无比惊异的动作——拿出布什当年在这里所作的演讲稿并当众撕毁。面对台下几百名清华师生,他用充满激情的语调谈及了主题。李敖素以锋芒毕露、言辞犀利、"嬉笑怒骂皆成文章"而著称,在演讲中使用了道具语言,从而产生了极大的演讲震撼力。

现代多媒体技术的快速发展,不仅给人们在说话、声像材料和表演等诸方面提供了一个广阔的平台,还充实了演讲的无声语言领域。多媒体技术为人们提供了一个丰富变化、生动友好、方便灵活的交互式人机界面,因此,受到人们的广泛欢迎,现代多媒体技术也迅速渗透到社会生活的各个方面。人们充分运用LED显示屏、投影等技术,将文字、图形、图像、视频、动画、音乐播放等众多媒体表现方式集于一体。目前,在广场、报告厅、会议室、教室等很多适合演讲的场合,都配备了多媒体设备,演讲者可以充分利用数字化资源,在有限的演讲时间内,利用LED显示屏、投影仪等设备播放画面,融入音乐,向听众展示出更多更为生动的实物信息。需要提及的是,演讲中的道具语言使用虽很必要,但一定要慎重适度,切不可滥用。

总之,无声语言包罗的内容丰富多样,人们在长期的演讲实践中也探寻到很多富有规律性的东西。但万事万物不是一成不变的,随着社会的发展,生活的变化,科技的变革,无声语言的内容会更加充实。但不管怎样变化,演讲的语言都始终离不开一条基本的原则,那就是演讲的"情"——发自内心而显现于外的感情。任何无声语言都是这种感情的自然结果。西方演讲家柯林斯在其《讲坛演说术》中说过:"当你演说的时候,整个忘掉你要做的动作。把你的注意力集中到你要说的东西上,把你全身的热情和精神都放到思想的表现里。要热烈,要诚挚,要绝对的恳切。那些动作自然而然就带了出来。如果你内心的概念是异常强烈,你的拘束自然就被打破,你的形体也会和你的表情动作发生反响。你在实际演讲时,只思索你所要说的……让自然的趋势去选择动作。"

思考与练习

1. 什么是无声语言?试述无声语言的主要内容。
2. 演讲者的着装打扮技巧有哪些?
3. 找一篇演讲稿,尝试在其中设计无声语言。

第五章 精巧布阵,百战不殆
——演讲的谋篇布局

《孙子兵法》曰:"知彼知己,百战不殆。"又云:"兵者,国之大事,死生之地,存亡之道,不可不察也。""多算胜,少算不胜,而况于无算乎?"孙子以严肃的态度讲述了战争与计谋的重要性。演讲就如筹谋战争,谋攻、虚实、应变、阵势……在演讲未动之前,先行布好大阵,开闭腾挪,翻云覆雨,则世界尽握于掌心。

本章要点:确定演讲选题,设计题目,组织材料,编写提纲,演讲稿通用格式

一、确定演讲选题

(一) 什么是演讲的选题

任何演讲,首先面临的一个问题就是"讲什么",确定"讲什么"的过程就是选题。也就是说,演讲者在演讲前,首先要明确演讲所要表达和阐述的中心问题,即论题,才能依此设计演讲活动。演讲选题主要包括演讲主题和演讲范围等。在人类长期的演讲实践中,演讲总是体现出中心集中明确,时代气息浓郁,观点鲜明不含混,依听众实际而灵活变化等重要特征。

(二) 确定选题的基本原则

1. 具有深刻的现实性

人类的演讲从一开始就具有深刻的现实性这一基本的特征。最早的关于演讲论辩的西方文学作品《一个能言善辩的农夫》里就描述了一个农夫如何在长老那里通过"能言善辩"而夺回自家财产的故事,没有财物的"被劫",就没有农夫的"善辩"。中国古代文献《尚书》里记载了周武王的一次战前演讲,没有商纣的昏庸无道,就没有武王的起兵,也就没有武王有针对性的鼓舞士气。因此,演讲总是和社会问题息息相关的,演讲就是社会的某种现实问题在一定情境下的及时反映。换句话说,演讲若离开对社会现实问题的跟踪、评价,便失去其生命力。马克思和恩格斯认为,一篇生动的演讲,究竟能在多大程度上帮助听众弄清社会现实中的复杂现象,并在多大程度上有助于推动迫在眉睫的社会问题的解决,这是演讲艺术的本质特征。一个有责任感的演讲者,总是能从提高人们对客观世界的认识能力和改造能力出发,选择那些"政治上重要的、为大众所注意的、涉及最迫切问题的主题"[①]来阐述,从而解决人们普遍关心、急于得到回答的问题。这样的演讲才具有价值,才能受众欢迎。而那些无关紧要、远离现实的话题,是没有意义的。

纵观古今中外的演讲历史,不难看出,所有的演讲都体现出这一基本特点。从历代政治家、哲学家、思想家到商界、学界等不同领域,大凡演讲,都紧扣时代的脉搏,从而产生出了令人震撼的强烈效果。如马丁·路德·金、林肯、丘吉尔、列宁、希拉克、毛泽东、恽代英、温家宝、李燕杰、曲啸、刘吉、马云,他们的演讲在历史上留下了回声,

---

① 克鲁普斯卡娅. 列宁是怎样写作学习的[M]. 北京:人民出版社,1973:23.

究其根本,这和他们在演讲时关注社会现实有极大的关系。

不同的历史时期,有不同的社会现实问题,这给演讲提供了源源不断的选题,同时也成为演讲背负的重大使命。如近些年来的食品安全问题,道德问题,恋爱、婚姻与家庭问题等,都是很好的选题。对大学生而言,还有学业与创业问题,同学间人际关系问题等,都可成为演讲选题的着眼点。

所以,演讲者在确定选题时,一定要从客观实际出发,认真考虑所选论题是否符合当前现实的需要,是否是听众亟待得到解答而又有意义的问题。

2. 符合听众的需要

演讲的选题一定要充分考虑听众构成、演讲场合等因素,并根据不同情形选择合适的论题。听众的年龄、身份以及文化水平、思想修养、职业特点、阅历、心理和愿望等的不同,决定了演讲的选题以及选材、演讲方式等的变化。如果离开了听众的实际,凭想当然地设定选题,很难获得演讲的成功。

如面对军人、学生的演讲,选题可更多倾向于励志和答疑解惑。而面对企事业职工、农民等人群,选题可倾向于他们更关心的诸如经济、收入、保障制度、规划发展等,主要目的是平息矛盾、阐述事理、鼓舞人心等。有时,还可因人群构成不同、演讲场合大小的区别而选择不同的语音语调和演讲风格。

(三) 演讲主题的确立

1. 什么是演讲主题

文学上所指的主题,一般有两种解释:一是指体现作品的主要题材,二是指作品所反映的主要思想。演讲主题指的是后者。演讲主题又可称为演讲主旨、演讲立意、演讲主题思想等,是演讲者对社会生活的认识、评价和理想的表现,是演讲者在演讲中所要表达的中心思想或基本观点,它体现着演讲者对所阐述问题的总体性看法,是整个演讲的"灵魂"和"统帅"。

历来关于主题重要性的论述很多,古希腊哲学家德谟克利特曾说:"那些偶像的穿戴和装饰看起来很华丽,但是,可惜!它们是没有心的。"唐代诗人杜牧在《答庄充书》中写道:"凡为文以意为主,以气为辅,以辞彩章句为之兵卫。未有主强盛而辅不飘逸者,兵卫不华赫而庄整者。"强调了文以致用,语言形式为内容服务,反对片面追求华丽辞藻的形式主义倾向,同时强调了立意的重要性。叶圣陶先生也说过:"一场演说必须是一件独立的东西。"又说:"若是抱有目的,要把自己的情意告诉人家,用口演说也好,用笔写文章也好,总得对准中心用功夫,总得说成或者写成一件独立的东西。不然,人家就会弄不清楚你在说什么写什么,因而你的目的就难达到。"[①]

演讲主题是组织演讲内容的核心,是决定演讲的思想性、倾向性、社会意义等的

---

① 叶圣陶.怎样写作文[M].北京:天天出版社,2015.

主要因素,甚至可以决定内容取舍、艺术品位调度、表达方式选择等众多环节。而演讲主题的确立,非一朝一夕之功,它是演讲者在深入认识社会生活并获得较深感受的基础上,经过开掘方能孕育出的。演讲主题一旦确立,就可围绕主题进行选材布局,进而形成整个演讲"作品"。

2. 演讲主题的基本要求

(1) 正确、鲜明。

演讲主题正确,是指演讲者从社会生活中提炼出的思想,要足以反映当前社会生活的本质,并具有普遍意义。在我国,演讲主题应当和国家经济社会发展的政策、方针吻合,体现客观实际,符合人民群众的客观利益。要使演讲的主题正确,演讲者必须具有科学正确的世界观,即马克思主义的世界观,用辩证唯物主义和历史唯物主义的立场、观点和方法,去观察问题、分析问题,才能透过社会现象,抓住事物的本质,从而把握正确的演讲主题。

演讲主题鲜明,是指演讲者在演讲中必须旗帜鲜明,肯定什么,否定什么,赞颂什么,贬斥什么,要清清楚楚、明明白白,决不可似是而非,模棱两可。演讲主题的鲜明性主要有两种倾向:一种是积极而进步的,一种是消极而落后的。一个优秀的演讲者,就要鲜明地肯定和扶植那些积极的、进步的事物,否定和鞭挞那些消极的、颓废的、落后的事物。

(2) 单一、集中。

演讲的主题必须凝练、单一、集中。一次演讲要紧紧围绕一个主题来阐述,不能有多个主题,这是由演讲自身的特点所决定的。因为只有这样,才能把问题讲清楚、讲透彻,使演讲重点突出,从而给听众留下深刻的印象,使之受到更好的教益。若贪多求全,这也想讲,那也想说,使主题分散,形成多中心,缺少一根贯穿整个演讲的主线,势必造成演讲的头绪纷繁,结构松散,话说得不少,听众却不知道演讲者到底要讲什么,达不到演讲的目的。

(3) 深刻、独创。

演讲主题深刻,是指演讲者对社会生活认识要有深度,反映在演讲中,就是具有一定的社会价值。演讲时,无论叙事或说理,都不能停留在表面,而应该深入挖掘内在本质的东西。抓住了本质,演讲就具有强烈的共性,就会深刻。

演讲主题独创,是指演讲者应独具慧眼,能够体察未被别人察觉的东西。演讲者常常从社会生活的某个细节入手,再将之联想、放大,从而产生独特的演讲效果。

演讲主题要达到深刻和独创,需要演讲者对社会生活不断积累,以及在此基础上的不断思索。要将自己主动纳入社会生活的相关层面,养成积极观察问题、思考问题的良好习惯,同时要加强自己的理论修养,以科学理论武装自己,不断提高认识世界、解决问题的能力。只有这样,演讲者才能形成由表及里地看问题的思维习惯,从而形成深刻和独创的演讲主题。

3. 演讲主题确立的基本要素

演讲主题不是随意确定的,确定演讲的主题主要应考虑三方面的因素:

(1) 依演讲目的确立。

一般来说,大学的演讲首先会给出一个较固定的范围,因此,演讲就一定要按照组织者划定的范围去确定主题,不可另起炉灶。在确定的演讲范围内,要深入考虑,选择那些既符合国家方针政策,同时又是大学生普遍关心的、需要解答的、自己确有思考和见地的问题。

(2) 依听众实际确立。

聆听演讲的听众也成为确立演讲主题的重要因素。如:听众有多少人?是哪个年级的?是有组织的,还是随意前来的?他们对这个主题持什么态度?他们对这个主题已经知道些什么?在演讲之前已经发生或演讲之后将要发生什么重大的事情?等等。总之,要联系听众的心理需求、情绪感受等,有针对性而不是盲目地确定演讲的主题。

(3) 依自我条件确立。

一个演讲者不可能对任何演讲主题都产生细密的思考。若某个演讲刚好是自己长期关注、比较感兴趣的内容,演讲主题的确立自然很容易,反之则会出现较多的问题。演讲者一定要注重平时进行多方位实践积累,根据演讲范围,深入细致地查阅资料,进行调查研究,掌握大量的、准确的、新鲜的材料,从而形成对某个问题的真知灼见。否则,即使谈的问题是人们普遍关心且急需解答的,也可能因演讲者对问题理解不深,或没有充分的准备而招致演讲的失败。

二、设计题目

(一) 什么是演讲的题目

演讲不能没有题目。演讲题目直接体现出演讲者对演讲内容的理解和把握以及感情特征、演讲风格等。通常说来,演讲内容决定了演讲题目,演讲题目要鲜明地显露出演讲内容。一个新颖、生动、恰当而富有吸引力的题目,不仅能在演讲前给人急欲一听的强烈愿望,而且在演讲结束之后,同其内容一样,给人留下永久的记忆,甚至成为警句而广为流传。

演讲的题目,也称之为演讲的标题、题名、名称等,演讲的题目是一次演讲活动的有机组成部分,具有概括性、指向性等基本特征。无论是古今中外的大演讲家还是一个训练有素的演讲者,都很重视演讲题目的确立。我国著名的演讲家李燕杰根据自己演讲的体验,给题目的选择定了四条原则,即文题相符、大小适度、遣词得体、合乎身份。他认为好的题目是很难确定的,只有经过深思熟虑、反复推敲,才能为自己的演讲找到一个好的、生动的、有力而又适度的题目。

题目的确立,因人而异,不可强求统一。有时是头脑中的灵光一闪,有时则是深思熟虑、反复筛选的结果。题目设计有多种可资参考的办法,如可在题目中直接展示出演讲主题,也可直截了当提出一个问题;可以是一个词,也可以是一个短语或句子等。有时为了醒目和吸引听众,还可故意在题目设计中制造出"新""奇""怪"之意境。题目确立的基本原则是,宜小不宜大,字数宜少不宜多,应简洁、明快、清楚、通顺。演讲题目比较忌讳的是:题目冗长、题目不通、题目宽泛、题目太过怪异等。

(二) 题目例释

1. 经典类题目

在演讲历史上,不乏非常好的题目,有些题目更是作为经典流传至今,为人称道不已。如:

《我是一只"牛虻"》(苏格拉底,公元前 399 年)

《少年中国说》(梁启超,1900 年)

《我也是义和团》(马克·吐温,1901 年)

《我的"神经病"》(章太炎,1906 年)

《庶民的胜利》(李大钊,1918 年)

《我们不向别人借贷历史》(泰戈尔,1925 年)

《耶稣、孔子与革命青年》(恽代英,1926 年)

《流氓与文学》(鲁迅,1931 年)

《中国的国民性》(林语堂,1935 年)

《一个遗臭万年的日子》(罗斯福,1941 年)

《责任、荣誉、国家》(麦克·阿瑟,1962 年)

《我有一个梦想》(马丁·路德·金,1963 年)

《美丽的微笑与爱》(特雷莎,1979 年)

《活着就是为了改变世界》(乔布斯,2005 年)

2. 同一主题下的演讲题目例释

不同的主题有不同的题目,甚至在相同的主题下,也会产生千差万别的题目。下面列举的是××学校为纪念"一二·九"学生爱国运动,由学生设计的题目:

《我辈当自强》

《点滴情怀》

《纪念"一二·九"》

《纪念"一二·九"运动——永恒的中华》

《拥有民族的精神符号》

《祖国,请点名》

《纪念"一二·九"运动——为中华之腾飞而读书》

《历史的梦想》

《我们不曾忘记》

《许祖国一份希望,许自己一个未来》

《做自己心中的英雄》

《努力吧,朋友们》

《我们是仰望星空的民族》

《七十六年后的遐想》

《常怀感恩,铭记历史》

《仰望历史的天空,我哭了》

《忘却的纪念》

《勿忘历史,振兴中华》

从题目设计的基本要求来看,上述题目存在较大的差异。如《我辈当自强》《祖国,请点名》《许祖国一份希望,许自己一个未来》《勿忘历史,振兴中华》等应属于较好的题目。而《纪念"一二·九"运动——永恒的中华》《纪念"一二·九"运动——为中华之腾飞而读书》《努力吧,朋友们》《七十六年后的遐想》《常怀感恩,铭记历史》《仰望历史的天空,我哭了》等属于一般的题目,要么啰嗦,要么题意不明。而像《纪念"一二·九"》这样的题目,则完全是不加考虑、纯粹应付的结果,其演讲吸引力会大打折扣。

三、组织材料

(一) 占有材料

演讲是一定要用到材料的。演讲的材料是演讲所依据的基本事实。没有材料,演讲则会变成空洞的说教。演讲材料的搜集和选择一定要围绕主题进行,不能脱离主题而随意添加。

演讲要占有材料,但对于占有的材料却因人而有不同的要求。有的演讲者对材料要求很低,在演讲主题下,简单搜罗几个,就开始作概括,下结论。其结果往往是观点片面,内容空洞,结论经不起推敲。

演讲对选材的要求是:① 尽量全面地占有材料。演讲者应将跟演讲主题相关的或有联系的零碎、分散的各种材料均收集起来,从中分析和辨别内部与外部的各种联系,以备演讲之用。② 历史性地占有材料。客观事物从某一点上看是相对独立的,但从历史角度看又是与其他事物互有联系的。任何事物都有其产生、发展的历史。因此,要深刻认识事物及其发展演变的规律,还需要演讲者掌握系统的历史材料,进行历史性的分析。③ 正面和反面材料都要占有。有经验的演讲者除了善于利用正面材料外,还善于掌握和熟练地运用反面材料,从而鲜明而有力地表明拥护什么,反对什么。正反两面材料可形成一种比较,这样,演讲中的是非问题才愈加分明。

列宁曾说过:"在社会现象领域,没有哪种方法比胡乱抽出一些个别事实和玩弄实例更普遍、更站不住脚的了。挑选任何例子是毫不费劲的,但这没有任何意义,或者有纯粹消极的意义,因为问题完全在于,每一个别情况都有其具体的历史环境。如果从事实的整体上、从它们的联系去掌握事实,那么,事实不仅是'顽强的东西',而且是绝对确凿的证据。如果不是从整体上、不是从联系中去掌握事实,如果事实是零碎的和随意挑出来的,那么它们就只能是一种儿戏,或者甚至连儿戏也不如。"①

材料可来自自己的亲身实践,也可来自间接的经验。但不管怎样,一定要首先做好材料的收集和整理工作,这是组织材料的第一步。

在信息化社会发展的今天,各种新技术、新设备应运而生,也给材料的占有提供了异常便捷的有利条件。我们可充分利用网络、图书文献、电子数据库、报纸、广播、杂志、电视、光盘等,收集有用的材料,充实演讲基础。

(二) 分类组织材料

占有的材料并非全部都用到,需要对材料进行筛选,即"剪裁"。剪裁是演讲者在确定了所要表现的题材和意图后,对基本素材进行选择和取舍的过程,即所谓"量体裁衣"。斯蒂芬生曾说过,文学是"剪裁的艺术"。演讲者原来占有的材料,往往杂乱而不系统,演讲时,则要根据主题和听众的需要,经过严格的选择、加工、提炼之后,才能进入演讲内容,成为演讲的有机组成部分。一般来讲,分类组织材料可有以下几方面的参考标准:

1. 以主题为中心组织材料

演讲主题是演讲的灵魂和中心,也是组织材料的依据。材料和主题的关系密不可分,由对材料的分析和认识可提炼主题,主题又为材料的选择提供了一个参照标准。演讲的根本结果,就是通过一定的材料和表现手法,将主题彰显出来,以达到客观评价是非的目的。因此,演讲中的组材一定要围绕主题进行。这就要求演讲者要从占有的材料中依主题而严格筛选,弃除和主题无关或关联不大的一些材料。有一些材料,演讲者可能自认为很精彩,但若与主题不符,也应予放弃。

2. 以听众为中心组织材料

演讲中的听众构成,变数很大,他们因性别、年龄、年级、专业、思想状况等的不同而对演讲有不同的内容需求。对演讲者来说,要实现成功演讲,一定要深入了解听众构成和他们的所需,然后再根据这些具体情况进行有针对性的、实事求是的分析和选材,演讲才能收到良好的效果。

---

① 转引自:胡绳全书(第二卷)[M].北京:人民出版社,1998:429.

3. 材料尽量出新

有些材料虽然经历了选择和取舍的过程,也符合主题的需要,但却平淡无奇、毫无新意,也应果断放弃。演讲者要能从一大堆材料中选出有价值的、有吸引力的、感人肺腑的新奇材料。新奇并不单指新鲜,更重要的是还要具有积极意义,能给人向上的力量,给人以深刻的教育。这就要求演讲者眼光独到,善于去发现哪些材料能震撼人心,哪些材料具有新奇性和吸引力。有些材料的确很吸引人,也很新奇,但它被反复引用时,就不再新奇了;有些好的材料,在历史文献的记录中,或是在当代的报纸、网络等媒体登出时,篇幅太长,若原文引用,则会削弱演讲的重心,造成顾此失彼的结果。因此,演讲者要善于将这些材料进行概括和加工,使之符合自己演讲的需要,既保持原文的主旨,又和他人不相雷同。通过加工,演讲者可以使本无新意的材料出新,也可以使长段材料简赅。

4. 符合自己的身份

青年人朝气蓬勃,思想活跃,对很多问题有自己独立的看法,又因为涉世不深,往往是敢说、敢评、敢于表现,表现出极大的冲劲,但如果根本不考虑自己的身份、条件等,一味地照抄、照搬,组织材料与实际不符,其演讲效果会大打折扣。由于组织材料不当,听众不会注意演讲者的语言和感情,因为在听众心里,演讲者已失去了"真我"的风采。

以上只是组织材料时的一些参照标准,组织材料并非只考虑某一方面的内容,而是一个全面综合思考的过程。其中,所用材料必须真实、准确、可靠。不能使用道听途说的小道消息或靠自己"合理想象"而来的虚构材料。当今的网络已成为全民依赖的、不可或缺的重要的信息来源,网络给我们提供了取之不竭的材料,但也掺杂了不少非真实的消息,演讲者在组材时,一定要注意甄别。演讲者应当尽可能地掌握第一手材料,如发生在自己身边的甚至是自己亲身体验过的事情,其次才是书面的或是听来的材料,包括来自网络的材料。材料的真实包括准确的时间、地点、人物、事件以及相关的数字和文献等。不管是震撼人心的大事件,还是某件琐碎小事,只要是真实、可信的材料,都可供演讲者选用。

四、编写提纲

(一)演讲提纲的重要性

演讲提纲指演讲稿的提要,也指演讲稿简明扼要的写作计划。同任何文体写作一样,演讲也要事先拟定一个提纲。著名作家老舍说过:"尽管我们只要写二三千字,也须先写个提纲……有了提纲,心里就有了底,写起来就顺理成章了,先麻烦点,后来可省事。"演讲提纲实际上就是演讲的基本思路和层次安排,即通过提要或图表的方式,把整个演讲的主题、结构布局等简洁明了地展示出来。

通过演讲提纲,演讲者可以认真研究和推敲把握整个演讲稿的主题、材料、层次等基本问题。如果发现了问题,可以及时改正。列提纲,还可以培养演讲者观察问题、思考问题、分析问题的能力,迫使演讲者全面而深入地推敲思考问题的逻辑。

(二) 演讲提纲的编写方法

通常来说,演讲提纲一定要体现出演讲的层次结构,按大、中、小题目分层排列,如大标题可用一、二、三等序号符标示,大标题中又可分为1、2、3等下一级的序号符标示,如果再细分,又可有①、②、③等更下一级的序号符标示。以下是两种常见的提纲范例:

1. 竖式提纲编写法

标题:××××××

一、大标题:××××××××××××

 1. 中标题:××××××××××

  ① 小标题:×××××。

  ② 小标题:×××××。

 2. 中标题:××××××××××

  ① 小标题:×××××。

  ② 小标题:×××××。

二、大标题:××××××××××××

 1. 中标题:××××××××××

  ① 小标题:×××××。

  ② 小标题:×××××。

 2. 中标题:××××××××××

三、大标题:××××××××××××

 ……

2. 横式提纲编写法

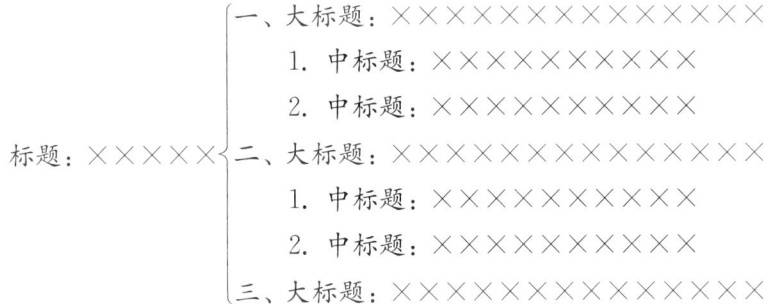

由上述提纲范例可看出,一次演讲要讲几个方面,每个方面又要讲哪些内容,要搭配哪些例子,详略情况怎样分布,在提纲里必须得到清晰的反映。以上提纲还可以

再细化。

(三) 演讲提纲的编写及成文

演讲提纲的编写可以简略,也可详细。具体情况因人而异,但不管使用哪一种,都要根据演讲者自身的实际情况而定。

简略式提纲是指用简练、概括的语句勾勒出演讲的整体内容,包括标题、结构框架、所用材料名称等,看上去简单、明了。简略式提纲一般适合于临场经验丰富、自身素质较高的演讲者。

详列式提纲是指对演讲主题、结构、段落、材料、表达方式以及语音语调等的详尽周全罗列,它基本上就是一个演讲稿的缩影。这种提纲的编写虽然很费事,但它有利于演讲者对整个演讲的总体把握,并且更便于写演讲稿。初涉演讲的人或演讲怯场的人应认真编写详列式提纲。但详列式提纲容易让人产生依赖心理,因此,最忌讳的是照纲演讲。

某省组织大学生开展了一次"纪念红军长征胜利80周年"的主题演讲。下面以此演讲活动为例,请同学们看看提纲编写与演讲稿成文的密切关系。

题目:英雄时代话英雄
一、开场白:提问式开场,引出演讲主题
二、主体部分
　　(过渡)
　(正面) 1. 自己参加"三下乡"活动的经历
　　　　 2. 徐本禹、洪战辉的英雄事迹
　　(过渡)
　(反面) 3. 当今一些大学生的消极面
　　　　(过渡、照应前文)
三、结束语
点题,抒情和呼唤结束

将演讲提纲转换成演讲全文:

英雄时代话英雄

各位老师、各位同学、朋友们:

一、开场白

大家好!

今天我演讲的题目是:英雄时代话英雄!

有一位哲人曾经这样说过:世界上最能震撼人心的东西有两种,一种是内心崇高的道德,另一种是头顶上那片灿烂的星空。这道德,这星空,直接促成了英雄辈出,造就了一个又一个英雄的时代。

	什么是英雄？勇武杀敌、精忠报国的岳飞是英雄吗？挥师西进、扩大疆域的铁木真是英雄吗？文武双全、征服欧亚非三洲的亚历山大是英雄吗？是的，他们都是。
	但如果我们又问：你追崇董存瑞还是周杰伦？你追崇保尔·柯察金还是比尔·盖茨？答案肯定就不那么一致了。
	当代的社会，不同的文化和价值观念，正日益改变着我们的思维和行为方式，我们该以怎样的价值判断面对复杂的社会变革？在矛盾冲突中去坚守怎样的道德原则？什么样的英雄应该成为我们追崇的对象？在纪念长征胜利80周年的特定历史时刻，这一话题重新并且无情地摆在了所有大学生的面前。
二、主体部分 1. 自己参加"三下乡"活动的经历	今年暑期，我有幸参加了学校组织的"三下乡"活动，地点是××××，那是一个革命老区，在短短10天的时间里，我的心灵感受到了强烈的震撼。站在塔山湾"红军渡"渡口，眺望两山间的峡谷，森林葱郁，山势逶迤，江水在我的眼底静静流过，我轻轻地抚摸着沉凝的石碑，仰望着高达9米的铜塑群像，聆听着历史的回音……
	我感叹，我呼唤，我为之流泪，我为之自责。我仿佛听到了人吼马嘶，仿佛看到了一双双眼睛里的坚定和沉着。"金沙崖暖，大渡索寒"，雪山草地，心中自有昆仑。
	站在这里，我哭了，哭得那样伤心。我感受到了自己的渺小和无能。
	站在这里，我笑了，笑得那样欢颜。我苦苦追寻的"英雄"，终于有了完美的答案：
（过渡）	一个人，不管他有多么辉煌的业绩，都不能称之为真正的英雄，只有心存为民，努力去改变现状的人才能称得上是真正的英雄，特别是在国家危难的关键时刻，能够挺身而出，以自己的肩膀扛起民族的责任，这，才是真正的英雄！
	新的时代，英雄的事迹自然有所不同。在当今的大学生中，不乏这样的佼佼者。
2. 徐本禹、洪战辉的英雄事迹	徐本禹，一位来自贵州山村的大学生，为了"感恩"，放弃了读研的机会，毅然回到了生他养他的穷苦山沟，他用自己弱小而孤独的身躯，扛起了西部贫困地区的希望。
	洪战辉，一位家庭屡遭变故的大学生，12年如一日，克服种种困难，把父亲"捡来"的和自己没有血缘关系的妹妹一手养大。他用自己的人格魅力，体现出了自强不息和在逆境中奋勇拼搏的伟大精神。
	一个个英雄诞生了！

（过渡）	英雄来自一种责任，徐本禹是英雄，洪战辉也是英雄，他们和千千万万无私奉献的人一起构筑了一个英雄的时代。徐本禹和洪战辉们也告诉了我们，一个大学生究竟应该为什么而活着，怎样去活着，什么样的人才配得上是英雄。 让我们来看一看当今一些大学生的精神面貌吧：
3. 当今一些大学生的消极面	读书不精、沉溺网络、拜金享乐，逃课、酗酒、挥金如土，试想，一个只知享乐而无进取之心的大学生，一个以网络漫游为生活方式的大学生，一个投机取巧考试作弊的大学生，怎能去担当国家和民族的重任？！英雄不是哗众取宠，英雄不是追名逐利，英雄不是时髦，不是自私，更不是堕落！英雄是正义，是奉献，是责任，英雄是把生活的全部意义给予了他的造物主，而自己却坦然地接受可能发生的一切，甚至可以毫不犹豫地面对死亡。
三、结束语	我，不止一次地问自己，长征对于我们当代的大学生意味着什么？这些默默无闻的、行走二万五千里的英雄们到底要向社会索取什么？听啊，大自然传来了清晰的回音；看啊，青山翠绿，雄鹰盘旋，昭示着一个新的、奋发努力的时代已经来临。 长征精神就是忍辱负重，就是乐观坚强，就是艰苦奋斗，就是牺牲自己而给别人带来光明。在21世纪的今天，高举长征精神的旗帜，不断开创具有中国特色的社会主义建设事业的崭新局面，是我们每一个大学生义不容辞的责任。 看啊，徐本禹来了，在他的身后，数以万计的大学生报名参加了志愿服务西部的计划。 看啊，洪战辉来了，一座航标已高高竖立，航标上写满了自强自立、高度的责任感和对社会深深的情愫。 看啊，无数的海外学子学成归来，报效祖国，把自己和国家、民族的命运紧密联系在一起。 他们，就是新时代的英雄！他们，就是新长征路上的英雄！让我们为英雄而欢呼，让我们为英雄的时代而高歌，让英雄的接力棒传到每一个人手中。我是英雄，你是英雄，大家是英雄。让我们为成为这样的英雄而努力吧！ 谢谢大家！

从以上实例可看出，演讲稿的成文就是将演讲提纲深入细化并不断锤炼的过程，而演讲提纲则提供了写作的一条明线。

五、演讲稿通用格式

演讲稿的结构基本上分为三大部分,即开场白、正文和结尾。

(一) 开场白

1. 什么是开场白

开场白就是演讲者在演讲初始时的引言。常言说得好,"万事开头难","良好的开端是成功的一半",开场对于演讲尤其重要。如果在演讲的开始,听众对你的话题就不感兴趣,注意力一旦分散了,那后面再精彩的言论也将黯然失色。一个良好的开场白对演讲有双重作用,一是赢得听众的好感,二是把演讲引入主体部分。也就是说,在演讲的开场白中,演讲者一方面要调动一切合理手段,引起听众的浓厚兴趣,把听众紧紧地吸引到自己这边来;一方面还要把听众的思路引导到演讲的主题上来,自然而不生硬。

2. 常用的开场白类型

(1) 实物式开场。

实物式开场指演讲者在台上向听众展示带来的一些实物,如照片、衣物、挂图或其他与演讲主题相关的东西,给听众以直观、生动的感觉。实物式开场有助于迅速吸引听众的视线。例:

为了我们的父亲(节选)

同学们,请你们看看我手中拿着的这幅油画吧。

这是一张忠厚善良、朴实慈祥、饱经风霜的老年人的脸,在那一道道深深的皱纹里,凝结了他一生的艰辛;他的眼睛有些昏花,但却深邃安详,充满了欣慰和期望。你看他那双勤劳的大手,青筋遍布,骨节隆起,虽然皮肤粗糙得像干枯的树皮,但却十分有力。他把自己一生的精力和满腔心血都交给了我们祖祖辈辈劳作生息的土地,交付给了他的儿女子孙。他勤苦一生,创造了今天的生活,也满怀信心地编织着未来。

面对这样一幅父亲的肖像,怜悯、同情、崇敬、热爱,万般思绪在我心头翻滚起来。他为什么在历尽人间劳苦之后,却感到无限欣慰呢?在余生不多的晚年,他又热烈地期望什么呢?

点评:演讲者在演讲初始,向听众展示了一幅油画,迅速集结了听众的注意力,并配合演讲语言,使听众的视觉和听觉达到统一,显得形象而生动,效果显著。

(2) 故事式开场。

故事式开场指演讲时不直入主题,而是宕开一笔,以讲故事作为开场,利用故事的生动情节,紧紧抓住听众的心理,从而收到良好的演讲效果。例:

像英雄那样走人生之路（节选）

记得小时候，老师给我们讲述过这样一个故事：

密密莽莽的丛林里，黑暗无边，一群人迈着艰难的步子跋涉着。他们已经走了许多天，衣服破了，肚子饿了，眼看没有希望走出这漆黑的密林了。许多人绝望地瘫倒在地上，宁可在这呼啸的寒风中冻死、饿死，也不肯向前迈进一步了。就在这时候，走在最前面的丹柯把自己的红心掏了出来，通红的、烈火般燃烧的心照亮了森林。人们看到这希望之光，顿时欢腾起来，忘记了疲劳，忘记了饥饿，紧紧地跟在这位高举着自己红心的英雄后面，走出了密林。当他们看到林外第一线曙光时，丹柯倒下了。

点评：演讲者首先讲述了英雄丹柯的悲壮故事，用凝练的语言概述出了丹柯冒死指引人们前行的壮举，为全文演讲奠定了很好的基调，也容易让听众在一开始就受到感染，随后谈及如何走人生之路就顺理成章了。

(3) 名言式开场。

在演讲之初，引用一段（句）名言是演讲者惯用的手法。自古及今的诗词歌赋、格言、谚语等都可成为引用的材料，只要和演讲的主题匹配即可。这类名言，历史积淀深厚，具有广泛的群众基础，并且思想深邃、语言优美、简洁上口，而且还可增添演讲的文采，因此，运用名言式开场，能收到很好的效果。例：

珍惜（节选）

有一句话，我想是大家都熟悉的：位卑未敢忘忧国。

是的，除了我们这个时代的个别分子之外，我们祖国大家庭的每一个成员都盼望自己的祖国和平统一、繁荣昌盛。

点评：演讲的开头引用了名言，这既是历史真实的写照，也是民族精神的深刻体现。抛出名言，使得演讲在一开始就具有一定的高度，演讲观点则不容听众质疑。

(4) 提问式开场。

在演讲开始时，首先向听众提出一个问题，就是提问式开场。这种演讲技巧可以有效地引导听众迅速集中注意力并积极地思考问题。例：

踏出自己闪光的生活道路（节选）

一座房子，失去了支柱就会倒塌；一个人，失去了生命的支柱就会走向毁灭。那么，什么才是我们生命的支柱呢？

做时代的弄潮儿（节选）

青年朋友们，也许你们通过电视荧屏看到过非常刺激的一种体育项目——冲浪运动吧？面对压顶而来的排排巨浪，冲浪者却像一个勇士在激浪里冲锋，在涌潮中穿行，他们时而陷进浪谷的深渊，时而跃上浪潮的峰顶……那种坚韧毅力,那种拼搏的精神,能不给你留下深刻的印象吗?在潮水际天而来之时,冲浪者弄潮击水,成为无畏的弄潮儿;怯弱者却慌恐却步,成为可怜的观潮者。那么,面对世界新的技术革命滚滚巨浪的到来,我们当代的青年应当做出什么样的选择呢?

点评:两篇演讲稿都以生活中的常理入题,开篇提问,由于听众熟悉生活常理,因此,进行由此及彼的腾挪,转入演讲的主题,就显得十分自然贴切和醒目。

(5) 直入式开场。

直入式开场就是运用开门见山之技法。演讲者在演讲时不绕弯子,直接进入主题。这种方法多为初学者或演讲阅历较浅者使用。有时也会收到坦诚、直率之效果。例:

我的思考和奋起(节选)

一个人的思想如果一辈子都不曾混乱过,那么他从来就不曾认真思考过。

记得我刚进校不久,我给一位学友写信说:"考入政治系,一头扎进马克思的怀抱,忽然觉得是那么匆忙、幼稚。现在我的境地就像是一个原点,四处延伸着的是大小不等的问号……"

这里,我向大家坦白表述的这番话,确实是我当时内心的疑虑和苦闷。

点评:这篇演讲稿开篇直奔主题,并由自己的经历谈人生的困惑,给人亲近、直接的好感。

(6) 幽默式开场。

这是一种独具魅力的开场白,但不是任何人都可以随便掌握的,需要演讲者具有幽默的潜质,且演讲的内容要具有一定的活泼或喜剧色彩。如果只是单纯地追求笑的效果,只会使演讲走入低级趣味。例:

泰戈尔在清华大学的演讲(节选)

我的青年的朋友,我眼看着你们年轻的面目,闪亮着聪明与诚恳的志趣,但我们的中间却是间隔着年岁的距离。我已经到了黄昏的海边,你们远远地站在那日出的家乡。

比尔·盖茨在哈佛大学毕业典礼上的演讲(节选)

有一句话我等了三十年,现在终于可以说了。老爸,我总是跟你说,我会回来拿到我的学位的。我要感谢哈佛大学在这个时候给我这个荣誉。明年,我就要换工作了,我终于可以在简历上写我有一个本科学位,这真是不错啊。我为今天在座的各位同学感到高兴,你们拿到学位可比我简单多了。哈佛的校报称我是"哈佛大学历史上最成功的辍学生",我想这大概使我有资格代表我这一类学生发言。在所有的失败者里,我做得最好。但是,我还要提醒大家,我使得 Steve Ballmer 也从哈佛商学院退学了,因此,我是个有着恶劣影响力的人。这就是为什么我被邀请来在你们的毕业典礼上演讲,如果我在你们入学欢迎仪式上演讲,那么能坚持到今天在这里毕业的人也许会少得多吧。

点评:泰戈尔的幽默,闪耀着文人智慧的光芒;比尔·盖茨的幽默,则是商业大亨的诙谐和调侃。而在这幽默的背后,是二人艰辛的人生之路的跋涉。当人的内在积淀达到一定程度时,幽默自然就不可或缺了。

(7) 赞扬式开场。

赞扬式开场,主要利用的是人们喜欢听好话的心理特征。若能在演讲的开始,对听众进行一番表扬或赞美,往往能收到很好的效果。例:

永远是春天(节选)

青年人谁不渴求真诚的友谊和团结,谁不想生活在一个美好的集体之中,谁不希望在我们这一代大学生中间建立起一种温暖如春的同学关系呢?说具体一点:同学们在学校里朝夕相处,共同学习和生活,谁不希望自己的班级是一个团结友爱的集体,谁不想有一群志同道合、真挚诚恳的同学,谁不希望得到同学的帮助,谁不想得到集体的温暖呢!

我想,同学们的回答是肯定的:我们不能没有友谊,不能没有团结,就像万物离不开太阳的光明与温暖一样。

点评:这篇演讲稿首先对听众进行了总体定位,先肯定,再阐述道理。它容易让听众产生一种愉悦的心情,演讲顺势而下。

总之,在演讲中,可根据实际情况选择其中的某一种开场。但不管选择哪一种,都要把握好一个要点,那就是:用最简洁的语言、最简短的时间,把听众的注意力和兴奋点早早地吸引过来。

(二) 正文

正文是演讲稿的主体,是演讲的中心内容,是演讲开场白后针对主题进行的论证和说理。演讲正文必须做到主题明确,材料充实,层次、详略得当,风格适宜等。

1. 层次安排

层次是演讲稿思想内容的表现次序,它体现着演讲者思路展开的步骤,也反映了演讲者对客观事物的认识过程。演讲稿结构的层次是演讲者根据演讲的时空特点对演讲材料加以选取和组合而形成的。由于演讲是直接面对听众的活动,所以演讲稿的结构层次是听众无法凭借视觉加以把握的,而听觉对层次的把握又要受限于演讲的时间。因此,怎样使听众听清演讲的内容,把握好演讲的要点呢?演讲稿结构层次的设计是一个关键。

(1) 层次间的标志性语言设计。

根据听众以听觉把握层次的特点,显示演讲稿结构层次的基本方法就是演讲者在演讲中树立明显的有声语言标志,以此适时作用于听众的听觉,从而获得层次清晰的效果。如以"首先""其次""然后"等词语以及"第一""第二""第三"等来划分层次。有时演讲者在演讲中通过反复设问,并根据设问来阐述自己的观点,也能在结构上产生环环相扣、层层深入的效果。如图5-1所示:

立 法 的 精 神[①]

——兼评实施《物权法》的意义

(江 平)

```
┌─────────┐
│ 开场    │
└─────────┘
┌──────────────────────────────────────────────────┐
│ 正文层次                                          │
│   由于时间比较短,我想在短短的两个钟头里,重点讲五个方面的问题。│
│   第一个问题是《物权法》所体现的内容。            │
│   其次是公和私的平等。                            │
│   第三是城乡平等。                                │
│   第四大问题是土地用地物权。                      │
│   最后讲第五个问题,关于担保物权。                │
└──────────────────────────────────────────────────┘
┌─────────┐
│ 结尾    │
└─────────┘
```

图 5-1 层次间标志性语言示意图

江平先生的演讲稿内容丰富,从大的结构进行解剖,其正文的层次非常清楚,通过设计标志性的语言让听众获得了清晰的内容。

(2) 节奏频率变换设计。

节奏,是指演讲内容在结构层次安排上表现出的张弛起伏。演讲稿的节奏,主要通过演讲内容的语言变换来实现,表现为高低、急缓、轻重等交替变化。一般来说,演讲稿的开头应平缓入题,结束应高重收尾。因此,在讲稿的中间,不能用一成不变的节奏来进行。为避免演讲的单调性,增强听觉的层次感,应该在文中设置几处充满变化的节奏内容,让它高上去,降下来,再高上去,再降下来。如演讲稿中的叙事和说明,考虑到演讲的表现多用低、缓、轻的节奏,在叙事和说明结束后,可考虑用高、重的语言去改变这种平板的节奏,如抒情、议论等,于是就出现了频率变换,由于这种变换能冲击听众的听觉,造成层次感,演讲的效果就

[①] 中共天津滨海新区工委宣传部.滨海大讲堂名家演讲集:思想构建价值[M].北京:知识产权出版社,2009:135-153.

容易显现。

演讲节奏的变换可出现在层次与层次之间,也可出现于某一层次内部。如图 5-2 所示:

```
开场:平缓入题

正文:
  1. 层次一:稍高、快节奏
  2. 层次二:低、缓节奏
  3. 层次三:高、快节奏
  ……

结尾:高、重收束
```

图 5-2　节奏频率变换示意图

值得注意的是,演讲稿的节奏既要鲜明,又要适度。一味平铺直叙不变换,会让演讲显得呆板僵硬,听众昏昏欲睡,打不起精神;而节奏变换过于频繁,则会造成听众神经绷紧,思想过度紧张。所以,插入变换设计的内容应该为实现演讲意图服务,其变换的"度",应根据听众的心理特征和演讲需要来确定。

(3)内容层次的衔接设计。

衔接是指把演讲中的各个内容层次联结起来,使之具有浑然一体的整体感,也就是文学上讲的"过渡"和"照应"问题。由于演讲内容需要适时地变换,因而演讲稿的结构容易显得零散。衔接是对演讲结构松紧、疏密的一种弥补,它能使各个内容层次的变换更为巧妙和自然,使演讲富有整体感,有助于演讲主题深入人心。如图 5-3 所示:

```
开场

正文:
  1. 层次一
  (过渡)
  2. 层次二
  (过渡)
  3. 层次三
  ……

结尾
(过渡、照应)
```

图 5-3　过渡、照应示意图

演讲稿结构衔接主要是运用同段落内容、层次间有联系的过渡词、过渡句甚至是过渡段来实现的。一般来说,开场与正文之间、材料与材料之间应该有"过渡",开场与结尾、内容与论题应该有"照应"。

(4)演讲稿层次的基本格式。

常见的演讲稿格式有并列式、递进式、对比式、总分式和连贯式几种。

并列式,指几个层次之间的关系是并列的,它们从不同的角度或侧面去共同论证同一个论点。如图5-4所示:

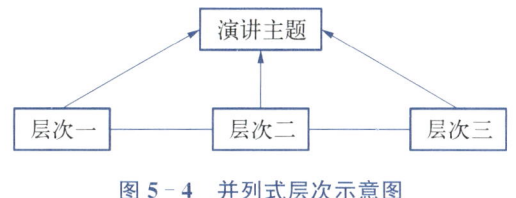

图5-4 并列式层次示意图

递进式,指演讲稿的内容层层深入,先讲哪层,后讲哪层,依次而行,顺序不能颠倒。如图5-5所示:

图5-5 递进式层次示意图

对比式,指演讲内容的前后或正反观点之间形成鲜明的对比,它能够使听众辨清是非,爱憎分明。如图5-6所示:

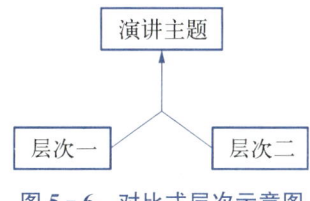

图5-6 对比式层次示意图

总分式,即先总说后分说。先提出论点,然后再针对论点,从几个方面分别摆事实讲道理,加以论证。但也有先分说后总说的,或者先总说、后分说、最后再总说的。如图5-7所示。

除此之外,有时还可按照时间、空间、情节、因果因素等顺序进行层次安排。以上几种演讲的层次类型,在实际运用中,并不是彼此孤立的。就整篇演讲稿来说,可以将几种格式结合起来使用。有时候,在大层次之间是某一种格式的层次,而在各个大层次中的小层次之间,则有另一种格式的安排。

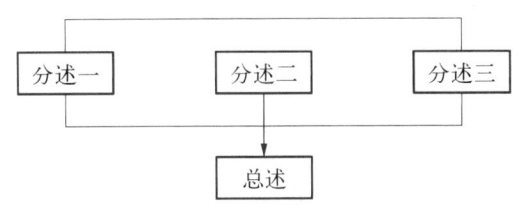

图 5-7 总分式层次示意图

2. 详略搭配

演讲稿最忌讳的是对引用的材料不加区分,一视同仁。演讲对结构层次的安排提出了较高的要求,同时也对材料的多寡取舍安排等提出了较高的要求。写作上有句话说得好:"文似看山不喜平。"就是说一篇文章不能平铺直叙,始终如一,毫无变化。好的文章总是写得错综复杂,迂回曲折,就像一首乐曲,有快慢节奏,有轻重变化。演讲是说给别人听的,因此,演讲稿的起伏变化直接反映在演讲的效果之上。如何把演讲稿写得波澜起伏呢?很重要的一条是要掌握好文章的详略,做到有张有弛。

所谓文章的详略,实际上反映的是材料如何安排的问题,"详"是指在围绕中心思想叙述典型事例、表现主要人物时,要尽量写得翔实、细致,以便充分展现情节以及深化演讲主题;而在记述一般事例、次要人物时,可以写得简略、概括。详写时,尽量注意把内容写得细腻,描述得详细,让情节展开,甚至可写至人物的表情、声音、动作等细节;而略写,则可抓住精要,点到即止。

在对所选材料进行取舍时,一定要根据演讲主题的需要,认真考虑哪些材料是主要的,要详写;哪些材料是次要的,要略写。千万不可随意堆积材料,不分轻重,不分主次。著名作家魏巍曾经在谈到创作《谁是最可爱的人》时说:"在朝鲜时,我曾写了一篇《自豪吧,祖国》的通讯,里边写了二十多个我认为最生动的例子。带回来给同志们看了看,感到不好,就没有拿出去发表。因为例子堆得太多了,好像记账,哪一个也说得不清楚、不充分。以后写《谁是最可爱的人》,就只选择了几个例子,在写完后又删掉了两个。事实告诉我:用最能代表一般的典型例子,来说明本质的东西,给人的印象是清楚明白的,也会是突出的。"①

一般说来,最能表现演讲主题的材料要详写。但详写也不是说不顾演讲的总体布局而大谈特谈,说一大堆废话,一定要根据整篇演讲稿的内容进行合理编排,要符合演讲语言的基本要求,既把内容说清楚,也要注意语句的凝练和艺术的加工。同演讲主题有一定关系的次要材料,要略写。次要的方面详写了,会给人喧宾夺主之感,冲淡演讲主题和详写的内容;但完全不写次要的方面,对主要的方面也会有影响——

---

① 魏巍. 谁是最可爱的人[M]. 北京:人民文学出版社,1992:163.

或者使情节不完整,或者使前后不连贯,或者使文章显得单调。总之,一篇文章要有详有略,详略得宜,才能更好地表达中心思想,这也是文章学中所说的"点""面"结合的写作方法。例:

爱,师德之魂(节选)
(武小军)

当代的社会,面对形形色色的诱惑,不少人迷失了自己的方向,有的人对工作开始散漫,对学生开始冷淡,渐渐地失去了教师的责任感,忘却了教师肩负的重任!

有一个学生曾经在网上发了个帖子,这个帖子在BBS里可谓毫不起眼,但我却为之震撼,学生这样写道:老师,如果你已经把教育事业当作你终身无悔的选择,如果你已经把教师这一职业作为你的笃定目标,那么,要想出类拔萃,最好也是最简单、最有效的办法,莫过于经常地向您的学生传递您的爱心。

面对我们的学生,那些失去爱心的人怎能不感到灵魂的惭愧,我们所面对的岂止是几十双求知的眼睛,而是一个个需要用爱来倾注的浩瀚海洋啊!

有多少教育工作者在平凡的教育岗位上,以他们优良的师德,谱写出一曲曲感人肺腑、催人泪下的壮丽诗篇。

上海师范大学的贺宝根教授,为救学生走完了自己四十多年的人生道路,在危难之际,他把生的希望留给了学生。陆永康,一个双腿肌肉萎缩的小学民办教师,36年里,日复一日地跪在讲台上传道、授业。他用篮球、木板、轮胎做"船鞋",年复一年地匍匐前行在山间小道上,走村串寨做家访,他用自己崇高的人格、用"跪着的生命"谱写了伟大的人生!

我们被感动了。我们被那些忠实践行师德的好老师感动了,我们被毕其一生,默默地燃烧自己、照亮别人,为了一代又一代人的美好明天奉献全部光和热的老师们感动了。

北京大学的孟二冬教授,一生孜孜以求,严谨治学,他谦和、博学,在他的身上看不出一丝的傲气,有的只是认认真真做人、踏踏实实做事,不妥协、不苟且的人生态度。2004年3月,他主动奔赴边疆支援当地的教育事业,最后病倒在讲台之上,他人生的最后一课,是在声音的嘶哑和病痛的折磨中完成的,学生们一边落泪,一边认真听讲。由于食道肿瘤的压迫,他的喉咙只剩下不到0.5厘米的缝隙,说话异常艰难,但就是这样,他仍然强忍着剧痛,将所授的课程内容精心地梳理,直到他生命的最后时刻,他都还在挂念着他的学生!

2006年4月22日,49岁的北大教授孟二冬悄然离世。

在太平间里,孟老师的妻子一边给孟老师穿西装、打领带,一边轻轻地、慢慢地说:"二冬啊,就像你以前去教学生的时候一样,穿得精精神神的,你会教出更多的学生。"

上文中,作者举贺宝根、陆永康之例是略写,主要突出"面"上的事迹;而举孟二冬之例属详写,主要突出"点"上的事迹。点面结合,互有穿插,既有广度,又有深度,在形成演讲多变的效果之外,还能使听众产生信服之感。

要注意的是,详写并不是越详越好,只要重点内容充分表现了演讲主题,就达到了要求,切不可画蛇添足;略写也不是越少越好,也要根据演讲主题的要求,简练地叙述次要的内容,做到简洁概括,清楚明了,决不能简单几笔,草草了事,甚至不知所云。

3. 表达方式穿插

表达方式是指用语言、艺术、音乐、行动等把作者的思想感情表示出来的演讲方法和形式,主要有叙述、说明、抒情、议论和描写五种。演讲中运用最多的是前四种。

(1)叙述、说明。

叙述和说明在演讲中主要承担着对环境、事实、人物活动及年代、时间、基本数字等内容的概括或具体的交代。叙述和说明是重要的表达方式,通过叙述和说明,演讲者可把最基本的事实材料,如环境、故事、人物活动等贯穿起来,交代清楚;可以使听众对演讲所引用的事实材料形成清晰、完整的印象。演讲对叙述和说明的要求是,逻辑清楚,脉络分明,有条有理,详略得当,重点突出。有声语言应做到平稳有度,落地清晰,勿大起大落。例:

如何打造企业的核心竞争力(节选)

(姚民仆)

各位领导、各位同事、女士们、先生们,大家下午好!

我既不是专家,也不是学者;我在村办企业干过,在大型企业干过,在正大集团快二十年了。我们正大集团做得很好,在中国区,我们谢为民先生亲自担任董事长,我们有6个副董事长,我是其中之一。这6个副董事长有4个是党员,都是有二十多年党龄的中共党员,我是25年的党龄。很多人说你们谢总很会用人,在中国产业里面,我们有易初莲花流通企业,有正大流通企业。大家都知道,过去我们是100%在做养殖和加工业,现在我们有30%~40%做的是人类能源。过去我们做的100%是动物能源,现在在动物能源的基础上,又延伸到了人类能源,也就是食品工业。在中国出口食品中,我们占有1/2的天下。你们都知道,食品工业是生产道德、销售人品的行业,我们正大集团是一个对社会充满责任感的企业……

(2)抒情。

抒情在演讲中主要承担着对叙述的事实材料进行情感升华的作用,是演讲主题深入表达的重要方法。列夫·托尔斯泰说过:"作者所体验过的感情感染了观众或听众,这就是艺术。"① 抒情不但要抒发出演讲者的情感,还要传达出演讲者的思想,这样的演讲才能感人至深。演讲可直接抒情,也可间接抒情。直接抒情是指演讲者在演讲时,直接向听众倾吐出情感和思想,也就是我们平时所说的"直抒胸臆"。间接抒情是指演讲者通过描述事实和叙述其他材料来表达思想情感,也就是我们平时所说的"借景抒情""叙事抒情""议论抒情"等。有声语言在处理抒情时常有两种表现:一是语音语调高昂,语速变快;二是声音低沉、语速变慢。例:

敬告二万万女同胞(节选)
(秋　瑾)

唉!世上最不平的事,就是我们二万万女同胞了……到了过门的时候,用一顶红红绿绿的花轿,坐在里面,连气也不能出。到了那边,要是遇着男人虽不怎么样,却还安分,这就算前生有福今生受了。遇着不好的,总不是说"前生作了孽",就是说"运气不好"。要是说一两句抱怨的话,或是劝了男人几句,反了腔,就打骂俱下;别人听见还要说:"不贤惠,不晓得妇道呢!"诸位听听,这不是有冤没处诉么?还有一桩不公的事:男子死了,女子就要戴三年孝,不许二嫁。女子死了,男人只戴几根蓝辫线,有嫌难看的,连戴也不戴;人死还没三天,就出去偷鸡摸狗,七还未尽,新娘子早已进门了。上天生人,男女原没有分别。试问天下没有女人,就生出这些人来么?为什么这样不公道呢?那些男子,天天说"心是公的,待人是要和平的",又为什么把女子当作非洲的黑奴一样看待,不公不平,直到这步田地呢?

(3)议论。

议论在演讲中主要承担着观点和认识、主张等表达的作用,是演讲突出爱憎分明的重要方法。议论可以因概念、事理推理而得出,也可因形象、哲理、抒情而生发。形象化议论常常将典型事例和议论结合,形成"议中之象"或"象中之议";哲理性议论主要将演讲中的哲理以议论的方式加以表现;抒情性议论则巧妙地将抒情与说理进行融合。有声语言在处理议论时,语音语调有力沉稳,给人坚决、肯定之感。若是抒情性议论,则声音还要高扬。例:

在雅典法庭上的演讲(节选)
(苏格拉底)

但是,雅典的同胞啊!逃避死亡并不难,要避免堕落才是难得的,因为它跑得比死要快。我,因为上了年纪,动作较慢,所以就让死亡赶上了;而控

---

① 托尔斯泰.托尔斯泰文集(第十四卷)[M].陈燊,等,译.北京:人民文学出版社,1991:174.

告我的人,他们都年轻力壮,富有活力,却被跑得较快的邪恶、腐败追上了。现在,我因被他们判处死刑而要离开这个世界;但他们却背叛了真理,犯了邪恶不公之罪。既然我接受处置,他们也应该接受判刑,这是理所当然之事。

最后一次的讲演(节选)

(闻一多)

反动派挑拨离间,卑鄙无耻,你们看联大走了,学生放暑假了,便以为我们没有力量了吗?特务们!你们错了!你们看见今天到会的一千多青年,又握起手来了,我们昆明的青年决不会让你们这样蛮横下去的!

反动派,你看一个倒下去,可也看得见千百个继起的!

正义是杀不完的,因为真理永远存在!(鼓掌)

历史赋予昆明的任务是争取民主和平,我们昆明的青年必须完成这任务!

我们不怕死,我们有牺牲的精神,我们随时像李先生一样,前脚跨出大门,后脚就不准备再跨进大门!(长时间热烈的鼓掌)

1946年7月15日

演讲应综合运用叙述、说明、抒情、议论等多种表达方式,并将它们有机地穿插在一起。如图5-8所示:

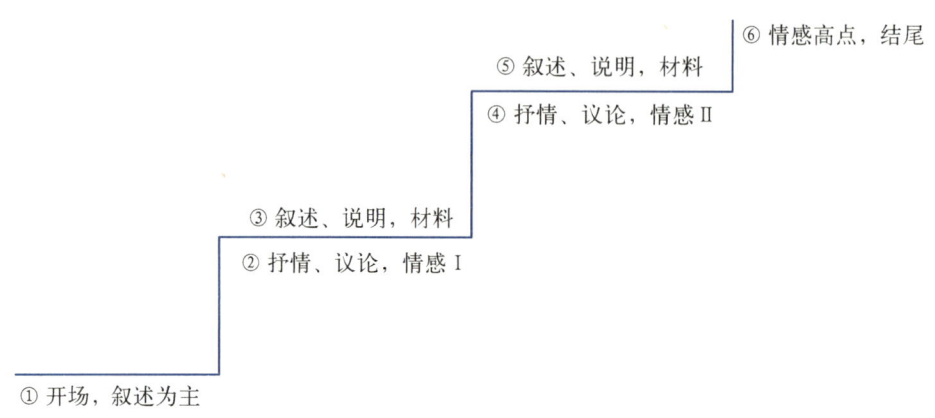

图5-8 表达方式在演讲中的穿插示意图

上图中的线条是听众的情感发展模拟线。演讲者最终的目的是通过演讲,将听众的情感烘托到一个高点。一般来说,听众在演讲之初,感情趋于平稳,演讲多以叙述为主入题,所以,演讲者应以平静语态开始演讲。演讲中,则应将叙述、说明、抒情和议论有效结合,叙述、说明之后应有抒情或议论,抒情、议论之后可跟叙述和说明,不能长时间叙述,也不能长时间抒情。这就形成了一种穿插,穿插造成了语音语调的变化,同时也能构成过渡和照应。叙述、说明是抒情、议论的基础;抒情、议论是叙述、说明的结果,也是使听众情感升华的有力手段。叙述、说明、抒情、议论交替进行,可共同作用,然后通过螺旋式上升,从而引起听众心底的共鸣。当演讲一级一级地穿插烘托,使听众的情感到达审美的高点时,演讲便可及时收束,以达到"言有尽而意无穷"之境界。

4. 演讲风格设计

所谓演讲风格,是指演讲者在演讲过程中所表现出来的独特个性与较为稳定的特征,是演讲者社会背景、文化修养、自身素质、阅历习惯、个性情趣等内在因素的综合反映。演讲风格和演讲稿写作密切相关,可以说,演讲风格的不同决定了演讲稿写作的不同特色,甚至小到语句、词语、语音语调等的选择,都会产生一定的变化。

演讲风格主要在于演讲者的个性和演讲的风格。唐代文学家韩愈在谈及文学创作时说过,"气,水也;言,浮物也",又说"气盛则言之短长与声之高下者皆宜",这里说的"气",从某个角度上讲,可理解为一种风格。演讲风格不是固定的,也不是单一的。由于演讲者自身条件与自身素质各不相同,因此适合演讲者的演讲风格自然是多种多样的。每个演讲者都应该寻求适合自己的演讲风格以使自己的潜力得到最大的发挥。

常见的演讲风格类型及其写作特点主要有以下两种:

(1) 外向型演讲。

外向型演讲的风格特征有:情感外扬,豪迈奔放,刚劲有力,直露无遗。我们平时所说的慷慨激昂型、雄浑刚健型等即是此类。这种类型的演讲稿在写作时,应多使用短句,多用肯定句式,多增添排比、对偶等修辞,多用宣泄情绪的抒情、议论等表现手法,让语言节奏明快、顺畅,扩张表现力。

(2) 内向型演讲。

内向型演讲的风格特征有:感情收敛,沉稳平实,节奏缓慢,话语朴实。我们平时所说的深邃含蓄型、典雅持重型、质朴无华型等即是此类。这种类型的演讲稿在写作时,应多使用普通词语和常用辞格,不过度堆积辞藻,多用叙述、说明,注重理性的分析,少用激昂的抒情。

总之,演讲的风格可以多种多样,写作的方法也不尽相同。演讲者可充分估量自己的性格、情趣、语言表现习惯等,灵活选用。正因如此,演讲才具有了异彩纷呈的美。

(三) 结尾

结尾是整个演讲的收束,在演讲过程中显得异常重要。精明的演讲者对结尾都要煞费苦心地研究,以找寻最佳的方式。好的结尾,能使听众产生"余音绕梁"的效果,能使听众精神振奋,并促使听众不断地思考和回味。古今中外不少名人对演讲的结尾作过精辟的论述。古希腊哲人苏格拉底认为,演讲结束时,演讲者应该将所讲过的东西,再简明扼要地叙述一遍,以便加深听众的印象;元朝乔梦符以"豹尾"来形容结尾的收束状态;明代谢榛将之形容为"结句当如撞钟,清音有余"。这些都讲明了对结尾的具体要求。

一般来说,演讲的结尾应简洁有力,言简意赅,忌松散疲沓、枯燥无味。美国作家约翰·沃尔夫说:"演讲最好在听众兴趣到高潮时果断收束,未尽时戛然而止。"[①]这是演讲稿结尾最佳的方法。在演讲处于高潮的时候,听众大脑皮层高度兴奋,注意力和情绪都由此而达到最佳状态,如果在这种状态中突然收束演讲,那么保留在听众大脑中的印象就特别深刻。

演讲稿的结尾没有固定的格式,或对演讲全文要点进行简明扼要的小结,或以号召性、鼓动性的话收束,或以诗文名言以及幽默俏皮的话结尾,但一般原则是要给听众留下深刻的印象和思考的余地。

常见的演讲结尾有以下几种:

1. 号召式结尾

号召式结尾也称"鼓动式结尾",就是以激烈的情感向听众提出希望,以达到激励听众的情绪,使之行动起来的目的。例:

普通话——世界上最美的语言(节选)

在中学时,我们曾学过都德写的《最后一课》,在国土沦陷,人民就要做亡国奴的时候,小弗郎士的老师冒着生命危险,给大家上了最后一课,他用异乎寻常的激动语调说:法语是世界上最美的语言。在这里,我也要说:让我们讲好普通话吧!它是我们中华民族的声音!它是世界上最美的语言!

2. 总结式结尾

总结式结尾是演讲中常用的一种方法,就是把演讲的内容和主旨加以概括、强调,从而给听众留下深刻的印象。例:

把目光投向中国(节选)

(温家宝)

女士们,先生们,中华民族的祖先曾追求这样一种境界:"为天地立心,为生民立命,为往圣继绝学,为万世开太平。"今天,人类正处在社会急剧大变动的时代,回溯源头,传承命脉,相互学习,开拓创新,是各国弘扬本民族优秀文化的明智选择。我呼吁,让我们共同以智慧和力量去推动人类文明的进步与发展。我们的成功将承继先贤,泽被后世。这样,我们的子孙就能生活在一个更加和

[①] 汤恒.商务交流[M].南昌:江西人民出版社,2007:209.

平、安定和繁荣的世界里。我坚信,这样一个无限光明、无限美好的明天,必将到来!

3. 名言式结尾

名言式结尾就是使用古今名言、警句、谚语等来收束演讲。它不仅适用于开场白,同样也适用于演讲的结尾。它用在结尾可以起到深化主题的作用。例:

道德教育势在必行(节选)

这是一个充满了创造的世界,这是一个呼唤创造的时代。朋友们,让我们牢记伟大的教育家陶行知先生所说的话:"处处是创造之地,天天是创造之时,人人是创造之人!"勇敢、主动地去开拓、去创造,让生生不息的创造力成为托起我们民族未来、祖国希望的脊梁吧!

4. 诗词歌唱式结尾

诗词歌唱式结尾指演讲结束时通过朗诵古今著名诗词佳句或配以歌曲演唱而收束。好的诗词常常有着丰富的想象、鲜明的节奏、和谐的音调和凝练的语言,往往能引起听众强烈的共鸣;而歌唱结尾则是表达心声的另一种形式,可谓别出心裁。

爱心浇灌香慧之花(节选)

一个人的生命是有限的,而我的事业是常青的,作为21世纪教师中的一员,我将继续用我全面发展的师魂塑造人,用无私奉献的师德陶冶人,用高风亮节的师表去鼓舞人,为了那无悔的承诺,谱写出无愧的青春之歌!

最后我就用青年诗人汪国真的一首诗,结束我的演讲吧:

我不去想是否能够成功,

既然选择了远方,

便只顾风雨兼程。

我不去想身后会不会袭来寒风,

既然目标是地平线,

留给世界的只能是背影。

我只有挖掘自己灵魂深处的真诚,把握瞬间的辉煌,拥抱一片火热的激情。

5. 幽默式结尾

幽默式结尾指在演讲结束时通过幽默的语言、动作以及使用道具等方式结束演讲。幽默式结尾可使演讲在结束时赢得笑声,给听众留下愉快美好的回忆。幽默的语言可以造势,可以顺势概括演讲主题,达到出人意料的效果。

人的一生是奋斗的一生(节选)

(俞敏洪)

又过了十年,到了一九九五年年底的时候新东方做到了一定规模,我希望找合作者,结果就跑到了美国和加拿大去寻找我的那些同学,他们在大学的时候都是我生命的榜样,包括刚才讲到的王强老师等。我为了诱惑他们回来还带了一大把美元,每天在美国非常大方地花钱,想让他们知道在中国也能赚钱。我想大概这样就能让他们回来。后来他们回来了,但是给了我一个十分意外的理由。他们说:"俞敏洪,我们回去是冲着你过去为我们打了四年水。"他们说:"我们知道,你有这样的一种精神,所以你有饭吃肯定不会给我们粥喝,所以让我们一起回中国,共同干新东方吧。"才有了新东方的今天。

　　人的一生是奋斗的一生,但是有的人一生过得很伟大,有的人一生过得很琐碎。如果我们有一个伟大的理想,有一颗善良的心,我们一定能把很多琐碎的日子堆砌起来,变成一个伟大的生命。但是如果你每天庸庸碌碌,没有理想,从此停止进步,那未来你一辈子的日子堆积起来将永远是一堆琐碎。所以,我希望所有的同学能把自己每天平凡的日子堆砌成伟大的人生。

选用幽默式结尾,除了语言上的幽默外,还可辅以相应的表情、动作、道具等,给人身临其境之感,才能实现幽默效果的最大化。运用这种方法,关键是演讲者要具有幽默感,并能在演讲中把握好演讲的气氛和听众的心态,这样才能使演讲结尾收到良好的效果。幽默式结尾的选用应充分考虑演讲的相关细节问题,不合适时决不要乱用,如严肃的场合、严谨的主题,甚至国家间交往等就不太适合运用这种方法,否则,便会破坏演讲,达不到演讲的效果。

　　总之,演讲的结尾多种多样,只要符合演讲结尾"概括演讲主题"和"加深听众印象"等基本原则,用什么样的结尾都行。结尾无定法,妙在巧用。

思考与练习

1. 什么是演讲主题?演讲主题确立的基本要求有哪些?
2. 什么是演讲材料?如何搜集和整理演讲材料?
3. 假如你将参加一次演讲,请设计一份演讲提纲。
4. 常见的演讲开场白有哪些类型?请为你的演讲设计一个开场白。
5. 试写一份演讲稿,合理安排层次结构和表达方式。

第六章 大弦嘈嘈,小弦切切,登泰山而小天下
——演讲的语言运用与记忆、控场技巧

唐代大诗人白居易曾说:"大弦嘈嘈如急雨,小弦切切如私语。"说的是商女在拨弄琵琶时的娴熟技巧与听乐人对音乐的真实感受。一个音乐人若能达到这样的弹奏技艺,就说明有很深的音乐造诣。音乐如此,演讲何尝不是如此?当一个演讲者能熟练地掌握语言运用、记忆以及控场等临场技巧,适时发挥,则会产生出"君临天下""世间万物为我掌控"的感觉,也就是孔子所谓的"登泰山而小天下"的审美之悟。

本章要点: 演讲语言运用技巧,记忆技巧,控场技巧,消除怯场的方法

一、演讲中的语言运用技巧

演讲不同于朗读,也非现实中的随意说话,演讲在语言运用中坚守着自身特定的规律。要实现成功的演讲,首先得对演讲语言进行一定的包装,使其具备一定的"装饰性"。所谓"装饰",本指"在身体或物体的表面加些附属的东西,使美观"。[①]演讲是巧妙运用语言并以此吸引、打动听众的一门艺术,特别讲究语言表达的修饰效果,我们所说的演讲语言运用技巧,主要是指对演讲语言进行包装,使其为演讲"增色"的一些技巧。

(一) 语音与传播

1. 声音——演讲的生理物质基础

演讲主要是靠语音(声音)的功能来实现的,语音是语言的物质形式。没有语音,也就没有语言。一切声音都是由于物理作用产生的,都有一定的物理属性。物体受到外力作用,发生振动,冲击周围的空气产生音波,音波传到人们鼓膜上,刺激听觉神经,便产生了声音的感觉。一切声音都可以作乐音和噪声的物理分析,都有音高、音强、音长和音色等物理要素。

(1) 音高(图6-1,图6-2):指声波每秒振动频率的高低,通常指的是声音的高低。声波振动频率高,听觉上就感到声音高;振动频率低,听起来声音就低。计算频率的单位是赫兹(Hz),代表"次/秒"。人耳可以感知的频率在20～20 000赫兹之间,低于20赫兹的声波是次声,不能引起听觉;高于20 000赫兹的声波是超声,会引起痛觉。

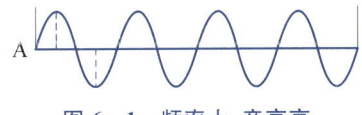

图6-1 频率大,音高高

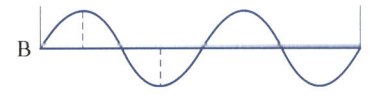

图6-2 频率小,音高低

声波的频率与发音体自身的性状有关,男性的声带长而厚,说话声音低;女性的声带薄而短,说话声音高。同一个人通过控制自己声带的松紧,可以发出高低不同的语音。音高在语音中的作用是构成各种声调和语调。

[①] 现代汉语词典[Z].6版.北京:商务印书馆,2012:1713.

(2) 音强(图6-3)：指声音的强弱、轻重，它由声波振幅的大小决定。振幅大，声音就强；振幅小，声音就弱。计算语音强度的单位是分贝(dB)。人耳能忍受的最大声音强度为130分贝。

声波振幅的大小跟发音体受到的外力大小有关，语音的强弱跟发音时用力的程度有关。发音时用力越大，呼出的气流越多，声音就越强。音强在语音中的作用是构成重音和轻音。

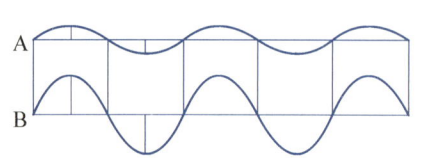

图6-3 声波振幅小，声音弱；振幅大，声音强

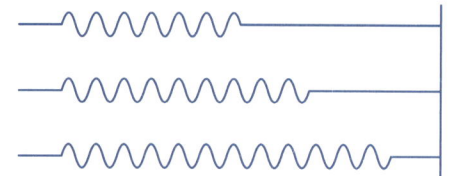

图6-4 声波振动持续时间的长短

(3) 音长(图6-4)：指声波振动持续时间的长短，即声音的长短。音长决定于发声体振动时间的长短。声波振动持续的时间长，声音就长；持续的时间短，声音就短。计算语音时长通常以毫秒(ms)为单位，1⁄100秒就是10毫秒。

语音的长短跟发音的速度快慢有关，普通话的正常语速是每秒3～5个音节。英语的语速相对要快一些；音长可在一定程度上区别出人的不同情感。

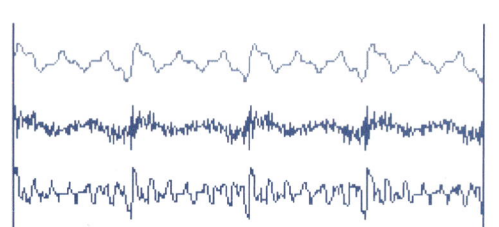

图6-5 音质不同时的音波变化

(4) 音色(图6-5)：指声音的个性和特色，是声音的本质，也称"音质"。语音由发音器官(主要是声带和声腔)的协调活动而产生，发音活动中，发音体和共鸣器的任何一点变化都会引起语音的声学性质(如共振峰频率、声源特性、能量集中区频率位置以及频率分布范围等)的改变，从而改变音质。

音质的变化常常取决于三个方面的条件：一是发音体不同，二是发音方法不同，三是共鸣器的形状不同。每一方面的差别都会造成不同的音质出现。

2. 发声原理

(1) 发音器官。

人发出的声音是由人体发音器官各部分协同动作而产生的。一个演讲者首先要明确人在发声时有哪些部分的器官参加，它们如何协同动作的，要做到这一点，首先要弄清发音器官的构造。

人类的发音器官主要由三大部分组成，分别是：动力(肺)，发音体(声带)、共鸣腔(口腔、鼻腔、咽腔)。

肺位于人体的胸腔,有左右两叶,可以缩小或扩大。当肺部收缩时,里面的空气经过气管、喉头、咽腔向口腔或鼻腔外面流出,这就是呼气;当肺部扩大时,空气从外边流入,这就是吸气。我们日常的说话多利用呼气,肺是我们发声的动力源。

声带位于喉结内,由两片很小的薄膜组成,长度只有13~14毫米,其前后两端黏附在软骨上,中间的通路叫声门。由于肌肉和软骨的活动,声门可以打开或闭合。气流冲击声带时,可产生振动或不振动的效果,从而发出不同的声音。如图6-6所示:

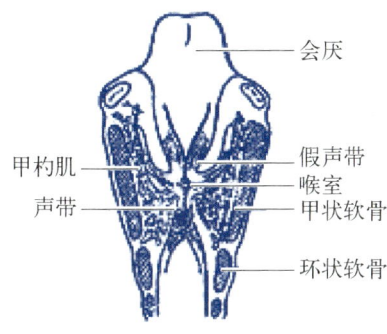  

(a) 声带构造　　　(b) 声门大开,平常呼吸时的状态　(c) 耳语时的声带状态

图 6-6　声带示意图

人体的共鸣腔由口腔、鼻腔和咽腔等部分组成(图6-7)。口腔由上腭和下腭两部分构成。上腭分别有上唇、上齿、齿龈、硬腭、软腭和小舌。硬腭是上腭靠前凹进去的部分,又分前腭、中腭、后腭三部分。软腭是上腭靠后的软的部分,它和与它连接的小舌能够上下移动。下腭分别有下唇、下齿和舌头。舌头是最灵活的器官,在发音中起很大作用。舌头的尖端叫舌尖。舌头自然平伸时,相对于齿龈的部分叫舌叶。舌叶后面的部分叫舌面,分前、中、后三部分,其中相对于硬腭的部分是舌面前和舌面中,相对于软腭的部分是舌面后。舌面后又叫舌根。

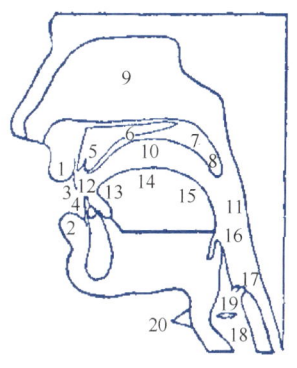

图 6-7　共鸣腔构造示意图

1,2:上下唇。3,4:上下齿。5:齿龈。6:硬腭。7:软腭。8:小舌。9:鼻腔。10:口腔。11:咽腔。12:舌尖。13:舌叶。14:舌面前和舌面中。15:舌面后或舌根。16:会厌软骨。17:食道。18:气管。19:声带。20:喉结

咽腔在喉头上面,是口腔、鼻腔和食道会合的地方。咽腔和喉头之间有一块会厌软骨,呼吸或说话的时候,它就打开,让空气自由出入,吃东西的时候,它就关上,让食物进入食道。由咽腔往上有两条路:一条通到口腔,一条通到鼻腔。起调节作用的是软腭(连同小舌)。软腭下垂,打开通鼻腔的通道,堵住通口腔的通道。如果软腭往上抬起,抵住喉壁,通鼻腔的路就被阻塞,气流只能从口腔出来。

人类的发音器官从声带到嘴唇约有170毫米长的通道,发音时形成咽腔和口腔

两个共鸣腔,还可以打开鼻腔。口腔中的舌头动作快速灵活。因此,口腔、咽腔和鼻腔进行有效协作与配合,人类就发出了各种不同而多变的声音。

(2)乐音和噪声(图6-8)。

物体的振动很少是只产生频率单一的单调的纯音,而多半是复杂的振动,从而形成多个频率不同的纯音的"组合音"。组合音中频率最低的纯音叫"基音",其他的纯音叫"陪音"。如果陪音的频率是基音频率的整数倍,音波有规律,是和谐的,就叫"乐音";如果陪音的频率和基音的频率比例不整齐,音波没有规律、不和谐,叫"噪声"。

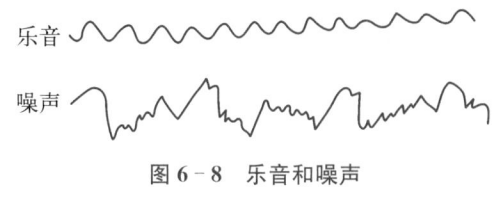

图6-8 乐音和噪声

(二)语言运用技巧

成功演讲的一个关键就在于将演讲的内容进行语音上的有机组合,即充分利用音高、音强、音长和音色等物理要素,使语言表达消除"噪声",实现"乐音化"。

1. 科学地发声

演讲是将有声语言直接作用于公众听觉的实践过程,若演讲者发出清晰的语音,表现出优美的音色,往往能给听众留下良好的印象,也会使演讲增色。因此演讲者一定要掌握好科学的发声方法,这是演讲声音传播的一个重要前提。

由于演讲的语速较快,需要比平常更大的肺活量去实现呼气、吸气的转换,因此,掌握正确的呼吸方法对科学地发声尤其重要。演讲的发声应当用腹式呼吸,忌用胸式呼吸。科学家们研究发现:人的肺容量平均有两个足球那么大,但大多数人在一生中只使用了其三分之一的能力。美国健康学家的一项最新调查显示:不论在发达国家,还是在发展中国家,城市人口中至少有一半的人呼吸方法不正确。很多人的呼吸太短促,往往在吸入的新鲜空气尚未深入肺叶下端时,便匆匆地呼气了,这样的结果通常会造成浅短、急促的呼吸,每次的换气量非常小,所以无法适应演讲的需要。

腹式呼吸练习的要点有:呼吸时要深长而缓慢,养成用鼻吸气用口呼气的习惯,一呼一吸控制在15秒左右,即深吸气(鼓起肚子)3~5秒,屏息1秒,然后慢呼气(回缩肚子)3~5秒,屏息1秒。每次5~15分钟,做30分钟最好。身体好的人,屏息时间可延长,呼吸节奏尽量放慢、加深。身体差的人,可以不屏息,但气要吸足。每天练习1~2次,坐式、卧式、走式、跑式皆可,练到微热微汗即可。腹部尽量做到鼓起缩回50~100次。腹式呼吸可以帮助我们充分发挥心、肺细胞的功能,增大肺活量,从而提高有声语言的发音质量。

要发出好的声音,还要在平时多练习正确的发音方法,养成爱护嗓子的好习惯。平时应加强发音的锻炼,勤讲多练,有意识地扩充、拉伸声带,逐渐增强声带的弹力和耐力。同时要力戒烟酒,少吃辛辣等刺激性食物,勤漱口刷牙,保持口腔清洁。演讲前要预防上呼吸道感染。演讲时手及身体动作的幅度不宜太大,以免因呼吸急促而影响发音器官运动的协调性。平时讲话不要嗓门太高,更要避免扯着喉咙狂呼乱喊,以防损伤声带及出现"破"音。

2. 控制音高

每个人的音域范围差异很大,有的人说话声音高亢、有力、浑厚;有的人则声音低沉、无力、单薄。有的人说话声音大而饱满,有的人声音尖而干瘪。演讲时,应控制好自己的音高。声音太高或低沉无力都会影响语音的质量。声音太高会给人紧张惊恐或是太兴奋激动的感觉;声音低沉无力会让人听起来感觉缺乏热情、没有生气,或是过于自信,不屑一顾。因此,演讲时要始终控制好自己的音高,随着演讲的需要,当高则高,当低则低。要知道,演讲的语言穿透力和影响力与声音的大小是两回事。

3. 用口腔音说话

演讲时应尽量使用口腔音,而少用甚至不用鼻音说话。在现代信息社会下,随着中西文化交流日益广泛,一些青年学生盲目模仿,将鼻音视为一种时髦的说话方式,在演讲中故意夹杂发出诸如"嗯哼""姆""哼""嗯"等鼻音,这种鼻音会让人感觉难受、做作,似抱怨以及毫无生气等,甚至与演讲主题毫不搭调,严重影响了演讲的效果。

4. 注重话语节奏

节奏是说话时因连续发音或停顿而形成的强弱有序和周期性的变化。演讲时特别要注重说话节奏的把握,这是提高"话质"的重要方法,如句间停顿、轻重音变换、语调提高与回环等。好的演讲一定要把握住话语的节奏,这是演讲语言能够为人欣赏的要点。演讲时应做到该快则快,该慢则慢,该高则高,该低则低;断句、断词停顿分明而又自然连贯成为一体,既有节奏变化,又能咬准字音。说话速度太快或过慢,都可能会失去演讲节奏。若说话速度太快,会使一些语句模糊不清、囫囵一体,并给人以话语悬在半空之感,无法落地的语音让人听来紧张和焦虑;若说话速度过慢,则可能失去演讲的特色,无法让听众掀起情感的涟漪,甚至出现场内窃窃私语或打瞌睡等现象。

5. 用大音量讲话

平时讲话,由于交流对象有限,人们一般使用小音量,这在日常口语交际中是非常正常的,因为日常口语交际一是不太需要掺杂过多的情感,主要以陈述为主;二是发出的音量只需要周围人能听清即可。但是在演讲场合,交流对象扩大很多,这种小音量就无法适应需要了。演讲对语音的要求是:提高嗓门,放大音量,大声讲话。只有这样,才能将演讲者的声音传至整个演讲空间,也才能有效传递演讲者的思想和信心。用这样大的音量讲话,在日常口语交际中会显得怪异,可是在面对公众的演讲时则是完全必要的。用大音量讲话,并不是人人都习惯的,这需要有一个锻炼和积累的过程。练习音量,最好去室外较空旷的场地,因为在室外,声音传播比较远,练习者可以检验、提高自己的声音。历史上,许多中外著名的演讲家,为了提高音量,都曾去海滩、深山、旷野等地大声训练,扩大音量,才逐步练出了洪亮的嗓音。

6. 巧用扩音话筒

现今的演讲场所一般都配有扩音话筒,声音传播因而不再受到场地的限制。但很多人在使用话筒时方法不当,如离话筒太近或太远、手抓或拨弄话筒,会影响声音传播的质量。离话筒太近,会使发音失真并产生类似"噗噗"的杂音;离话筒太远,声音则无法传出;手抓或拨弄话筒会使电流声增强,刺激人的耳膜,或是产生"咔咔"等杂音。正确的做法是:演讲者的嘴与话筒之间的距离一般以 20 厘米左右为宜,如果话筒音效质量很好,则可离得更远些。话筒应正对演讲者的嘴,但为了使话筒不至于挡住演讲者的脸,也可以把话筒放得稍低于自己的嘴。演讲中不要去抓话筒,可于上台后用极短时间快速作出微调,然后站直身体开始演讲,这样既能达到扩大音量的目的,又能使演讲者和听众保持情感上的交流。

二、演讲中的记忆技巧

演讲一般分脱稿演讲和带稿演讲两种形式,所谓带稿演讲,也最多是登台时拿一份演讲提纲而已。不管是校园演讲还是商务演讲,一般时间都不会太长,且因演讲还要面对听众进行思想的交流,因此宜用脱稿演讲。而脱稿演讲最大的问题就是怎样记忆演讲稿。记忆的方法因人而异,不好强求,但我们仍可从中找出一些带规律性的方法,以供借鉴使用。

(一) 提纲记忆法

演讲者一般都要写一个提纲,这个提纲便成为记忆的重要线索。提纲记忆法,是指演讲者从演讲稿的总体结构去把握记忆全文的方法,也可称演讲层次记忆法。演讲者按照演讲稿的层次、结构、逻辑,从头至尾编排顺序,从一级标题依次往下梳理,进行记忆。演讲者上台之前,一定要弄明白,我演讲的内容主要有几点,每一点分别是什么,如何开头,怎样去结尾,等等,事先在头脑中形成一条非常清晰的脉络。提纲记忆法是演讲者通行的、最常用的一种记忆方法。

(二) 中心句(词)记忆法

中心句(词)记忆法记忆法也称微观记忆法,即利用演讲稿中的富有引领段落内容的中心句(词)以及数字序号来强化记忆的一种方法。这种方法首先要求写作演讲稿时将演讲内容进行合理分布,从内容上要分属不同的中心,让每个中心形成有标识性的语句或词语,有些演讲稿利用数字序号来标识,如第一、第二、第三,首先,其次、再次以及①、②、③。这些都是记忆的着力点,可以好好地利用。我们只要记住这些句子(词)或数字序号,并按顺序串起来,就可以记住讲稿的内容了。

(三)详略点记忆法

详略点记忆法记忆法也称特色记忆法,即利用演讲稿中引述材料的详略来强化记忆的一种方法。此方法首先要求对演讲材料进行合理剪裁与布局,哪些材料要详细讲述,哪些材料只需粗略谈及。详细讲述的材料可增加演讲的深度,粗略谈及的材料则可增加演讲的广度。演讲中我们要对这类材料的编排心中有数,据此对演讲稿结构进行大块分割,记忆起来也就容易得多了。

(四)"兴奋点"记忆法

演讲者因抒情、议论的需要,在演讲中会使用一些富有激情或充满哲理的句子或语段,我们把它称为演讲的"兴奋点",这是演讲"出彩"的地方。这些地方处理不好,记忆不畅,会使演讲失色。因此,演讲者可有意识地抓住这些"兴奋点"去强化记忆。一般来说,演讲的"兴奋点"主要分布于演讲的中后阶段,记住这些富有激情或充满哲理的句子或语段,实则是从另一个角度把握住了演讲的结构。"兴奋点"记忆法也是演讲的一种特色记忆法。

以上记忆方法在演讲中并非单独出现,演讲时往往是进行综合记忆。但要达到真正记忆的目的,仍需要演讲者在写成演讲稿后多读,细微推敲,确定记忆方法,最终达到熟练记忆的效果。心理学研究表明,人的记忆是需要反复进行的,不断地反复记忆,可以加深和巩固所记内容。在反复记忆中,间隔反复比连续反复的效果要好。但间隔时间又不能太长,也不能太短,因人而异。其主要目的是以下一次反复记忆能够顺利地把全部内容背出来。如果背诵时有"卡壳"现象,说明隔得久了,如果背诵得特别顺利,下一次间隔时间可以拉得长一些。

有时为了强化记忆,我们还可采用高声模拟演讲的方法,高声模拟演讲是用大音量刺激大脑皮层从而强化记忆的方法。这种方法,口耳同时进行,可以排除其他杂念和外来干扰,便于记忆。运用这种方法记忆,还可以对演讲中速度的快慢、声音的高低、语调的抑扬进行处理,仔细体会演讲稿内涵的思想感情、词语的深刻寓意,有利于调节掌握时间,充分表达演讲感情。高声模拟演讲可选择在相对封闭的环境中进行,如寝室、教室、办公室等相对狭小的空间,一来可清晰分辨发声质量,二来因声音有浑厚的效果,可增强演讲者的信心。值得一提的是,无论演讲者选用何种记忆方法,在上台之前,演讲内容一定要记忆得非常清楚,要达到"滚瓜烂熟""倒背如流"的程度。

三、演讲中的控场技巧

在演讲过程中,常常会有一些意想不到的情况发生,如听众的情绪、注意力及现场气氛、秩序等发生变化,或者场内发出嘘嘘声、窃窃私语声,哄闹甚至离场等。而这些客观因素往往又不随演讲者的主观意志而转移,有的演讲者会一筹莫展,甚至演讲的失控。

很多大学生谈及刚走上讲台时的心理感受时说：站在台前，放眼一望，发现会场内上百双眼睛都在直瞪瞪地盯着我。顿时，便感到一阵害怕，或赶紧低下头，不敢正视观众，或说话音量低微，或脑袋"嗡"地一片空白……还有的人在演讲中看到台下哄笑或发出窃窃私语声，脸就涨得通红，于是语无伦次，或者停下来怒目而视，或者干脆走下台去……由此可见，演讲者如果不能及时控制住紧张、怯场的情绪，大脑的思考功能就要失灵，而控制场面更是无从谈起了。

因此，演讲还得讲究对演讲场合的控制，控场技巧就是演讲者对演讲场面进行有效控制的技能和方法，如对演讲过程的把握、对演讲现场的调度、临场发挥和随机应变。它贯穿于整个演讲过程中。

(一) 临场意外的处理

演讲是面对公众的一种社会实践活动，临场变数较大，任何一种场上发生的事件都可能影响演讲的原定进程。演讲中出现意外的情形很多，如：话筒不能传声，走路不稳，跌倒，衣服弄脏，突然停电，观众手机鸣响、离座走动、起哄喝倒彩，等等。这个时候，演讲者应保持冷静，要么从容应对、面不改色，要么用幽默的语言缓解尴尬，要么随机调整演讲内容。千万不可贸然行事，面露愁容、怒容，甚至惊慌失措，黯然下台。

当演讲出现意外情况时，演讲者应表现出自己的沉着与冷静。可适时中断演讲，静观其变，万不可贸然行事，损伤自己的形象，并可根据场上情况对自己的演讲内容作出临时调整。

在此方面，前总理温家宝给我们做出了优秀的表率。2009 年，温家宝总理在英国剑桥大学演讲时，礼堂后方一名白人男子突然起身叫嚷，并向讲台投掷鞋子，场面一时大乱。温总理中断了演讲，淡定从容，冷静观察，该男子在一片斥责声中被安保人员带离现场后，温总理及时调整了自己的演讲内容，对此意外情境作出了主观评价："老师们、同学们，这种卑鄙的伎俩阻挡不了中英两国人民的友谊。人类的进步、世界的和谐是历史的潮流，是任何力量阻挡不了的！"话音刚落，满堂掌声。温总理随机应变、纵横自如的演讲也赢得了英国及世界各国的普遍赞誉。

演讲出现意外还可能有以下情形。

若是有多人演讲，而自己的演讲安排又靠后，那么自己准备的材料内容很可能前面的人已讲过。这时，如果再按部就班地讲下去，所用材料就会令听众感到审美疲劳。因此，演讲者需要对自己准备的内容临时作出修改和调整。这虽有一定的难度，但还是有一些办法可寻，如多准备几个事例，或改换开场白等。

有时，无论演讲者事先怎样周密思考，到了正式演讲时，实际场合与原来想象的总有一些差异。因此，演讲者应根据实际情状，临时增添或删减演讲内容，特别是演讲的开场白。

由于情况的变化,演讲者原先的讲稿有些不合需要。这时,演讲者就应该果断地删除一些内容。即使是"割爱",也要"忍痛"。这样整体效果反而会更好。在演讲过程中,演讲者应当坚决果断地剔除不合听众需要的内容。

(二) 妙用眼神

高超的演讲者,往往会通过眼睛产生一种强烈的震撼力量。当演讲中台下出现哄闹时,运用眼神之力便是一个非常有效的方法。眼睛的环视、点视和有意识地停顿,可以很快使会场安静下来,有经验的演讲者常常会运用这些方法。

环视是指在演讲开场时抬起眼睛,两眼从会场的一边扫视到另一边,头和眼睛一道,平稳、持续地转动。通过环视,可使演讲者从听众的各种神态中了解和掌握现场的情况与听众的情绪。一般来说,环视的作用有三:一是向听众打招呼,表示对听众的尊重;二是体验听众情绪,感受场内氛围,便于把握演讲的方式与重点;三是静场。值得注意的是,环视时,面部表情要显得和悦,一定要使你的眼睛传递出真诚和关心,万不可冷漠或傲慢。演讲初学者或无经验的演讲者往往一上台就开讲,很显然,这样演讲的效果将会大打折扣。

演讲中有时也会使用点视。点视是指演讲者在演讲中有时将目光集中投向某一角落(位置),这是一种最有实效的眉目语言。譬如有的听众面带微笑,倾身而听,频频点头,甚至情不自禁地鼓掌喝彩,演讲者向他投出一丝亲切的目光,这是表示赞许、感谢;有的听众轻轻摇头,甚至嘀咕不已,演讲者在作了某种调整以后,再盯一眼,这是表示征询、探讨;有时会场、某一个局部的听众会发出一些议论声,甚至出现轻微的骚动,演讲者立即把目光投过去,这是表示调整和制止。演讲中的点视可起到针对性或提示的作用。

若环视和点视均无法控场,演讲者则可根据情况作短暂的语音停顿,稍许调整之后,可继续演讲。

运用眼神互动,是实现演讲控场的一个重要技巧。这当中,需要演讲者具备较强的自信心。演讲者是一次演讲活动的中心,因此只要演讲者敢于下指令、做动作,观众一般都会按其要求配合。但需切记的是,演讲者传递的眼神不要表现出敌视或是仇视,更不要和听众直接产生对抗。

(三) 灵巧答问

在演讲时,也许有人会向你提问,这些提问题的人,有的是真心请教,有的是试探和考验演讲者的水平,有的则是故意出难题。面对各种情况,一定要冷静地对待,既显示出自己的真诚之心,回答又灵巧简洁。为此,演讲者的常用技巧主要有:

(1) 有备而来。演讲者在演讲前对听众可能会提出哪些问题、提问者的意图和目的何在、问题的中心在哪里、如何回答等,应列一个提纲或细目,并考虑好回答的要点,以做到有备无患。

(2) 答问简洁。演讲者在回答提问时一定要干净利落,言简意赅。有些问题可直接回答,有些则可隐晦迂回。尽量选用新奇而睿智的方式来回答,但不可长篇大论,也不可用一般回答问题的方式来回答,否则会给听众一种平庸之感。

(3) 巧移话题。回答提问本是一次与观众进行互动的好机会,利用这个机会,可提高自己在听众心目中的地位。但如果演讲者一时回答不了,这时可以将问题转移给现场的观众来回答,如可指定某位观众:"对于这个问题,能否请你来回答一下?"或者在现场寻找自愿者:"现场有没有哪位观众愿意来回答一下这个问题?"在寻找观众回答的过程中,可以给自己赢得一些思考的时间。

(四) 规避忘词和口误

常言说:"智者千虑,必有一失。"演讲中的忘词或口误有时是难免的,忘词会使演讲者在台上长时间停顿,口误会使演讲者突然产生紧张和焦虑,以致无法顺畅连接。忘词或口误甚至会使听众产生意想不到的心理变化,而演讲者往往也显得异常尴尬,甚至丧失信心,失去勇气。

通常对于忘词的应急方法有:强迫自己集中思想,争取在两三秒内回忆起演讲的内容;实在想不起下一句的内容,千万不要僵持不语,而应根据原来的意思另换词语,或者干脆把下一段内容提前来讲;有时也可采取理理头发,挪挪讲稿,或喝一点水等方法,稳定情绪,为恢复记忆赢得时间。

对于口误,一定要沉着冷静,既不应置之不理,也没有必要声明。一般可以按照正确的讲法重讲一遍,借以纠正错误。有时还可以采取随机应变的方法,在口误后临时补充一些词语,以挽回不好的影响。有些情况下对于口误,不要特别在意,更不要对某个词语进行刻意地重复和纠正,那样反而会产生不好的效果。因为听众在演讲开始后,更多地将听力集中到句子或语段上,注重的是整体的演讲节奏,而对某个词语或某个短语的失误并不特别敏感,若停下来纠正,则很容易被察觉,从而影响听众的心理和对演讲的评判。

(五) 态势语魅力展示

演讲中遇到下列两种情形时,可通过增强态势语言以实现控场:一是自己的演讲陷入乏味呆板境地,二是听众已出现分心的情况。最常用的方法是运用并有效提升眼神、姿态动作的质量,若演讲者的表情、动作设计合理、到位,非常有吸引力,便可弥补演讲有声语言的不足。

表情和动作在演讲中并非时时出现,因此,这就有个"度"——"动"和"静"的把握问题,动时到位,静时收敛,动静结合,就能紧紧抓住听众的心,演讲就堪称完美了。列宁作为伟大的无产阶级领袖,他在演讲中时静时动,魅力无穷。静时,他两眼凝视听众,嘴唇紧闭,一言不发;动时,身子时而前俯,时而后仰,他的左手习惯地插在背心肩口,右手自然地挥动,做出很多优美有力的动作。高尔基就曾经真实描述了列宁的演讲艺术,说他的动作轻巧而灵活,手势简捷而有力,与他那言语不多但思维丰富的讲演完全相吻合。当代很多的名人,在演讲时都能将表情与动作完美结合,从而给听众留下非常深刻的印象。

(六) 以热情控制冷漠

有时候,演讲场合并不是像演讲者想象的那样,一场演讲下来,赢得一片热烈的掌声。有时可能听众对演讲不很感兴趣,甚至会对演讲"横挑鼻子竖挑眼",专找漏洞;有时听众的态度可能很冷漠,两眼直视,面无表情。有时演讲者觉得演讲到了"兴奋点",但台下却无动于衷或是只有零星散乱的掌声,这时,演讲者不要被这种冷漠的气氛所左右,而应该继续充满热情地讲下去,因为这时越是胆怯,演讲的效果就会越差。

(七) 脱稿演讲是实现控场的基础

有的人演讲时因内心恐惧或是准备不充分,总是离不开演讲稿,演讲时习惯于将头伏在稿子上,以念代讲。此情境自然会造成与听众的情感分离,当然更不能顾及控场问题了。带稿演讲会滋生演讲者的依赖心理,也会使听众心理产生微妙变化,即认同演讲者是在读稿而非演讲,要么是没有准备好,要么是有意轻视听众,也很难实现演讲的语音语调的抑扬变化。这种读稿式的演讲,不能达成言由心生的感觉,自然不能实现控场。

要克服这种状况,首先要求演讲者从思想上重视演讲,花大力气精心准备演讲。把演讲稿从始到终按照逻辑思路整理出一条明线,熟记于心中。一个好的演讲家,在演讲时无不是脱离讲稿的,脱稿演讲有助于自然表达自己的情感,吸引听众的注意力,并随时根据场上的变化作出相应的调整。脱稿演讲能实现演讲者和听众心与心的交流,提高演讲的质量和效果。对于优秀的演讲家来说,稿子甚至不起任何"提示"的作用,它只不过是一种道具罢了。

四、怯场及消除怯场的方法

(一) 演讲怯场

1. 怯场概述

演讲中出现的临场问题主要是演讲怯场,这是演讲中最易出现的一种心理问题。由于演讲者的胆怯害怕,进而失去自控能力,常常出现口干舌燥、喉咙发紧等表现,或者手脚发抖不知所措,话不由衷枯燥无味,声音发颤,面部表情尴尬等。特别是没有演讲经验的新手,总是感到有一种念头在支配自己,就是想避开听众的目光。我们常常看见一些缺乏经验的演讲者在台上满脸通红,表情紧张,声音低弱,语无伦次;不是僵立不动,趴在台上;就是失去自控,手脚乱动。

登台讲演,怯场是一种常见现象,即使是世界一流的演讲家也难以避免。古罗马的雄辩家西塞罗曾在一次讲演后说:"讲演一开始,我就感到自己面色苍白,四肢和整个心灵都在颤抖。"二战时的英国首相温斯顿·丘吉尔更是说得实在,他说他开始演说时,心窝里似乎塞着块厚达九英寸的冰疙瘩。

所以,演讲怯场对于每一个人而言,都或多或少地存在着。对大学生而言,不断摸索和掌握一定的技巧、方法,勇于登台讲演,多次数的演练操作,不仅可提高语言表达能力,还能有效克服演讲怯场。

2. 怯场心理探源

演讲怯场和人的心理紧张是密不可分的。心理学告诉我们,人的紧张是环境刺激与机体能力不平衡的结果,是机体不能适应环境的"情绪应激"行为。引起紧张的事物称为"应激源",应激源主要有四类:躯体性的、文化性的、社会性的和心理性的。在演讲的过程中,紧张的应激源主要与后两种有关,即来自社会性的和心理性的因素。

心理学的研究证明:人们的紧张水平与活动效率呈倒"U"字形曲线关系。这就是说,过低或过高的紧张水平都不利于活动,只有在适度的紧张状态下,才会有好的效果。因此,在演讲活动中,适度的紧张不仅无害,反而能产生一种"活化效应",促使人体内肾上腺素大量分泌,而又不至于形成分泌紊乱;适度的紧张也是人们活动的激励因素,激励人们认真而审慎地对待活动,这样能大大促进和提高人们的注意力、记忆力、思维力等,而不至于盲目自信、草率从事。

而如果紧张过度,便会产生怯场。具体地说,造成演讲怯场的因素通常有以下几点:

(1) 临场的陌生感。当我们置身于不熟悉的环境和气氛中,如站在讲台上,或站在人群的中间,以少有的角度、距离和少有的方式(包括姿势、声调、音量等)对众多听众演讲时,紧张的体验是必然要发生的。它会使演讲者形成一种"孤独感""危机感"和"陌生感",从而使头脑一片空白。

大多数人在熟人面前讲话比较自然,而面对陌生的听众则会显得紧张和不安,这是因为演讲者对听众几乎一无所知,而听众则能在很短的时间内知晓演讲者并作出评价。

(2) 过高的期望值。每个人都期望自己的演讲能够获得成功,但主观的过高期望则会促使演讲者力求每个细节的完美,进而患得患失。在听众反应不佳时,尤其会出现慌乱、烦躁的情绪,甚至打乱预定的演讲安排。

现代心理学认为,在任何存在评价的场合,人们一般都很难发挥自己原有的水平。演讲中,由于评价是单向的,也就是说听众在"裁判"演讲人,所以演讲者的忧虑更多,心理负担更重。

(3) 自卑的心理。若演讲者心里觉得自己对演讲准备得不充分,或者认为自己知识不够、经验不足,甚至缺乏"演讲家"的素质,觉得有"出丑"的可能,那他的自我保护意识就会增强,从而心虚、胆怯,形成自卑。一旦产生自卑心理,怯场也就出现了。

(4) 听众的压力。有时,在演讲场合中,如果听众的地位比演讲者高,或者比演讲者重要(如台下有领导、长辈、学长),演讲者在演讲时便感到特别紧张。或者演讲者确信听众比自己更了解演讲的主题,认识更深刻,或者认为听众对自己抱有一种不友好的态度,那么,就会形成直接的心理压力,从而产生逃避意向。

一般人都愿意在"小范围"内讲话,如寝室同学、熟识的朋友。如果听众人数很多,演讲者便会倍加谨慎。因为他们觉得一旦出错或表现不佳,便会"一讲成名"。过分的小心谨慎便加深了怯场的程度。

(二) 消除怯场的方法

1. 自信心调适

自信心能使人们产生不同的心理及行为。演讲怯场直接来自自信心的不足。演讲中怎样调适自信心呢?在参加演讲之前,一定要充分准备,认真训练,把演讲稿基本背熟,特别是在"兴奋点"和节奏较快的部分,要反复讲练,直至倒背如流。演讲前的间隙,还可以回忆一下演讲稿的结构、层次,包括开场白、结尾等,以确保整个演讲始终在自己的头脑中有一条清晰的脉络。要知道,很多时候,怯场是因为没有准备或准备不足造成的,充分而有条理的准备是建立自信心的重要基础。

著名的演讲专家卡耐基根据自己多年的知识积累,总结出了增强自信心的一些方法,即卡耐基"行为-心理法":

养成昂首大步的习惯,径直地迎着别人走去。

训练自己盯住别人的鼻梁,让他感到你正在注视他的眼睛。

养成微笑的习惯。

尽量与人交谈,也要学会沉默,在适当的时候,用一种从容不迫的坚定的语调来表述自己的意见。

习惯于用幽默来处理反对意见。

习惯于用毫不含糊的语调说:"不!"

习惯于高声谈话的人,应有意识地压低音量,而习惯于低声的人则相反。

经常练习大声唱歌,大声念"绕口令"。

在黑夜、空旷无人的原野里练习讲话。

设法接触比自己强的人,分析他的优点,也注意分析他的弱点,以增强自信。

2. 自我暗示

在心理学上,自我暗示指通过主观想象某种特殊的人与事物的存在来进行自我刺激,达到改变行为和主观经验的目的。自我暗示是人的心理活动中,意识思想的发生部分与潜意识的行动部分之间的沟通媒介。它是一种启示、提醒和指令。自我暗示可以默不作声地进行,也可以大声说出来,还可以在纸上写下来,更可以歌唱或朗诵等。演讲中,我们可充分利用人的这一心理特征,去进行自我排解和鼓励。例如,演讲前,不妨可用下述语言对自己说:

"相信自己,你能行,你肯定没问题!"

"只要说好了前几句,我就不会紧张了。"

"别人都能讲好,为什么我不能?"

"我准备得很好,我为什么要紧张?"

"坚持几分钟,我就会以胜利者姿态走下讲台。"

3. 调节呼吸

呼吸调节是一种有效的、能缓解人紧张情绪的方法。演讲前,通过合理的呼吸吐纳,调节自己的情绪。吸气时,缓慢并深深地吸气,约 4 秒钟,可使空气充满胸部,然后稍加停顿。呼气时,要自然而然缓慢地把肺底的空气排出来。此时,肩膀、胸,直至膈肌等都会感到轻松舒适。在呼吸时可以想象着将紧张徐徐地驱逐出去,应注意均匀、舒适而有节奏地进行。

4. 熟悉环境

要避免临场紧张,一定要提前到场。先到场可进一步熟悉演讲环境,这也是增强演讲信心、消除演讲怯场的良好办法。如走上讲台,熟悉演讲登台路径、查看演讲设施、环视演讲场面等,做好心理准备。有时也可以到听众中去交谈,这样不仅可以了解听众的需要、特点等,也可以避免由于陌生体验而产生的紧张感。

总之,消除怯场的方法很多,因人而异,演讲前可根据自己的实际情况选择一种或几种方法进行。

思考与练习

1. 声音有哪些物理性质?人的发音器官主要由哪些部分构成?
2. 演讲时忘词了怎么办?怎样有效地记忆演讲稿?
3. 如何实现演讲的控场?其方法有哪些?
4. 演讲怯场有哪些表现?如何做才能减轻、消除怯场?

第七章 社会百态，我自左右逢源
——演讲的常用形式

20世纪奥地利著名的心理学大师阿尔弗雷德·阿德勒在《生活的科学》中曾说：社会进步的历史讲述着人类合作的故事，在这种合作中，人类才得以克服他们的各种缺陷与不足。每一个人都知道，语言是一种社会性的发明，但却很少有人意识到，个人的欠缺曾经是促成这一发明的"母亲"。人类之所以有文字、语言以及由此衍生出的文化，完全是为了生存和发展而形成的社会互动与合作需要的结果。

本章要点：竞聘演讲，公关演讲，推销演讲，述职演讲，即兴演讲

一、竞聘演讲

(一) 竞聘演讲的概念

竞聘演讲,也称竞职演讲,专指为了得到某一职位而进行的演讲。在我国,它是随着市场经济的发展和人事制度改革而产生的一种特定的演讲形式。

随着我国现代化建设的不断推进,政府单位和企业对人才重视程度不断提高,各单位采取各种方式想方设法地选贤任能。为了真正选到优秀人才,他们往往采取考试、考核和竞聘演讲等方式,综合评分,择优录取。所以,参加竞聘的对象,除了经过考试、考核外,在一定的范围内进行竞聘演讲是不可缺少的一环。可以说,竞聘演讲已成为各级单位选人、用人的一种主要渠道和方式,是检验每个竞聘者政策水平、理论修养、逻辑思维、文字功底、口头表达能力和工作能力等综合素质的有效形式。

(二) 竞聘演讲的特点

1. 明确的目的性

竞聘演讲的目的性非常强,即在一定时间内向他人展示自己的才华、品格、风度、自信等优秀的一面,以博得他人的好感与赞许,最终争取到所应聘的职务或职位。从演讲主题到材料选择、结构安排,均应以演讲目的为中心,任何无益于达到目的的内容都不要在演讲中提及。

2. 对象的特殊性

竞聘演讲的对象很特别,因为他们主要是面试考官,而他们关心的是演讲者能否令人信服地证明自己就是该单位、该职务所真正需要的人;另外,有时同场竞争者也是听众,虽然他们不像考官那样有表决权,但他们的情绪和反应将影响考官对演讲者的评价,如果演讲者能让竞争对手中的大部分人心服口服,表示赞同和钦佩,就很可能获得竞聘的成功。

(三) 竞聘演讲的要领

与其他演讲不同,竞聘演讲主要是用来展示演讲者长处的,因此必须用可信的事实、有说服力的语言和合理的结构安排,来证明演讲者的知识和技能、工作经验、爱好、特长等适合应聘单位、职位的要求。这一特点决定了竞聘演讲在结构安排上的重要性。

1. 结构安排

竞聘演讲因其目的明确,所以一定要讲究方式方法,"如何说"就成为关键。体现在演讲中,就是要对演讲的结构顺序进行巧妙安排,哪些内容放在前,哪些内容安排在后,重点是什么,如何开场,怎样结尾,等等,从而实现演讲效果的最大化。一般可包含以下几个部分:

(1) 阐明竞聘的目的与态度。演讲者要从一定的高度,说明参加此次竞聘的目的;同时要说明自己可以在竞聘的职位上施展才华,发挥长处,体现自身应有的价值;还应该表明参加此次竞聘的态度,既要说明自己参加竞聘的优势和自信心,又要说明如果竞聘不上的正确态度。话语要实在,不能有空话、套话,要给人以诚实感、信任感。

(2) 精炼、概括性地介绍自己。要对自己的年龄、学历、专业、工作经历、特长、担任主要职务的时间等作基本介绍。介绍的内容应实实在在,不应用议论的语言,宜简不宜细,使人听后便基本了解演讲者的知识情况、实践经验、主要业绩等,从而考虑演讲者是否能担任该职务,或者是否是担任该项职务的最佳人选。

(3) 提出工作思路与设想。演讲者要提出竞聘成功后的打算,着重讲明竞聘成功后,在任职期间,怎样开展工作和开创新的局面,其中包括任务、指标、各项工作的奋斗目标,以及开展工作的设想等。这部分是重点,可适当展开,要层次分明,不可错乱。内容既要实在,又要体现创新精神,使人听了觉得演讲者有志向、有办法、能创新,任职后能够胜任,必将取得出色成绩。

(4) 结尾总结。在演讲结束前应予必要的总结。因为在讲演中,听众随着演讲的进程而思考,或许不能及时地总结概括内容的要点。那么,结束前的总结会给听众留下印象,让听众记清楚要点。

下文是一篇竞聘演讲的例子。

各位领导、各位同事:

大家好!

我为参加××商务部主任岗位的竞聘感到非常荣幸。感谢公司领导、同事给予我这次竞聘的机会!

在××短短的两年时间里,在平凡的工作岗位上,还未能有机会让我有突出的工作业绩,也缺少管理经验,但我坚信一个人真正地走入社会,走上工作岗位,更能促使他成功的是他那光明磊落的人品,坚毅沉稳的性格,积极、上进、严谨、负责的做事态度和不怕吃苦、朝着目标全力以赴的拼搏奋斗精神!而这些——我具备!

简单自我介绍一下:我叫××,2005年××大学本科毕业,2006年12月进入××生产部工作,后就职于商务部负责订单及其附件的整理、管理工作。关于这次竞聘,我简单地总结为以下几个关键词:能力、自我批评、伴郎、年轻的心。

首先来谈谈能力。从进××的第一天开始,我就下定决心必须从被动转向主动,必须成为自己未来的主人。理由很简单:因为没有人比我更在乎我自己的事业与生活,让××的工作对自己有价值是我的责任。离开苏州朝九晚五的工作,进入三班制的车间实习,用当初拿笔的手去操作自己陌生的机器,我没有垂头丧气,没有失去我的笑容,因为我尊重我的选择,我相信我有这个能力改变我的现状,正如今天我相信我有这个能力竞选商务部主任的信念是一样的。着色、并带等工序的工作让我知道并初步了解了光纤、光缆;阅读一些光缆相关书籍和好问的习惯让我对光纤光缆的各种指标及技术参数有了大体的掌握。多年的学生生活,让我掌握了许多基础知识,具备了很强的学习能力,也让我深深地体会到,只有不断学习、应用、再学习,实践、认识、再实践,才能使自己各方面的素质不断提高。而每一次提高的过程都深深鼓舞和激励着我,以更加饱满的热情投入到新的挑战中去。同时,我也深刻地体会到,挑战和机遇对于个人进步的重要性。有了机遇,要善于把握机遇;没有机遇,要努力创造机遇。一位杰出的领导者说过:"一个人在平凡的岗位上工作要做到两点,一是要认认真真地做好自己的本职工作,二是要和和睦睦地搞好人际关系,你的工作才会被别人认可。"我进入商务部以来,一直负责订单整理工作,没有光辉的业绩来证明自己的工作成就,但这份工作来不得半点大意,订单的正误直接关系到公司的利益,关系到与客户关系的维护。我们订单组3个人对每个订单都进行严格的审查、校对,请示领导,听取领导的意见并及时处理,做到利益最大化,风险最低化。我们是××的员工,遇到事情要多请示领导,我们要有主人翁的精神,万事以公司的利益为重。在很好地完成自己的本职工作之余,部门领导还把公司质量、环境、安全三体系的资料文件的筹集、统计、审查等工作放心地交给了我,并且让我负责中国移动与供应商之间B2B商务平台的建设等工作。

其次,我要认真地检讨一下自己。9月份,我在处理一个订单时,由于我的不小心,导致生产、发货错误,给公司造成了损失。虽然领导在处理我这个错误的时候只用了简单的两句话,张经理说"怎么这么不小心,搞出这样的错误",尹总说"这个损失你要干多少年才能赚出来?但人非圣贤,孰能无过,知错要能改,就是好同志"。这两句话越是简单,我越能感受到事情的严重性,也越能深刻认识到自己的错误。这件事一直铭记我心,我知道这个损失是我目前无法补救的,我把它当作了一盏红灯,挂在我的眼前,让它时刻提醒我做事要谨慎。

再次,作为××年轻一代,我来参加这次竞聘,曾有同事开玩笑地说我是婚礼上的"伴郎"。毋庸置疑,这次参加竞聘的×××主任有着多年的从业经验和管理能力,是位优秀的领导者。他领导着我顺利地开展工作,并教会我许多知识,大大地帮助我提高了各项业务水平;同时,作为兄长的他也教会我很多做人的道理,我感谢他。今天我能和他同台竞聘,我感到非常的高兴,这本身就是公司对我的肯定。这次竞聘对我来说是一个很好的机会和挑战,是一个充分发挥我才能,不断获取进步的机遇,这正是我今天参加这次竞聘的目的。著名演说家戴尔·卡耐基曾说过:"不要怕推销自己。只要你认为自己有才华,你就应该认为自己有资格担任这个或那个职务。"今天我站在这演讲台上,就会以最好的心态来展示自己。这次竞聘也将成为我以后工作的动力,激励着我成长。虽然这次竞聘是毛遂自荐,但并不是王婆卖瓜,我只是想向各位领导、各位同事展示一个真实的我。我相信,凭着我的专业技能,我的爱岗敬业作风,我的工作热情和脚踏实地的精神,我一定能把主任的工作做好,决不会让大家失望。如果非要把这次竞聘会看作是一场婚礼的话,今天我要说,这场婚礼也是场集体婚礼,我们都是婚礼的"新郎"!

接下来,我向大家展示一下我拥有一颗年轻的心。每个人都想实现自己的理想,像鱼儿渴望大海,像鸟儿渴望天空,每个人都在为自己的未来而拼搏奋斗。我渴望成功像甘露滋润我干涸的心灵,渴望收获像艳丽的阳光照亮我坎坷的人生之旅。然而仅仅有满腔热血的工作干劲是远远不够的,假如我竞聘成功的话,我将主要在以下几个方面重点开展工作:

第一,对现有的管理制度及考核制度进行梳理,根据目前情况实施创新完善,使管理更加严密,做到部门按制度办事,并要建立一整套检查和反馈机制,充分发挥现有工程队每个人的智慧与能力,做好每一次服务工作,保证他们的日常工作能够顺利开展。此外,适度加强工程队的综合力量,以适应更多售后服务的工作需求。

第二,商务部内部员工是整个部门支柱,对商务部员工进行合理科学的考核不但能提高员工的工作效率,也能提高整个部门的工作凝聚力。因此作为一个管理人员,要完善商务部有关制度,科学制订员工的岗位职责和考核办法,充分调动员工的工作积极性。

第三,做好与各部门及市场人员、客户单位的联系,积极配合上级部门的检查监督,树立良好的公司形象和部门形象。

第四,在提高自己业务能力的同时,积极开展部门、公司等培训工作,提高员工的综合业务水平;建立合理机制,鼓励员工发挥主动性、积极性、创造性,向上级提供合理化建议。

在此我向全体领导承诺:

1. 对公司负责,对全体领导负责,不断学习,不断提高,勇于创新,勇于开拓。
2. 爱司如家,遵纪守法,对公司忠诚,自觉维护公司形象和自身形象。

3. 努力提高全体员工的素质,做好人员的培训工作,搞好人才管理工作。

4. 努力做好工程、市场、商务及其他部门的服务工作,使公司成为一个有机的整体。

作为这次竞聘上岗的积极参与者,我希望在竞争中获得成功。但是,我绝不会回避失败。不管最后结果如何,我都将"堂堂正正做人,兢兢业业做事"。

最后,我用四个词来总结和结束我的这次演讲,那就是:无怨无悔,无愧于心,量力而行,尽力而为。

谢谢大家!

这篇演讲稿,较好地体现出了这类演讲的结构特征。首先以感激之情开场,言辞谦逊,易引起好感。接着介绍自己,从个人的基本情况到工作能力、表现,再谈及工作思路与设想,最后以自信的语气作结、承诺。层次清楚,要点突出。

2. 演讲技巧

竞聘演讲是个人能力和口才的具体表现,体现出对工作热爱、情况熟悉和业务精通的程度,以及干好工作、办好事业的办法和决心,使评委和听众感到演讲者是个人才,可以胜任此项工作。因此,竞聘演讲是为了达到"胜任职位"的目的。在竞聘演讲中,有些技巧与注意事项是一定要引起重视的。

(1) 深入了解竞聘职位,做到有的放矢。演讲者要对参与竞聘的岗位、职务的基本情况先有所了解,包括职能、职权、工作范围、需要的业务技能、周边关系、权利与义务等。这样才能提出自己的打算或设想。

演讲者一定要使用大众化的朴实语言,不说大话、空话。所谈事实和所用材料、数字都要"求真求实",准确无误,用有说服力的事实证明自己的知识和技能、工作经验、特长等适合应聘单位、职位的要求。还要注意说话的分寸,自我表现要诚恳,言之有据,不可自我标榜,盲目夸大。因为竞聘演讲的角度基本上是以"我"为核心,如掌握不好分寸,夸大其词,就会让听众产生逆反心理,导致演讲失败。

(2) 积极调适心理状态,做到平和自信。同样水平的人,甚至同一个人,由于心理状态不同,竞聘演讲时能力发挥就有很大的差别。因此,参加竞聘演讲时,心理调适显得十分重要。

具体地说,竞聘演讲前的心理调适主要有如下几点:

① 要有把握机遇之心。应试者应充分认识演讲的意义,把它当成一次展示自己才华的难得机遇,予以高度重视。在这种心理支配下,很容易进入最佳竞技状态,并获得前所未有的追求成功的动力,促使自己开动脑子,全力以赴,精心准备,把自己的才智和潜能最大限度地调动起来。

② 要有高度自信心。要学会对客观形势进行恰当估计和分析,同时不断地进行

正面的自我心理暗示,为自己创造心理优势;同时要学会为自己进行心理减压。

③ 要坚信竞聘的公正性。

④ 要有对等应试之心。应聘者应给自己一个恰当的角色定位,把考官当成伯乐,相信他们是识才的能手,是爱才的领导,是知心的朋友,把竞聘演讲当作一次朋友间的社交集会活动,是一次平等的交流沟通的过程。这样,演讲者便会形成正常心态,表现得更为自然和投入。

(3) 见解独到,具有创新意识。演讲者在演讲中一定要有自己独到的见解,这一点非常重要。因为竞争对象不止一人,如果演讲内容千篇一律,那就难以在竞争中脱颖而出,所以竞聘演讲一定要体现出新意。

(4) 表达清晰而有变化。竞聘演讲时一般要求说普通话,语言表达时除了讲究音准,还要控制和调整好语速、语调。同时可适量运用一些体态语,如眼神、姿势等,尽可能清晰、准确地表达演讲内容。

二、公关演讲

(一) 公关演讲的概念

公关演讲是指一切旨在扩大组织知名度、提高组织美誉度、塑造组织良好形象的演讲。或者说,以维护公共关系为目的的演讲,都可以称之为公关演讲。如果说公关活动是传播,是沟通,是信息的交流,那么公关演讲就是传播、沟通、信息交流的工具或具体方式,具有思想明确、传播清晰等特点。

对于一个组织来说,演讲是与组织外部公众进行信息沟通与交流,与组织内部公众联络情感、建立良好关系的重要手段。不仅仅是公关部人员,每一个领导和决策者都应该学会演讲。演讲人通过语言的表达,把自己的思想、对某一具体事件的看法,同时也把自己的情感,作为强有力的信息传播给公众,使公众对演讲人及其所代表的组织有更深入的了解,使公众在一定程度上接受演讲人的观点和感情。近些年来,伴随着媒体的发展和网络的发达,越来越多的突发、偶发、重大和特殊事件经常发生。作为一个组织或是个人,有时必须出来做一些公关性质的演讲发言。当然,为了推动某一个品牌、产品、服务,公司也经常利用公关演讲。

根据演讲对象或目的,公关演讲大致有如下几种情形:危机公关、品牌公关、产品宣传、媒体发言;此外,涉及组织的教育、引导、澄清、激励等的演讲,都属于公关演讲。一般来说,公关演讲与其他演讲形式并无原则区别,各种演讲活动都在一定程度上包含着公关的因素,公关演讲也必须遵循一般演讲所具备的规律。

(二) 公关演讲的特点

1. 材料真实、丰富,中心突出

公关演讲所用的材料一定要真实,要言之有理,要经得住公众的考察、检验,要对

公众讲真话。即使是组织的瑕疵,如果演讲的内容已经涉及,也不应回避。

能够形成公关演讲内容的素材很多,如产品形象、职工形象、标志形象、服务形象,等等。即使是就组织形象的某一方面进行专题演讲,也可以就该方面的历史、现实、未来进行展开,或者从内容到形式、现象到本质予以充实和说明。当然,丰富并不等于冗杂,不等于无条理堆砌。公关演讲在引述素材时一定要突出中心内容,所选的材料、所举的事例都应是公众关注的典型事件。

2. 说理透彻

演讲的时间是有限的,演讲人必须学会在有限的演讲时间内给公众以透彻、深刻的印象,给公众以很强的说服力。透彻并不等于繁杂,深刻也不等于深奥,透彻应当是在由此及彼、由表及里的过程中实现的,是在丰富的例证中化复杂为简单、化抽象为具体而实现的。

3. 具有鼓动性

鼓动性是公关演讲内容的最本质、最关键、最重要的属性,也是衡量演讲效果的根本标准。所谓鼓动性,就是指演讲者根据公众实际,通过深刻的内容、严密的逻辑、灵活变化的语言而使公众产生心灵的共鸣,从而和组织保持同趋性。

(三) 公关演讲要领

公关演讲首先要确定好选题,然后才能根据公众的情况在内容上合理布局。演讲者必须在强烈的公关观念指导下来确定选题,通常是紧密结合组织的当前形势和发展环境的问题,目前公众迫切关心的问题,能够给公众新知识、新信息的话题,等等。同时要了解公众,因为公众由于职业、职务、年龄、性别、文化水平的差异,对演讲的内容和方式有不同的要求。

1. 结构安排

公关演讲的结构布局与演讲的通用结构类似。其中正文在选材、层次、详略等的处理上与第五章所述内容大致相当。

(1) 精心营造开场气氛。公关演讲特别重视开场白的设计。一个好的开场白能起到吸引听众、控制场面、调动情绪、交代主题、树立形象、引起兴趣、铺垫信息、激发情感等作用。开场白并无固定的模式,一般来说,可以轻松幽默,或是悬念吸引,或是先声夺人,或是感情趋近。演讲者应根据主客观实际情况,以主题鲜明、声势不俗为原则,设计别致的开场白,它可以是事先拟好的,也可以是临场发挥的。

值得注意的是,开场白不可太长,不可故弄玄虚,不可不顾对象特点,不可老调重弹毫无新意。

(2) 讲究艺术的结尾。公关演讲的结尾可多种多样,不拘一格,但一定要根据演讲的需要进行有针对性的设计和安排。演讲者可根据自己演讲的具体时间、地点、主题、听众及自己个性等因素,选择适合自己的方法来结束演讲,使之有效地为演讲的思想和目的服务。

结尾时有几点要特别注意：一是忌虎头蛇尾、草草收兵。演讲的结尾要有一定的高度，要尽量将演讲的内容升华到新的层次，既能照应开头，总结全篇，又要突出重点，深化主旨，给听众留下完整而深刻的印象。二是忌画蛇添足。演讲结尾要紧紧围绕中心，不可另生枝节。三是忌冗长拖拉，漫无边际。演讲的结尾要像"豹尾"一样，干净有力，短小精悍，简洁明快，新颖别致。要给人巨大的感染力，使听众情绪激动、振奋起来。四是忌千篇一律、废话连篇。一些陈旧、庸俗、平淡无味的套话勿用。五是忌旁敲侧击、讽刺挖苦，这种结尾只能反映出演讲者思想素质的低下，缺乏职业道德和个人修养。

以上下联合国秘书长科菲·安南在清华大学的演讲：

女士们、先生们：

清华大学是中国最权威的伟大学府之一，能够来到这里演讲使我倍感荣幸。中国，有着引领世界科技的优良传统，而贵校正在努力复原并保持这一传统，贵校的毕业生在全国各地担任着不同的领导岗位。

与到中国许多其他地方参观的感觉一样，凡是到过清华大学参观的人，都不能不对中国突飞猛进的发展速度和每天给人民带来的新知和机会而感到激动。你们真的应该对自己的国家以及其25年来所取得的成就感到骄傲。看着听众席上一张张年轻的面孔，我不得不对国际学生充满欣羡之情。我听说，这里有来自50多个国家的1 000多名学生，与在座的各位是同窗共同学习。

这不仅使我想起了我自己的求学岁月，当时我的祖国——加纳共和国，刚刚获得独立。我们突然感到，我们的国家正在逐步走向世界，每天都有新的发现。但是，我也记得高速发展的年代带来的不仅是进步和兴奋，它同样也带来痛苦和困惑，甚至是破坏。改革速度越快，越是令人兴奋，就越需要谨慎管理，就越需要明智的和以人为本的领导人。

我们必须维护秩序和稳定，但也不应扼杀探索、试验和表达意见的自由——作为年轻的学者的你们，比任何人都更清楚地知道这一点——在国家的发展中，知识和科学起着举足轻重的作用。科技知识更应该用于全社会的发展和保障中去，既要为少数人带来更大的财富，又要使全体公民感到更加安全，更加富足。

伟大中国的发展不可能在独立中完成。它的发展对全世界都产生了影响，而发展又将中国重新带入与世界其他地区建立新型的关系中去。

就商品和资金的进出口而言，中国经济对外贸的依赖越来越大。外国投资在中国经济的增长中扮演很重要的角色，而中国的外汇储备以及其对货币的管理，也将在国际货币体系中发挥重要的作用。也就是说，全世界的发展与繁荣与中国利害攸关。同时中国的安全也离不开国际和平和稳定的大环境。

通过在联合国以及其他地方所发挥的作用表明，中国政府已经认识到了这一点。中国公民也越来越多地要求为全球的安全和利益承担一定的责任，或作出牺牲。不久前某天的报纸上，刊登了中国警察头戴蓝盔准备奔赴海地参加联合国特派团工作的照片，这给我们留下了深刻的印象。

因此，今天我来到这里，一方面也是为了表达全世界人民对中国的感激之情。这点中国人民显然能够很好地理解，正如中国老话所说，大家都应该"同呼吸、共命运"。人类的苦难没有国界，同样，人类的团结也应不分国界。

的确，四年前世界各国领导人在联合国总部对团结的基本价值观进行了重申并作出了庄严承诺，发表了《千年宣言》。他们公开宣布，"面对全球的挑战，我们必须公平地承担起其相关代价和责任，……帮助那些正在遭受苦难或受益最少的人，他们也有权得到得益最多者的帮助"。他们承诺将"竭尽全力"，帮助世界上数十亿的男子、妇女和儿童摆脱赤贫，并促进其享有发展权。他们还制订了严格的标准，以此作为衡量标准，2015年必须履行承诺。

人们把这些标准称作千年发展目标，或简称"MDGs"。而千年发展目标中的第一条，就是把世界上每天收入不足一美元的人口减少一半。其他目标还有：制止并开始扭转艾滋病毒/艾滋病的传播和蔓延；把可持续发展原则纳入各国的政策和规划，让我们的子孙后代不会面临居住的地球因遭到人类活动破坏而无法补救或资源无法满足人类需要的威胁。那么，到2015年全世界是否能够实现这些目标？这在很大程度上也取决于中国。

中国是一个人口众多、经济迅速发展的国家，中国影响着全球所有统计数字。即使非洲许多国家的问题依然如旧，但理论上说，只要中国能够基本消除最贫困人口，到2015年我们就能实现把全世界这类人口减少一半的目标。相反，到2015年，也许很多国家在防治艾滋病毒/艾滋病，或在采取可持续发展模式方面取得了巨大的进展，但是，如果中国未能采取同样的行动，那么这仍将会给整个人类带来可怕的后果。不过，中国和世界其他国家都不必如此。为了中国的利益，也为了全世界的利益，你们应该承担起改善本国人民生活、保护本国自然环境的重大责任。

你们的责任并非如此简单。千年发展目标的第八项也是最后一项是全球合作促进发展。这就意味着全球发达国家不能抛开发展中国家，任其自己发展。发展中国家需要较为富裕、较为强大的国家给予帮助——这就需要消除不公平的贸易壁垒，消除补贴式竞争；需要减免债务。许多贫穷国家为了向债权国偿还债务，其开支远远超出了这些国家满足本国人民社会需求的开支；还需要更为慷慨的官方的发展援助——那是许多富裕国家曾屡作承诺要提供的援助。

实际上,全球伙伴关系意味着每一个赤贫的国家都有权利和希望获得帮助,为此我们拟定并执行实现千年发展目标的国家战略。这一点对于大多数贫穷国家,尤其是大多数非洲最贫穷的国家来说,具有至关重要的意义。如果没有这种帮助,这些国家就不能实现千年发展目标。如果能够得到这种帮助,这些国家就有机会去实现这些目标。

这就要发达国家承担起更大责任——中国也责无旁贷。我知道,你们习惯将自己国家作为一个发展中国家来看待,中国也的确是一个发展中国家——是世界上前所未有的发展速度最快的国家。不过,中国发展越成功,人们也就越期待中国能够对那些仍然需要援助的小国、穷国伸出援助之手。基于同样的理由,随着中国政治地位不断提高,它在世界安全方面也应承担更大的责任。

《千年宣言》体现了全球团结的精神,也表达了集体安全这一植根于《联合国宪章》的共同理想。然而,过去两年来发生的各种事件使人们对这一共识产生了疑虑。

一些人开始对联合国的宪章产生质疑,《宪章》第五十一条重申"联合国会员国受武力攻击时,在安理会采取必要办法以维持国际和平及安全以前,可以行使自卫的固有权利"。而现在,秘密的恐怖主义组织可能在没有任何警告的情况下随时发动武装攻击,他们也许持有大规模毁灭性武器。有些人辩解说,这个时候为了预防必须使用武力。这要在需要捍卫国家安全时,才能够享有这种自由使用武器攻击的权利。

还有些人则认为,这种理论本身就是对国际和平与安全的严重威胁,因为这意味着任何国家,只要自己认为合适,都有权动武,而不必考虑其他国家的状况。其实,创立联合国恰恰就是为了使人类免于遭受这种局面。的确,《宪章》第一条规定,联合国的首要宗旨是"采取有效集体办法,防止且消除对和平之威胁"。我们必须表现出联合国有这个能力去履行这一宗旨,以使各国不感到必须或有权利自行执法。

正是出于这一原因,我去年集结了一个杰出人士组成的小组,就如何在二十一世纪解决和应对和平与安全的威胁及挑战提出合理的建议。令我感到欣慰的是,充满智慧的中国政治家钱其琛先生同意参加该小组,再过几个星期该小组的报告就可以提交了。我希望这个小组提出的建议有助于我们重建并改进我们的全球安全体系,这样,在未来将没有任何一个国家单枪匹马地去面对全球性威胁,而所有国家都坚信其他国家都将会遵守这些规则。

朋友们,要在这个新纪元里让世界变得更加安全,并给予全世界所有居民真正的机会、充实的生活,尚有许多工作要做,需要做出许多具有胆识的决定,而且时不我待。

明年九月,世界领导人将再一次在联合国齐聚一堂,来审查发表《千年宣言》以来有哪些进展,或缺乏哪些进展。我希望,届时将会出台一些极为重要的决策。这将是世界在应对发展与安全这一双重全球性挑战方面实现突破的绝佳机遇。不过与五年前相比,这任务将更加艰巨,此次领导人不是为制订目标,而是为实现这些目标而商定具体的对策。促使这191个国家就共同的前进道路达成协议,对未来一年的许多问题和意见进行磋商和讨论,在本国内部和国与国之间开展辩论,各国政府必须共同努力,并且还要达成妥协,有时甚至要对国家的一些重要目标或国家利益忍痛作出牺牲。但要做到这点,就必须使本国人民懂得利害所在,赢得他们的坚定支持。

中国在发展方面有非凡的经验,在安全方面也独具建树,因此,可以对这一至关重要的全球性突破做出主导性的贡献。这是我此次到访北京的一个主要原因。来到这里我真的非常高兴,不仅能够有机会同贵国政府交谈,而且来到中国的著名学府,这个发明与创新思想的摇篮,与在座各位座谈。如我刚刚所谈到了各种挑战,包括保卫世界和平与安全,在不同信仰或文化的人民之间发展友好关系,实现千年发展目标等等,为应对这些全球性挑战和实现发展,你们这些受过高等教育的青年将大有作为。

在中国,你们已经在富裕和贫困地区之间建立了十分发达的互助网络,而且我知道你们中的许多人将在毕业之后去贫困地区扶贫。我希望你们中的一些人也会考虑到世界的其他地方去扶贫,在那里,也许更加迫切地需要你们的技艺。我鼓励你们大家——全中国的有志青年们——立志求索,为解决贫穷、疾病及环境退化等我们这个世纪所面临的各种巨大挑战,寻求途径。我曾对美国的学生和其他许多国家的学生说过,现在也要对你们说:"走出去,把世界变得更美好!"

我说的时间已经够长了。现在该轮到你们了。如果你们有问题,我将尽力回答。不过我还希望你们作出评论,这样我可以向你们学习。

谢谢大家。

2. 演讲技巧

(1) 语音清晰,富有变化。公关演讲时,语言表述应字正腔圆,发音清晰,表达流利,语调还应有高低快慢等错落有致的变化。要根据演讲内容的需要,设计不同的充满变化的语言。演讲中还应倾注个人的情感,或褒扬,或贬抑,或歌颂,或讽刺。兴奋之处可手舞足蹈,悲痛之处则可捶胸顿足。

(2) 姿态大方,张弛有度。公关演讲是一门语言艺术,除在语音语调上应有变化,还对演讲者言语表达时的姿态配合也提出了较高的要求。演讲时的姿势会影响听众的认知和评价,因此,一方面,演讲者不可随随便便、过于随意;另一方面,也不可一本正经,故作姿态。应努力做到登台时自然大方,精神饱满,充满自信,同时,举止文雅,仪态优美,情绪愉悦,面带微笑,力求给听众以彬彬有礼、文雅庄重的印象。

(3) 运用辅助手段,增强演讲的实效性。听众对于所听到的内容只能处理和记住其中很少的一部分,所以在演讲的同时若采取一些辅助手段,会为演讲增添较强的说服力。比如,可以通过投影播放一些图片或视频,或直接拿出一些实物或证明材料,让听众身临其境,从而全面地了解事态真相,听众便很容易接受演讲者的观点。

三、推销演讲

(一) 推销演讲的概念

推销演讲是指在商业活动中为了某一种产品、某一项专利技术或某一类活动等,向其目标公众(顾客)进行推销,从而实现商业利益的演讲。推销演讲已广泛运用于商业活动的各个领域,并形成自身独有的特点。

(二) 推销演讲的特点

1. 极强的说服力

商业推销实际上是商家和顾客间一种信息沟通的过程,演讲则是这个沟通过程的重要工具和手段。推销过程的基本目的是促使潜在购买者最终购买产品或服务。但是,要促使顾客采取购买行动,必须首先使顾客充分了解产品的特征及可能带来的利益。由于大部分潜在顾客在推销过程开始时对产品、成交条件等知道得太少,因而需要演讲者向其传递有关信息,顾客在接收到这些信息后也会作出某种反应,演讲者再根据顾客的反应调整信息的内容和传递方式。在这个沟通过程中,推销人员用来传递信息的主要手段,既不是文字,也不是图像,而是语言。因此,推销演讲必须具有极强的说服力,才能实现这一基本目标。

下面是一个推销员推销新式电子玩具时的话语:

> 顾客,您好!我店新到一批新式电子玩具,类型和样式很多,从低档到高档都有。低档的三四十元,高档的一千元以上。因为是新式玩具,初销时的价格较低,此类玩具也在××国家流行,它不仅对儿童游戏有帮助,而且可以当作家庭装饰品,这样一来您就不用发愁玩具没处放了。您瞧,这里是一系列从最简单到最高级的玩具,制作质量很可靠,外形采用最新式的一体构造法,不易损伤,如果您要购买,可以让您的小孩从简单的玩具玩起,然后再买较复杂的玩具,这对开发儿童的智力、提高他们的积极性很有益处。最高级类型的玩具结构较为复杂,如果到了一定阶段,可自己动手组装成另外一种你所喜欢的玩具,我们出售这类玩具的同时,会赠送一套组装工具,相信您一定会开发出更多的功能。

该推销员在给顾客介绍产品时，尽量让顾客多了解一些产品信息，同时暗示这些玩具在孩子成长过程中的重要性，把顾客的购买欲望自然地激发起来，以此增强推销的说服力。这是推销工作成功与否至关重要的一个因素。

2. 语言生动而多变

演讲是推销的主要外在手段，要使顾客接受演讲信息，并产生购买的欲望，演讲者的语言必须吸引顾客，这就要求演讲者充分运用多变的语言，发音准确，在轻重音转化、句子停顿等各方面形成优势，以此吸引顾客。有的人作推销演讲时说话过急、过快，巴不得顾客马上就接受自己的产品，但若顾客没有听清表述的内容，这样的演讲是无效的。

发音准确将直接关系到顾客的理解是否正确。使用方言或带有严重口音的普通话会大大影响与顾客沟通的效果。演讲中应适当加强音量和气势，使字音饱满、有力；重音运用不可过多。停顿是推销演讲必不可少的环节，美国作家马克·吐温说过："恰如其分的停顿能产生非凡的效果。这是语言本身难以达到的。"好的停顿，有很强的表情、表意功能，常能收到非常好的表达效果。

推销演讲对人的语言素质提出了较高的要求。因此，为了更有效地运用自己的推销演讲说服潜在顾客，演讲者在日常生活中应认真地训练自己的口才。实践证明，在推销活动中，运用语言能力的优劣，确实能使推销效果产生巨大差异。

（三）推销演讲的要领

同所有的演讲形式一样，推销演讲也要讲究开场、正文和结尾的巧妙安排，开场要尽量别致、新奇；正文要把推销的内容讲述清楚；结尾要新鲜，出人意料。除此以外，相关的注意事项还有：

1. 称呼得体，连贯一致

推销演讲首先面临的是打招呼，以引起客户的重视，因此在称呼上就要讲究艺术性。比如顾客中若有重要的客户，就要用尊重的语调说出客户的姓及头衔。如果面对上了年纪的客户，则应热情乖巧地称呼老伯或阿姨等。称呼因人而异，在确定了客户的称呼以后，在演讲过程中还要不断地提及，切忌随意变更对方的称呼，而应前后保持一致，同时在语调上要注意增强感染力。例如一个推销员向客户推销运输服务：

您好，××先生，我们已听说了贵公司最近要运输一批钢材到××市，我们来之前，已将有关××市的到货地点的情况了解清楚了。依你们对运输这批钢材安全性的要求，我们想好了，认为用卡车运输最为合理。这是为确保货物的安全考虑的，我想这比赶时间更为重要。至于时间问题，您也可尽量放心，我们准备多使用几辆运输车，中途有人接待，这样确保了货物能准时抵达目的地。

推销员的话语得体，使用了"您""贵公司"等尊敬语，且陈述事情清楚，解释合理，听者不易产生反感情绪。

2. 层次清晰,务真求实

演讲中应注意把握好层次的结构连接,先说什么,后说什么,传递的商业信息应给人清晰之感。演讲过程中要真实而正确地评价产品的功能、价值、质量与效果,掌握分寸,才能进退有度。任何话说过了头,都会起到相反的作用。只有掌握好分寸,才能使表达逼近真实,才能使客户产生信任感。若话语过于直白,则缺乏感染力;而过于夸张,则容易产生逆反心理,在直白与夸张之间应掌握好一个度。例如一个售楼人员向客户推销房屋:

××先生,这里的房价在十年前每平米才100元而已,现在涨到了8 000元每平米,将来可能要卖到几万元每平米。所以您现在可以买下来啊!非常划算,比信托投资、玩股票之类还要靠得住。

离开了都市也许觉得交通不大方便,但这是有办法克服的。此地空气非常新鲜,房子通风良好,房屋周围有田园、树林,又有原野,住在郊外的朋友都一致认为郊区空气好多了,这对于健康有极大的好处。邻近又有重点小学、中学。对小孩的教育很有帮助。

的确,价钱稍微高了些,但以您今天的身份来说,是需要这么多房间的哟。太太,您认为怎么样?这间客厅好不好?外面的花圃很大很宽阔,跟您先生的希望相符合,就是院子里铺设的石块也安排得很好。

请你们从这儿看一看好吗?眺望远景很棒。您看这儿的海边又平坦又宽广,到了夏天一家人在这儿做海水浴多好啊!离山也很近,假日去爬爬山也不错,而且还可以经常吃到山里的土特产。附近又有河流,稍微走几步路就可以去钓鱼,在河边野餐烤肉也颇有情调。您看在那棵松树右边的绿瓦墙的房子,住在里面的先生就说过:"一个礼拜来此地住一次,对身心健康很有帮助,对下一个礼拜的工作也极有好处。"

这个推销员说话很富有技巧,先说房屋的升值,然后从健康、身份、景观、休闲等依次讲来,逐步打消客户的疑虑,从而实现了卖房的目的。

3. 适时激发

客户购买产品是为了满足某种需要。在推销产品时,如果能使用适当的语言激发客户的需要,则容易使客户产生购买欲望。人的需要主要分为生理需要、安全需要、社交需要、尊重需要和自我实现需要。对于不同的需要应使用不同的语言去激发。如推销安全产品,就应着重激发客户的安全需要,不失时机地使用诸如"保险""耐用""经过检测""防腐""稳固""可靠"等语言词汇,从而激发客户保护身体、保护财产不受损失的安全需要,继而产生购买欲望。

4. 突出重点

演讲过程中要让客户明白产品的特别之处,宜言简意赅,突出重点,而不要长篇大论,言不达意。在突出产品性能时,一是注意加强语气,注意声调;二是注意选择适当词汇,最好是选择有鲜明感的词汇。比如推销口红,可以说:"即使嘴唇十分干裂,使用这支口红,同样可以增添高贵靓丽的神采。"在这句推销词中,"干裂""高贵靓丽"显然是具鲜明感的词汇,而在"口红""十分""同样"这三个词上则要注意加重语气。

5. 要巧用否定语

在推销过程中,否定的词汇及口气容易造成客户的反感和对立的情绪,从而破坏气氛,带有否定意义的反问句也会导致同样的结果。诸如"不好""不会的""不可能""不见得""不要这样"等语汇切勿在推销演讲中出现。如不可避免地要否定客户的观点,我们可以尽量使用肯定语气,如将"不能"改成"应该",将"你的说法不对"改成"我认为……"等,尽量将客户拉到自己的同一面而非对立面。

6. 道别的艺术

推销结果不管成交与否,最终要与客户说再见,如何说再见也是一门艺术。如果你已说服顾客,推销成功,那就不要忘记对客户说声"谢谢",这样会给客户留下良好印象,同时为下一轮推销创造契机。若推销失败,则要自找台阶,自留后路,说话得体。比如说"期待下一次更好地向您介绍"。对于看起来已无法挽回的"死"局,也不能轻易放弃。若是因为推销说服的方式不佳造成的,则可以向客户说:"对不起,占用了您宝贵的时间,我没能把产品的优点完全表达出来。如果您有机会,相信您会进一步了解我们的产品。"一个艺术的再见方式,正是下一次推销机遇的开始。

四、述职演讲

(一) 述职演讲的概念

述职演讲又叫述职报告。"述职"一说由来已久,最早见于《孟子》:"诸侯朝于天子曰述职。述职者,述所职也。无非事者。"古人指称的"述职"是诸侯向天子报告职责范围内的工作。发展至今,述职的本意未变,但范围却更加广泛了。

一般来说,述职演讲主要指述职人依据本人岗位职责要求,以总结检查自己在一定期限内所做工作为目的的一种演讲。述职演讲既包括向上级领导或领导机关报告工作完成情况,请求上级监督、检查、考核、指示,也包括向本单位职工报告自己履行岗位职责的情况,请求全体职工监督、检查。在某种意义上,述职演讲也是总结报告的一种特殊形式。

(二) 述职演讲的特点

1. 内容真实、确定

述职演讲因为主要是讲述自己履职的情况,所以要求内容一定要真实、确定,一定要是自己在某一期限内所做的工作,不能虚假。演讲者要对自己任内所作工作进行客观、准确的定性与定量分析,取得了哪些成绩,存在着哪些问题等,不夸大,不空谈,实事求是地讲述。

2. 态度诚恳、庄重

述职演讲因为听众的特殊性、演讲的严肃性,要求演讲者态度一定要诚恳,表情庄重自然,给人实实在在、虚心的感觉。这当中,语言表述要质朴、简明、清楚,语速不可太快或太慢,表情动作不可太多。

(三) 述职演讲要领

述职演讲在结构安排上主要依照应用文中的总结这一文体。可有标题、前言、主体、落款等内容,同时也体现出较为独特的演讲技巧。

1. 结构安排

(1) 标题。述职演讲一般应有标题。标题有多种写法,可大致概括为单标题和双标题两种。

单标题可由职务、时间、文种构成,如《××省商务厅办公室主任2019年度述职报告》;或由职务和文种构成,如《××公司总经理述职报告》;或由时间和文种构成,如《2018—2019学年述职报告》;或只用文种名称等作标题,如《我的述职报告》或《述职报告》。

双标题可将内容的侧重点或主旨概括为一句话作正标题,以年度和文种构成副标题。如《全心全意为老干部服务——2019年度述职报告》《努力抓好"菜篮子"和"米袋子"——我的述职报告》。

(2) 前言。述职演讲还可设计一个前言。前言一般可包括三个方面的内容:一是岗位职责,二是指导思想,三是概括评价。首先要介绍自己的基本情况,如所任职务、任职时间等。然后要介绍自己的岗位职责,即自己分管的工作、任职期间的主要工作目标等。指导思想是说明自己在什么样的思想原则、方针政策指引下进行工作的,这是开展工作不可缺少的前提条件。没有正确的指导思想,就不可能辨明工作中的是非曲直,看清事物的本质,找出存在的问题,采取正确的方法,从而很好地完成自己的本职工作。概括评价是对自己工作的基本描述。

三个方面的内容都要简略地写,一般一个自然段即可。需要说明的是,上述三个方面的内容在写作中可以灵活处理,除岗位职责必不可少外,其他两个方面的内容也可以安排在主体部分或结尾部分中出现。

(3) 主体。主体是述职演讲的核心部分,主要工作和经验教训都在这一部分中进行表达。此部分要注意的是:内容组织应多实少虚,所用材料应求真勿假。

主要工作:这是述职报告的核心内容。要向组织、向群众如实地汇报自己在规定时限内所作的主要工作,工作过程中所取得的成绩以及由此带来的经济和社会效

益,以及工作中出现的失误和由此造成的损失。具体说来,主要包含以下几点内容:

① 自己主持开展了哪些工作,结果如何;② 协助别人开展了哪些工作,结果如何,自己所起的作用如何;③ 在任职期间,上级有哪些政策出台,自己是如何贯彻执行的,效果如何;④ 在任职期间,上级有哪些重要的指示,自己是如何落实的,效果如何;⑤ 在工作实践中遇到了哪些新的情况和新的问题,自己是如何处理的。

以上各点,都包括成功和失误两个方面,不能只说成绩,报喜不报忧,尤其要注意:讲问题时不能轻描淡写,一带而过,要既讲成绩又讲失误,既讲优点又讲不足,不能揽功诿过。

此外,对自身的工作实践,还要能够概括出一些规律性的认识,其中包括:成功的经验有哪些,今后应该如何发扬;失败的教训有哪些,今后应该如何防止。这部分内容要有分析研究、集中概括,要提高到理论的高度来认识。对于教训,则应着重分析造成失误的主客观原因,明确自己应负什么样的责任。

主体部分常见的写法有:

① 工作项目归类法。把任期内所承担的工作按性质加以分类,如生产方面、销售方面、后勤方面等,每一类作为一个层次依次进行阐述。自己主持的工作和协助别人做的工作也要分开写。另外,对自己做出突出成绩的工作,有创造性、开拓性的工作要重点写,即在反映一般成绩时突出重点。而一般性的工作和日常事务性工作要写得简略。

② 时间顺序组材法。把任期内所做的工作按时间顺序分类,这种形式在述职报告中经常被采用。若任期时间较长、涉及面广,所做的工作和存在的问题较多,为了便于归纳总结,以展现工作的全貌,可以将一个时期的主要工作按时间分段,这样也便于在各个阶段中详细叙述所取得的成绩和经验。

③ 内容分类集中法。这种形式的写法也是最常用的,一般分为主要工作、成绩效益、经验教训、存在问题和对策等几部分。

(4) 结尾和落款。结尾部分通常可对自己做一个基本而客观的评价,也可以简要说明自己的一些体会或今后的打算。若这些内容前面已经说过,也可以不写结尾部分。

2. 演讲技巧

述职演讲是向领导或下属汇报自己在职期间工作情况的一种演讲,主要讲述在任职期间做了哪些工作,有哪些业绩,存在什么问题。"述"成流水账或大讲闪光点,都会引起听众的反感情绪;用语太平淡,则引不起听众的兴趣;过度追求幽默轻松,则会给人不够严肃的感觉。因此,述职演讲要想得到听众的认可和欢迎,就必须讲究一定的技巧。

(1) 发音清晰,风格沉稳。述职演讲在语言上的技巧和前述演讲形式一样,也要讲究语音语调的适量变化，如高低、快慢、轻重等，但语言在总体变化的基础上要突出清晰、沉稳的特质，不可大起大落。

（2）脱稿"旁白"，灵巧腾挪。述职演讲不能一味地"背稿"和"读稿"，必要的脱稿"旁白"，即对大家很想了解的事实做简单的补充说明（包括细节、背景和不便写在材料中而大家又非常想知道的内容），不仅可以丰富汇报的内容，吸引听众的注意力，而且能起到很好的烘托作用。

五、即兴演讲

(一) 即兴演讲的概念

即兴演讲是指演讲者不拿讲稿、提纲，也不背诵，而是根据临时给定的演讲命题或范围，临场即景生情而发表的演讲。也指事先无任何准备，根据现场感受临时起兴而发表的演讲。即兴演讲是一种难度最大、要求最高、效果最佳的演讲方式，如婚礼祝词、欢迎致辞、丧事悼念、聚会演讲等，很多场合都会用到即兴演讲。其特点是直观、形象、临场性强，但同时，这类演讲也对演讲者提出了很高的要求。

(二) 即兴演讲要领

1. 知识储备要先行

即兴演讲因其临场性强等特点，难度较大，对演讲者的知识、能力等素质要求较高，如要求演讲者应具备很强的逻辑性、丰富的想象力、敏捷的思维力和大量的语言及材料储备等。归纳起来，有如下几点：

（1）应具备较广的知识面。只有学识丰富，才能在短暂的准备时间内从脑海中找到生动的例证和恰当的词汇，使即兴演讲增添魅力。这就要求演讲者具备较丰富的专业知识，并能了解日常生活知识，如风土人情、地理环境等。

（2）应有一定的思想深度。演讲者应具备对事物进行纵向分析的能力，对内容应能宏观地把握，通过表层迅速深入到事物本质上去认识，形成一条有深度的主线，围绕着主线丰富资料，连贯成文。

（3）要有较强的组织材料的能力。演讲者应在很短的时间里把符合主题的材料组合、凝练在一起，所以须具备较强的组织材料的能力。

（4）要有较高的临场表达技巧。即兴演讲没有事先精心写就的演讲词，临场发挥是特别重要的。演讲者在构思讲稿初步的轮廓后，应注意观察演讲场所和听众，摄取那些与演讲主题有关的人物或景物，因地设喻，即景生情，并恰当地控制好情感表达的度。

（5）要有较强的临场应变能力。即兴演讲由于演讲前无充分准备，在临场时就容易出现意外，如怯场、忘词、不知所云等。这就要求演讲者在极短的时间内依靠其冷静、敏锐和准确的应变能力，迅速、及时地作出反应和调整，从而使演讲活动继续进行。

2. 为"即兴"而准备

著名演讲大师卡耐基曾说过：无任何准备的演讲只是信口开河，根本不是真正的演讲。因此，即兴演讲虽不像一般演讲那样需要有充足的时间来进行准备，但也不是不用准备或不能准备的，预测性准备和临场性准备就是即兴演讲最基本的两种方法。

(1) 预测性准备，指在演讲之前有预见性地做一些推测性准备，具体包括以下内容：

① 心理准备。在参加一个会议或活动之前，可以先行设想，自己是否有可能需要讲话？如果讲，讲什么？怎么讲？首先要在心理上作好准备。有了这种心理准备，可避免突然被"点将"后的那种吃惊、慌乱、尴尬或恐惧心理，并能够迅速实现由配角到主角、由听者到讲者的角色转换，快速进入演讲状态。

② 材料准备。如果事先已经知道会议或活动的主题、内容及听众构成，可以先简单地翻阅一下相关资料，临时扩大知识储备以充实自己的大脑。这样，在被突然"点将"发言时，你就能对某一问题旁征博引，演讲顺畅并富有针对性，从而使听众对你刮目相看。

③ 酝酿腹稿。如果时间和情况都允许的话，演讲者还可以先酝酿一下腹稿，形成一个大体框架，如迅速概括演讲的主题、组织演讲结构等，明白自己要讲一个什么问题，如何讲清楚，先讲什么，后讲什么，如何结尾。把要讲的内容有条理、有层次地组织起来。值得注意的是，这个腹稿并不是一成不变的，随着演讲内容的逐步深入，可能在讲话过程中会随时调整原先的设计。

(2) 临场性准备。有时，演讲者也可能在毫无思想准备的情况下被突然"点将"，或者虽有事先准备，中间却突然出现意外，这时就要尽量争取临场准备时间。临场性准备的时间虽短暂，却为演讲者提供了宝贵的思考空间。由于临场性准备是以拖延时间为目的的，所以又称为延宕法，主要有以下两种：

① 动作延宕。动作延宕就是利用某种动作来拖延时间，在施展动作的同时，让大脑快速进行工作，然后再开始讲话。比如：端起茶杯喝口茶水，拉拉椅子，向听众点头或招手致意等。这些动作拖延的时间虽然很短，却给了演讲者一个喘息的机会，让大脑去进行紧张快速的思考，同时调整自己的心理状态。

② 语言延宕。语言延宕就是先说些与主题关系不大的、无须深入思考、易于表达的题外话，以便大脑迅速组织材料，确立讲话的主旨，然后再慢慢切入主题。这样，就可避免演讲中冷场的尴尬。

3. 迎合听众，组织材料

即兴演讲一般常在小规模、小范围内进行，主题较单一，针对性也强，演讲者一定要了解听众的口味，捕捉听众的心理，投其所好，才能触发听众的兴奋点。由于无法事先作充分准备，完全依靠即兴抓取材料，因此，演讲者一要做好平时的知识积累，二要仔细观察眼前的人和事，这当中，又应以后者为主。如过多地引用间接材料，往往失掉即兴演讲的现实感和针对性，起不了应有的作用，只有多联系现场中的人和事，才能紧紧抓住听众的注意力。

4. 短小精悍、逻辑严密

即兴演讲多是在一种激动的场合下进行的临场之作，场景、时境的刺激触发了演讲者，使之产生了"不吐不快"的欲望。然而有些人只要兴致一来，便忘乎所以；一发挥，便滔滔不绝。即兴演讲不宜过长，切忌繁杂，应短小精悍。短小，指篇幅而言；精悍，指内容而言。即兴演讲不可能如命题演讲那样刻意讲究谋篇布局，但也要结构合理，详略得当，切忌颠三倒四，离题万里，拖泥带水。

5. 以情动人，提升语言素养

即兴演讲要投入情感，要使听众激动，演讲者自己首先要有激情。演讲者动了真情，才能喜怒哀乐分明，语言表达也才能绘声绘色，从而感染听众，达到交流情感的目的。

即兴演讲要使用自然的声音讲话，语言表达要简单清晰，要尽量做到语句连贯。有时，可根据听众不同的知识结构和文化素养，选用不同风格的语言。对普通听众的演讲可选用较为朴素的语言，而对文化素养较高的听众则可选用一些高雅的语言。这就要求演讲者在平时要学习和积累较多的古今中外不同场合中生动活泼的语言，临场发挥时才能厚积薄发，有备无患。

思考与练习

1. 试以竞聘某高校学生会主席为主题，撰写一篇2 000字左右的竞聘演讲词。

2. 以10人为一组，设置题目若干，临场抽取题目后准备3分钟，发表不少于5分钟的即兴演讲。

第八章 唇枪舌剑，似入无人之地
——演讲中的辩论之术

古希腊哲学家、西方"谬论之父"高尔吉亚一生精于智者诡辩术。他认为"说词的力量媲美物质甚至神的力量"。因此，掌握技巧，说服别人乃为雄辩之根本。

本章要点：辩论概述，校园辩论与技巧，商务谈判与技巧

一、辩论概述

(一) 辩论的概念和类型

1. 辩论的概念和要素

辩论是一种源远流长的社会活动。"辩论"一说,有两个含义:"辩"指辩解、辩驳、分辩;"论"指议论、讨论、论述、证明。《墨经》有云:"辩,争彼也。辩胜,当也。"其意为评判两人争吵的是非。我国早在春秋战国时期,就出现过辩论的热潮,形成了诸子百家争鸣的局面,涌现出了如墨翟、庄周、惠施、孟轲、张仪、苏秦等众多的雄辩家,"一人之辩,重于九鼎之宝,三寸之舌,强于百万之师",就说出了巧言利舌之辩的强大力量。

在古希腊,辩论被称为"辩证法",其产生与发展的政治背景是城邦议会制,当时的政客面对选民摇唇鼓舌,以图获得选票。后逐渐发展成为一门实用的学问,即"雄辩学"(rhetoric),或称"劝说学""修辞学"。在中世纪和文艺复兴时期,修辞学和文法学、逻辑学构成了西方人文教育的"三学"。辩论在西方有着广泛而深厚的人文基础。古希腊学者认为,辩论就是发现对方言谈中自相矛盾的破绽,通过揭露矛盾、解决矛盾而论证真理、战胜对方的过程。古希腊的雅典就是一座辩论之城,苏格拉底、柏拉图、亚里士多德师生相继活跃在雅典的辩坛上,各领一代风流。他们的辩论不仅使辩论理论形成系统,使辩论技艺渐趋成熟,而且正是在唇枪舌剑的辩论中,才产生并发展出对西方文化传统形成经久不衰影响的辩证法精神。延续至今,包括西方的议会争辩、法庭陈述、牧师布道、总统竞选等,都将辩论作为一种强有力的武器。在西方民间,人们更是将辩论这种演讲形式作为一种优秀传统而学习和掌握着,成为广受推崇的一门学问。

今天,大多数人的共识是:"辩论"是对某一个问题持不同意见的双方或多方,为明辨是非真伪或成败得失而展开的一种口头或书面论争,其表现为立论者与驳论者围绕同一论题展开辩驳。辩论在当代社会越来越受到重视。它不仅是人们探索真理、发展真理的手段,还是传播现代文化、提高民族素质的重要途径。

辩论作为一种认识活动与语言活动,必须具有三个要素:辩论者、辩题和辩论规则。

(1)辩论者。辩论者就是参与辩论的人。一个人不可能自己同自己进行辩论,必须存在持不同意见的双方或多方。辩论是一种在两个或两个以上的人之间进行的语言交际行为。

（2）辩题。辩题就是辩论双方针对的话题。辩论中双方或多方争论的必须是同一事物或同一问题。如果各方谈论的论题不同，不是涉及同一事物或同一问题，那就不可能产生争论。

（3）辩论规则。任何行为都遵循一定的规则，辩论也不例外。辩论的双方或多方必须有一定的共同认识为前提。比如各方至少要遵守最基本的逻辑规律，对社会公理、科学规律等也须有一致的认同。否则，辩论只能是混战一场。

2. 辩论的类型

辩论的类型很多，根据不同的标准，可以对辩论进行不同的分类。从辩论是否符合真理与逻辑的角度，可以分为雄辩与诡辩；从辩论所运用的语言形式，又可分为口头辩论与书面辩论等。

根据内容与形式的差异及主体与使用范围的不同，辩论一般可分为以下几种类型：

（1）政治辩论。这是政府之间、政权之间、政治派别之间，以及政府内部、政权内部、政党内部、政治派别内部就多种政策问题、军事问题、外交问题、法律问题、政治体制问题、政治思想问题及其他政治问题，由双方或多方的有代表性的权威人士参加，在特定的场合进行的辩论。政治辩论是各政治集团为维护自身的根本利益而进行斗争的一种方式，它是一种隐藏着刀光剑影、预示着风云变幻的辩论。参与政治辩论，必须具备哲学家的头脑、军事家的胆略、外交家的风度和演说家的口才，才有可能获得成功。

（2）学术辩论。这是指学者、专家在他们共同的学术领域内，就各种尚未被彻底证明的理论问题，各抒己见而进行的研讨性辩论。学术辩论的主体必须是论题所属学术领域内具有相当高的知识水平与研究能力的学者与专家。学术辩论具有极强的专业性、研究性，它是促进科技发展的重要手段。学术辩论要求严谨、精确、冷静、执着，各方除了必须有较高的专业知识水平外，还必须有严谨、负责的科学态度。

（3）法庭辩论。这是诉讼参与人在法院审理案件的法庭诉讼阶段，按照法律程序，服从审判长的指挥，当庭就本案的事实依据与法律适用等问题进行的辩论。法庭辩论是严格依照法律规定进行的一种特殊形式的辩论。法庭辩论能力是从事法律工作的律师、检察人员必须具备的基本技能，它的特点是准确、庄重、敏捷、严密。

（4）讨论和谈判。这是使用最为广泛的一种辩论形式。可以说大到国家之间，小到家庭内部，广到政治、经济、文化、生活等一切领域，讨论和谈判都是解决矛盾、处理问题最简便、最适用的口头交际方式。讨论和谈判又有不同之处。讨论是在有着共同目的、共同利益的各方之间进行的，讨论的中心往往是改变某种状况，讨论的结果通常产生某种决定或结论。而谈判是在利益相关而又充满对立矛盾的各方之间进行的,谈判的中心往往是调整某种关系,谈判的结果通常是产生某种协议或条约。在各个领域、各个层次,由于需要解决的问题性质不同,讨论和谈判往往是交叉使用的。讨论和谈判口才的特点是:机智、灵活、热情、练达。

(5) 论文答辩。这是由有关专家对特定学术论文进行反复质疑论证,以审查论文的理论价值、衡量作者的学术水平的口头考试活动。它是专业性、学术性、测验性都很强的论辩形式。论文答辩的论辩双方地位是不平等的。答辩委员会是测试者,论文作者是被测试者。论文采用的是数问一答式,答辩委员交叉地向论文作者提出诘问,作者必须一一作答。而且答辩委员都是本学科的专家,具有丰富的学术知识,这就决定了学术答辩是一种难度较大的辩论形式。答辩者除了必须具备深厚的专业知识功底并充分做好答辩准备,还必须做到:稳健谦虚、诚恳自信、机智敏捷、清晰流畅。

(6) 辩论赛。这是根据预先拟好的论题将参辩者分成正反两组,双方依照一定的规则,运用多种论辩方法当众陈述自己的观点,反驳对方的论点,以求在听众或评判员的评判下分出胜负、决出高低的一种思维与口头表达的竞赛活动,是一种有组织、有评判的辩论。早在"五四"时期,我国一些大、中学校就曾出现过这种有组织的、双方按事先拟定的论题与规则进行相互论辩的口语与思维训练方式。近年来,随着教育界、文化界、新闻界的宣传与推广,辩论赛被赋予了现代文明的色彩。它作为增强民主意识、体现个体价值的社会活动,正在广泛为大众接受并风靡全国。辩论竞赛可以锻炼胆识、更新气质、开阔视野,激发积极向上的精神,培养人的分析、表达、应变等综合才能。

(二) 辩论的特点

辩论是会话的延伸,是有声语言的最高境界,除了具备口语表达的基本特征之外,还有以下几个方面的显著特点:

1. 对抗性

辩论的对抗性特点首先体现在双方观点的对立性上,当人们对某一问题产生意见分歧时,就具备了辩明是非对错的需要。辩论双方所持的观点往往是针锋相对的,这种认识上的矛盾性就成为双方对抗论争的焦点。同时辩论的对抗性特点还表现在语言上的直接交锋,双方短兵相接,唇枪舌剑,各抒己见,努力论证自己的观点,批驳对方的观点,呈现出一种攻与守的对抗状态。

2. 综合性

辩论集道德修养、文化积累、知识结构、逻辑思辨、心理素质、竞争意识、语言艺术、仪表仪态、整体配合为一体,既有逻辑的纷争,又有理论的对抗,更有价值的高下取舍,是综合素质的较量。

3. 逻辑性

逻辑的力量在辩论中表现得最为显著,观点的论证就是一个逻辑推理的过程。辩论时需要根据人们的逻辑思维习惯摆事实、讲道理,用已知的概念和判断推出预计的结论。因此辩论最常用的方法就是逻辑推理,严密的推理具有强大的说服力,而在批驳对方时,能指出对方论证逻辑上的漏洞则比任何否定都要彻底。

4. 策略性

辩论又被称为论战,战则有术,术即谋划策略。辩论中要想捍卫自己的观点,令他人信服,就需要讲究方式方法,设计一些方案、问题,讲究策略,例如怎样进攻,从哪几个方面进攻,怎样防守,设想对方可能从哪些方面进攻,己方如何防备,等等。

5. 临场性

辩论的进程是受到辩论双方制约的,任何一方都不能绝对左右谈话的内容和进展。虽然辩论之前可进行充分的准备,但对手的情况一般不可能估计得完全准确,只能在辩论现场听取了对方发言之后灵活处理、随机应变、临场发挥。此外,辩论者临场的竞技状态与现场气氛,对辩论过程和结果也会产生影响,如辩论者的身体状况、心理状况,观众的情绪波动、心理倾向,意外变故等,都会使辩论形势发生变化。因此,要求双方要思维敏捷,反应快速,以压倒对方,赢得听众。

二、校园辩论赛

(一) 校园辩论赛的兴起与基本规则

1. 校园辩论赛的兴起

校园辩论赛,起于20世纪60年代的新加坡。为了扭转经济不景气、民众心态不稳定的社会局面,新加坡出现了大学生辩论赛。辩论赛的组织者把当时社会上出现的问题收集起来,经过讨论,形成各种各样的辩论主题,如新加坡应该严于立法还是从宽立法,实行所谓的人道主义法学还是酷刑等,让大学生在校园里展开辩论。现在,我国大学校园辩论赛基本上套用新加坡模式:一辩陈词,二辩陈词,三辩陈词,自由辩论,最后总结陈词。随后,一些辩论赛也引进了美国俄勒冈大学的辩论模式,加入质询、盘问等环节。两种模式的结合,成为中国大学生辩论赛所采用的新模式。

我国大学生辩论赛始于1986年。当年,北京大学以经济学院的学生为主,组成北京大学队,和香港中文大学队唇枪舌剑,以"开发旅游有利于环保还是不利于环保"为题展开辩论。中央电视台在没有预告的情况下播出了这场辩论赛,使人们有了一个关注和讨论热门话题的崭新视角。我国从此有了大学生辩论赛这种引人注目的形式,可以就一些重要问题进行辩论并吸引大众展开议论。

1993年,复旦大学辩论队代表我国大学生远赴狮城参加首届国际大专辩论赛,蒋昌健、严嘉、季翔、姜丰四人组成的复旦大学队勇夺冠军,把我国大学生辩论赛推向了顶峰。1995年,南京大学代表队又在新加坡夺冠。如今,辩论赛已经成为高等院校每年校园文化活动的保留项目。

2. 校园辩论赛的基本规则

(1) 比赛程序。

① 开场(介绍双方辩手、评判团和比赛规则);

② 正反方一辩发言;

③ 正反方二辩发言;

④ 正反方三辩发言;

⑤ 自由辩论;

⑥ 正反方四辩总结陈词;

⑦ 评判团退席评决;

⑧ 观众自由发问;

⑨ 评判团代表评析;

⑩ 辩论评决。

(2) 赛程细则。

① 时间提示:自由辩论阶段,每方使用时间剩余30秒时,记时员以一次短促的铃声提醒;用时满时,以钟声终止发言。攻辩小结阶段,每方使用时间剩余10秒时,记时员以一次短促的铃声提醒,用时满时,以钟声终止发言。其他阶段,每方队员在用时尚剩30秒时,记时员以一次短促铃声提醒,用时满时,以钟声终止发言。终止钟声响时,发言辩手必须停止发言,否则作违规处理。

② 攻辩:攻辩由正方二辩开始,正反方交替进行。正反方二、三辩参加攻辩。正反方一辩作攻辩小结。正反方二、三辩各有且必须有一次作为攻方;辩方由攻方任意指定,不受次数限制。攻辩双方必须单独完成本轮攻辩,不得中途更替。

攻辩双方必须正面回答对方问题,提问和回答都要简洁明确。重复提问和回避问题均要被扣分。

每一轮攻辩,攻辩角色不得互换,辩方不得反问,攻方也不得回答问题。

攻辩双方选手站立完成第一轮攻辩,双方任意一方落座视为完成本方攻辩,对方选手在限时内任意发挥(陈词或继续发问)。

每一轮攻辩时间为1分30秒,攻方每次提问不得超过10秒,每轮必须提出三个以上的问题。辩方每次回答不得超过20秒。用时满时,以钟声终止发言,若攻辩双方尚未完成提问或回答,不作扣分处理。

四轮攻辩完毕,由正方一辩和反方一辩先后为本队作攻辩小结,限时1分30秒。双方的攻辩小结要针对攻辩阶段的态势及涉及内容,严禁脱离比赛实际状况的背稿。

③ 自由辩论:这一阶段,双方辩手自动轮流发言。发言辩手落座为发言结束,即

为另一方发言开始的计时标志,另一方辩手必须紧接着发言;若有间隙,累计时照常进行。同一方辩手的发言次序、时间、次数不限,整队的发言时间不得超过五分钟。如果一方时间已经用完,另一方可以继续发言,也可向主席示意放弃发言。自由辩论提倡积极交锋,对重要问题回避交锋两次以上的一方扣分,对于对方已经明确回答的问题仍然纠缠不放的,适当扣分。

④ 观众提问:观众提问阶段正反方的表现算入比赛成绩。观众提出的问题先经2位以上规则评委判定有效后,被提问方才能回答。正反方各回答两个观众提出的问题,双方除四辩外任意辩手作答。一个问题的回答时间为1分钟,如一位辩手的回答用时未满,其他辩手可以补充。

⑤ 结辩:辩论双方应针对辩论会整体态势进行总结陈词;脱离实际,背诵事先准备的稿件,适当扣分。

(3) 辩论赛评判规则。

① 评分标准:辩论队得分由个人分数与整体合作分数构成。

个人分数:总分为100分。

A. 辩论技巧:辩论员语言流畅,分析、反驳和应变能力以及论点的说服力和逻辑性,占40分。

B. 内容、资料:论据内容是否充实,引述资料是否恰当,占30分。

C. 风度及幽默感:辩论员的表情动作是否恰当,是否有风度及幽默感,占15分。

D. 自由辩论:个人在自由辩论阶段的表现,占15分。

E. 整体合作:全队论点结构的完整性,队员之间的默契和配合,占40分。

四位辩论员总分为400分,加上整体合作40分,辩论队总分为440分。

② 辩论员不应宣读预先拟好的稿件,或展示预先准备的图表及大字报,违规者将酌情扣分;不过,他们可以出示或引述书本、报刊的摘要,加强论据。

③ 每场比赛的结果将由评判团依据各队得分,以一人一票方式决定。

④ 评判团退席后,会先把评分表填妥,交由主办方计算分数,然后才开始讨论。讨论的目的是要判断辩论双方的表现,以便在评语中提出。由于成绩是根据评分表决定,因此评判团的讨论不影响比赛的结果。

⑤ 必要时,评判团可以要求辩论双方把他们引述的书本、杂志、统计数字等资料呈上,以便查核。

⑥ 在讨论结束之后,评判团将推举一位代表,综合所有评判的意见,发表对该场辩论的评语。在评语中,评判代表将分析两队的表现及优缺点,提出双方可改进的地方。由于时间有限,评语应该言简意赅。

⑦ 评判团将在每一场辩论中选出表现最杰出的辩论员。最佳辩论员将由评判团根据辩论员在比赛中的表现情况选出。

⑧ 评判团的评决是最后的决定。任何有关评决的质询将不受理。

(二) 校园辩论赛的准备

1. 辩题与分析

(1) 是非辩题：关于"是"与"不是"的辩题。如：离婚率上升是/不是社会文明的表现。这种类型的辩题，正方切入点可在立法等方面，反方的切入点可瞄准社会现象暴露出的社会问题等方面。

(2) 比较辩题：将二者作比较的辩题。如：事业比爱情/爱情比事业更重要。这类辩题，可抓住题中涉及的"更"字来进行讨论，不能用否定的观点来看待对方观点，这也是辩论中对辩题理解的一个误区。

(3) 利弊辩题。如大学生在校期间做家教的利弊，这种辩题，涉及范围较广，立论需要大量的资料来支撑。所以在辩论的技巧上要学会运用对方观点或对方阐述上的失误，尽可能地使其成为己方观点的一部分。

(4) 可否辩题：即如果这样可以，则那样不可以的辩题。如：儒家思想可以/不可以抵御西方歪风。这种辩题，可对事物或事理的两面性进行观察论证，以避免主观思想的影响。

(5) 可能辩题：即可能与不可能的辩题。如：生态危机可能/不可能导致人类灭亡。这类辩题，需要大量的专业资料，在说明问题的过程中，要根据已有资料的新观点或论断来支持己方观点。

(6) 前提辩题：即谁是谁的前提类辩题。如：经济发展应该以教育发展/教育发展应该以经济发展为前提。破解这类辩题，主要以分析事物或事理相互作用的过程为主要的内容。

(7) 应该辩题：即应该这样不应该那样的辩题。如：愚公应该/不应该搬家。这类辩题主要是以道理、原因作为辩论的主题。

(8) 先后辩题：即判断谁先谁后的辩题。如：德为才先/才为德先。这类辩题需要注意立论时的落脚点，己方观点的逻辑链条是否完整。

(9) 轻重辩题：判断谁轻谁重的辩题。如：人们应该重义轻利/重利轻义。这种辩题中，正反双方观点的交叉较为明显，需要从对方的立场来思考己方观点。

(10) 对立辩题：即对双方而言尖锐对立，水火不相容的辩题。如：不破不立。这种辩题，往往需要出奇制胜、有个性的论点。

(11) 本末辩题：即谁为本谁为末的辩题。如：人性本善/人性本恶。这类辩题，一般都是具有相同的前提以供参考，而得出相反的结论。破解这类辩题可抓住内因、外因等多种因素的共同作用所导致的相关结果进行推论，它最能体现辩论赛寻求真理的意义。

(12) 主次辩题：即判断谁主谁次的辩题。如：学生以学习知识为主/次。这个辩题主要谈的是因果关系。而破解的方式，经常采用几何中的反证法。

（13）必然辩题：即必须如此而不能如彼的辩题。如：效率必然牺牲平等。这种辩题，正方可抓住成因作为立论的依据，而反方的灵活性则较大。针对己方的有利资料进行有针对性的立论是很必要的。

（14）必要辩题：即必要与不必要的辩题。如：温饱是谈道德的必要条件。这种辩题，主要是在必要性上做文章，而所有资料也必须围绕着"必要"这一前提进行讨论。这就需要对资料进行提炼和归纳，才能用更加合理的材料证明"必要"存在的合理性。

（15）大小辩题：即谁大谁小的辩题。如：义大于利。这类辩题实际上需要一个前提，也是立论形成的载体，这个载体可能是一个行业，也可能是历史的某一阶段，只有限定在一个对己方有利的前提下才能使己方的优势充分发挥出来。

2. 发言稿准备

在材料准备充分、思路讨论清楚的基础上，教练应根据自己的总体构思，合理安排四位辩手的辩论任务，并指导他们分头写辩论稿。一般的程序是"起、承、转、合"，即由1号辩手破题，提出并正面阐述本方观点；2号辩手接着加强论点，猛攻或坚守一个方面；3号辩手的任务与2号辩手相似，只是要比2号辩手论得更深，议得更广；最后由4号辩手总结发言，升华本方观点，将辩论推向高潮。

辩论稿准备时需注意的问题有：

（1）每位辩手尤其是前三位辩手的中心观点必须十分突出，切忌混沌一片，主次不分。

（2）由于辩论是口头表达，辩论稿应尽量口语化、生活化，新鲜生动。

（3）辩手应在教练指导下反复修改辩论稿。

（4）在写稿和改稿过程中，四位辩手要随时互相借鉴、协调，互相熟悉各自的论点和论据，为自由辩论的默契配合打下基础。

（5）在成稿阶段，教练不应对辩手各自的语言风格过多干预。

3. 自由辩论准备

自由辩论是决定全场胜负最关键的一战，也是衡量、评价辩手素质、辩论队整体配合意识的试金石，因而常常是比赛最激烈、最精彩的部分。要想在自由辩论中占优势，需作如下准备：

（1）充分讨论对方可能采取的战术、可能提出的问题以及可能坚持的观点，有针对性地归纳出本方的策略。

（2）攻防的具体问题最好能在全队讨论的基础上一一列出，把问题和对策都用精练的语言写在卡片上。

（3）进行粗略的分工，每位辩手根据规定发言的内容划分重点防守和重点进攻的区域。其中,4号辩手仍作为压阵主将,在关键时刻要能左右局势,使辩论朝着有利于本方的方向发展。

(4) 对本方观点思路深刻体会,队友之间相互充分了解。既要充分了解队友所持的观点,又要充分了解队友的辩论风格及性格。

4. 临场发挥原则

(1) 充分放开:辩论时,应放下心理上的包袱,放开准备的一切材料甚至辩论稿,只有这样,才能沉着自信,谈笑从容,妙语连珠。

(2) 吸引观众:辩论赛观众的倾向性对于比赛的胜负起着相当重要的作用。要善于抓住观众,既要讲一些观众听得懂和喜欢听的语言,又要通过一系列的动作、表情吸引观众,但切忌故作姿态,哗众取宠。

(3) 灵活运用:临场辩论很可能会出现各种意想不到的情况,这就要求辩手在"以我为主"的大前提下,灵活运用自己所掌握的材料,不应拘泥于教练意图而坐失良机。

(三) 校园辩论赛的基本技巧

1. 立论的技巧

辩论是由立论(辩护)和反驳两个基本环节构成的,其中立论就是为了证明己方的基本立场,它是反驳的基础。辩论中如果没有立论,反驳就会显得强词夺理、苍白无力,而且,辩论中如果立论不稳,自然会被对方攻击得只有招架之势,更谈不上对对方的攻击了。可见,立论的好坏,直接关系到辩论的成败。因此,辩论中要特别注意加强立论的力度。常见的立论技巧有:

(1) 逻辑严密,框架严整。

立论中,运用严密的逻辑思维,构建无懈可击的理论框架,从而使自己的立论坚实、严谨,无任何漏洞可寻,这是辩论获胜的关键。

"万家乐杯"电视辩论大赛上,北京大学队与国际关系学院队的辩论题目是"我国现阶段是否应该鼓励私人购买轿车"。这一题目的关键是"轿车""鼓励"和"我国现阶段"这三个词。如何找准这三者之间的逻辑关系,从而形成一条强有力的立论思路,这是能否构建严密的攻防体系的关键。最后,作为正方的北大队根据其内在的逻辑联系推导出了这样的思路:"现阶段发展轿车工业是我国工业发展的主导方向之一","轿车工业要发展,关键在市场",再依据其必然的逻辑联系充分论证了"鼓励购买具有现实可能性和必要性",由于北大队在立论中充分运用严密的逻辑思维来确立自己的论证体系,确保了该体系的严整周密,所以他们的立论在实践中既立得起,又防得住,收到了较好的效果。

(2) 出其不意,"破"中求"立"。

辩论是一种知识、智谋的较量,辩论的一方在立论时如能充分运用自己的知识和智谋,在透彻地分析辩题的基础上,突破对方立论的防线,巧妙地提出全新的概念,给对手一个"措手不及",便能大大削弱对方的攻击力。

在"长虹杯"全国大学生辩论赛中,南京大学(南大)队迎战吉林大学(吉大)队,吉大队作为正方的立场是:大学毕业生择业的首要标准是发挥个人专长。南大队作为反方其立论思路有很多,比如可以说"首要的标准是社会需要",也可说"是收入丰厚""是兴趣"等,但这些都因为太平常而可能落入吉大队事先准备好的猛烈进攻中。南大队经过缜密的思考,提出了一个极其大胆的观点:大学生择业复杂多样,没有也不应该有一个统一的首要标准,更不应该强调这个首要标准是"发挥个人专长"。南大队的观点从根本上动摇了对方精心设计的立论,吉大队毫无准备,顿时乱了阵脚,南大队进一步明确了自己的立论:"大学生应以个人的自我完善和推动社会进步为择业方向"。如此一来,南大队便很快占据了场上的主动。

(3) 另辟蹊径,李代桃僵。

当辩论中碰到一些在逻辑上或理论上都比较难辩的辩题时,在立论过程中就不得不采用"李代桃僵"的办法,引入新的概念来化解困难。

例如,"艾滋病是医学问题,不是社会问题"这一辩题是很难辩的,因为艾滋病既是医学问题,又是社会问题,从常识上看,很难把这两个问题截然分开。复旦大学抽到了反方的签,要阐述"艾滋病是社会问题,不是医学问题",在这种情况下,如果完全否认艾滋病是医学问题,也会于理不通,因此,他们在辩论中引入了"医学途径"这一概念,强调要用"社会系统工程"的方法去解决艾滋病问题,而在这一工程中,"医学途径"则是一个必要的部分。这样一来,他们的辩论余地就大了。"李代桃僵"这一战术的意义就在于引入一个新概念与对方周旋,从而确保己方立论中的某些关键概念隐在后面,不直接受到对方的攻击。

(4) 少下定义,多作描述。

在立论中,下定义是明确基本观点、澄清基本立场的主要方法。但要特别注意的是,如果在辩论中热衷于给每一个概念都下明确的定义,很可能因此给对方提供许多意想不到的"炮弹",而且,把辩题和概念交代得太清楚了,辩论中也就没有了回旋的余地。

比如"温饱"这个概念,如果把它定义为一种状态:"在这种状态下,社会的大部分人都无衣食之困",那么对方马上就可以追问:"你的社会概念的内涵是什么?它指一个团体,一个民族,还是一个国家?"也可以问:"你的'大部分人'的含义是什么?是人口60%、70%还是80%?"对这些问题,如果你继续回答,就又可能会暴露出许多新问题,从而完全陷入被动应对的局面。因此,在解释概念时,既要说出所以然,又必须避免授人以柄,可采用描述的方法。所谓"描述",也就是不揭示概念的本质含义,只是从现象上对概念进行概述,甚至是同义反复的描述。如对"什么是温饱"的问题,复旦大学队是这样回答的:"温饱,就是饱食暖衣。"这个回答实际上是同义反复,没有提供任何新的东西,但它给人的感觉是,他们已清楚地阐释了这个概念,而对方又抓不住任何把柄实施攻击。这样,在后面的辩论过程中,当复旦大学队对"温饱"这一概念作出新的补充和说明时,他们就显得比较灵活、自由,不至于被对方抓住什么漏洞。

2. 攻击的技巧

攻击,即指在自由辩论中的主动进攻、主动发问。然而,攻击能不能有效,又是由多方面因素决定的。

(1) 攻击的准备。

在辩论战略方案确定、辩词定稿之后就应该着手准备攻击方案。一般而言,每位辩手应该根据自己所阐述的内容准备20个向对方发问的问题,四个辩手准备的问题就应该大约有80个,一般足够坚持到自由辩论结束。

提问的问题,可从三个层面上进行准备。一是现象层面的问题,又称事实层面问题,包括历史事件、现实事实、国别事实、数字事实等;二是理论层面的问题,又称论据层面问题,除了辩论的论据,也可以延伸到公理、逻辑、哲学等层面;三是价值层面的问题,又称社会效应层面问题,即把对方论点、立场进行引申,从价值层面、社会效应层面去延伸它的效应,看其是否具备说服力,能否站得住脚。

(2) 攻击的组织。

自由辩论中的有效攻击,应当体现出攻击的有序性,即看得出轮番上阵的脉络,而其基本要点,就是在场上要有主动权,处于控制场面的主动地位。为了达到这个目标,场上应该有"灵魂队员",或者称为"主力辩手""主辩"等。主辩的任务是既要透彻地理解本方的立场,也要清楚地知道对方的立场,规定陈词一结束就能够发现对方的"软肋",从而有效地发起进攻。

在攻击的组织中,主辩承担的责任重大:一是要有冷静的头脑和把握整个自由辩论全局的眼光,攻击务求有效;二是要充当场上的指挥员,承担主动转移战场的任务;三是要对对方提出的危及本方底线、事关要害的问题,能够有效地化险为夷、转危为安、化被动为主动;四是对于本方误入对方圈套、陷于被动之中的局面,能够挽回并再度发起攻击。

当然,其他队员要主动配合,积极呼应,才能形成整体的力量,这就需要队员之间的默契,形成"流动的整体意识"。

(3) 攻击发问的技巧。

攻击发问的技巧,主要有以下几种:

① 设置两难:无论答此或答彼都将陷入被动。

② 主动引申:将对方的某个事实、某句话加以引申,造成本方主动、对方被动。

③ 以矛攻盾:将对方论点和论据间的矛盾,或对方某个辩手陈词中的矛盾等予

以披露,令其尴尬,使其难堪。

④ 归谬发问:将其论点或论据或其他问题引申归谬,使其左右被动、无力自救。

⑤ 撕隙抓漏:将对方的小漏洞撕裂撕大,对其明显的漏洞失误给予揭发提问。

⑥ 熟事新提:对人们非常熟悉却只知道大概的事情提问,让对方陷入被动。

⑦ 逼入死角:把对方的问题逼入死角,再发问,令其难以逃脱。

⑧ 同题问异:面对同一个问题,以不同的角度提问,使对方难以自圆其说,应接不暇。

⑨ 异题同问:抓住对方的不同问题、不同表述加以归纳,概总而问,从问题的深度与高度上使其无法把握、无力应答。

⑩ 夹击发问:即两个或多个人同时问同一类或一个问题,造成夹击态势,使对方顾此失彼。

⑪ 反复逼问:对本方提出的对方非答不可的问题,对方若闪避,则可反复逼问,但一般不超过三次。

⑫ 辐射发问:一个问题提出时,同时威慑到对方四个辩手,犹如子母弹一般。这类问题,一般多在哲学或价值层面上发问。

⑬ 同义反复:同一个问题,用不同的语言方式(或角度不同,或问语不同)发问。这类问题,多为辩论的主要立场、观点方面的问题。

⑭ 近题遥问:看似很近的事,用远视点来透视和提问。对方遥答往往答不得,近答又很难接上,可使对方陷入难以捉摸、无从下手的窘境。

⑮ 击情提问:即用心理调控的手段,直击对方情绪层,使其激动,引发情绪联动,从而淹没对方的理智。

⑯ 布陷发问:布置陷阱,让对方钻入,或想方设法将其套进去。其更高技巧就是设置连环套。

⑰ 长抽短吊:不离辩题提问忽东忽西,以快捷的思维与急智来取得主动。

⑱ 答中之问:可分为两种,一种是在对方答问时发现问题(包括陈词阶段发现的问题),予以提问;另一种是在自己回答对方问题时给予反问。

3. 防守的技巧

辩论,既有进攻也应有防守,辩论是二者的有效统一。防守的技巧主要有:

① 合围:若对方有一位非常突出的辩手,不仅对方整个局面靠其支撑,且对我方威胁很大,就可采取合围战术,即以全队四人的力量来围击,以四人合力从不同的角度对准他的问题,以守为攻。

② 高压:双方实力比较接近时,可采用高位压迫防守策略。高位压迫策略意指使用各种方式迫使对方感到自己的思维位势稍逊一筹,从而内心产生动摇。如若对方谈到现象问题,我方则将之上升到理论高度;对方提出现实问题,我方就从历史角

度深入阐释;对方提出具体问题或微观问题,我方就以全局认识、宏观认识来回答,依此类推。

③ 指误:不正面回答问题,而是指出对方所问问题在逻辑上、理论上、事实上、价值上、立场上、表达上和常识上的毛病,使之陷入尴尬局面。

④ 归谬:对问题不作正面回答,而是进行概括引申归谬,直指其终端的谬误,陷其于被动的境地。

⑤ 误导:看准表现欲强的对手,巧妙误导,任由其滔滔不绝地讲述,消耗对方时间。

⑥ 激怒:巧激其怒,使之由理智层进入情绪层,扰乱心绪,无法自控。但不可进行人身攻击。

⑦ 闪避:对那些一两句话难以答清的问题,采用合理闪避的方式。但是不离开辩题的立场。

⑧ 反复:以同义反复的方式回答。即意思一样,但语言不同。

⑨ 类比:面对对方问题,不作正面拦截,而是用同类比较的方式,把问题抛回给对方。

⑩ 陷阱:在答问中巧设陷阱,让对方钻入,使其陷入被动。

⑪ 联动:本方二人以上联动,回答问题时一唱一和,你呼我应,以整体的优势应对对方的攻击。

⑫ 侧击:不正面回答问题,而从侧面引出相关问题,反请对方来回答。

⑬ 连环:故设连环,环环相扣,将对方的问题定格在某一环中,将其扣死。

⑭ 组接:将对方的立场、陈词、反问、答问中的语言予以组合,揭露其矛盾之处,使其自相矛盾。

⑮ 错接:有意错接问题,反让对方判断,主动防守。

⑯ 名言:巧借名言、警语、格言、民谚、诗歌、歌词、流行语等来回答。也可用修改后的"名言"回答。

4. 其他技巧

(1) 配合的技巧。

辩论一定要讲究辩手间的默契配合。其基本要点有:

① 划分"战场":把一系列关系紧密的问题作为一个"战场",并由场上的一名队员提出其中的第一问题,其他队员立即跟上,直到问完这一系列问题,取得了满意的战果后,再转入下一战场。

② 相互保护:辩论中难免会出现某个队员口误或者偏离立论等对本方不利的情况,这时候,其他的队员应及时弥补其错误,如可采用抵赖、别解、调整底线等方法。

(2) 对抗的技巧。

辩论如同短兵交接的战斗,辩论双方在唇枪舌剑的较量中,往往呈现出尖锐的矛盾对立状态。这也正是辩论引人入胜的重要特征之一。对抗技巧的特点就在于针对同一事物能给出针锋相对的结论。

① 例证对抗:选取与对方所提及的相反事例构成尖锐对抗。

② 名言对抗:当对方引用名言来为其观点作证时,直接对名言进行反驳是不理智的,这时最好的办法是引用与对方相反的名言与之构成抗衡。

③ 史实对抗:当对方从历史典籍中挑选与对方观点有联系的史实来进行论辩时,可从历史典籍中找出与之相反的史料来对抗。

④ 煽情对抗:通过听众的某些特殊需求,迎合听众的心理,并根据听众在情感上的好恶,以假乱真,或把某些问题推向极端,以此达到征服对方的目的。

(3) 转换提问权的技巧。

① 话题回避:在水平相当的辩论中,当对方的问题无法回答,或回答后对本方很不利,或与辩题无关时,可采取回避的方法。回避的方法有三种:一是假装没有听到对方的问题,直接提出己方问题;二是以一句话作为过渡;三是暗含讽刺的回避。当对方的提问不甚合理时,用此战术效果较好。

② 先答后问:大多数情况下都应回答问题,再提出本方问题。但是,如果回击很有力,可以不再提问,以免削弱攻击的威力。

③ 妙语脱困:事先应准备一些在很多情况下都能使用的妙语,在危急关头抛出,以达到转移注意力、摆脱困境的目的。只是在辩论中,不要急急忙忙把这些妙语抛出去,而应该用在本方最困难的时候。

5. 辩论战术

(1) 常用战术。

① 就事论事。在辩论中应紧紧抓住辩题,始终注意主攻方向,陈述观点清楚、完整、朴实。自由辩论不应过多纠缠于细枝末节。

> 辩题案例:人类是大自然的保护者(正)/破坏者(反)。
>
> (反)我再一次请问对方辩友,人类要生存,要发展的基础是什么?
>
> (正)我想再次告诉对方辩友,破坏是少数的。请问,马有白色的马,但是马一定要是白色的吗?
>
> (反)对方答非所问,请正面回答,人生存发展是以什么为基础的?

上例中,面对反方的追问,正方一时没有合适的回答,所以搬出了白马非马论,但反方没有被牵住鼻子,以四个字"答非所问"马上把对方拉回来,在对自己有利的方向上毫不放松。

② 死缠烂打。从内容上说,原则性的问题必须死缠烂打,追住不放,最要注意的

是不要被对方轻易脱身,在每一场比赛中都要设定令对方无法回答的"重炮"问题,如具体事理或是哲学原理等问题,把对手逼住不放。

　　辩题案例:焚毁走私犀牛角是/不是保护自然资源的行为。

　　反方可一直追问:焚毁到底保护了哪些自然资源?

③ 针锋相对。辩论中要有"我即真理"的坚定信念,并要把这种自信一浪高过一浪地推向听众,在气势、信心上都要与对手针锋相对,毫不退让。

　　例如华东师范大学和复旦大学两队在一次辩论中,复旦队的辩手动辄就以"我方第几次请问了""对方又退了几步"等话语出击,听众往往对这些话印象很深,不顶回去很容易造成场上的不利气氛,所以当复旦队刚说出"对方已经退出了第一步"后,华东师大队立刻反击:"你说我们退步我们就退步,难道我们的腿是长在对方身上的吗?"这句回击虽然于本方理论没有帮助且显得突兀,却一举扭转了气势上的劣势。

④ 顺水推舟。对方举出一个逻辑推论,或者举出一个很有说服力的例子时,不妨顺势而下,反噬其身。辩论中所举的例子,取的往往是比喻义或引申义,而漏洞有时候就在例子的本意当中。如果能借助例子把自己的观点加进去,则本方不仅进行了有效防守,而且同时发起了犀利的进攻,令对方难以招架。

　　辩题案例:人类是大自然的保护者(正)/破坏者(反)。

　　(正)请看一代殷王商汤为了保护鸟类,在捕鸟时网开三面,这不是保护吗?

　　(反)殷王捕鸟这不是在破坏吗?

　　(正)对方辩友,我们可以全球共同努力啊,难道您不知道"人心齐,泰山移"吗?

　　(反)移泰山就是对大自然的破坏啊!

　　(正)对方辩友今天一直说人类因为要索取自然资源就一定是在破坏,我看可是"张公喝酒李公醉,错把败类当人类"啊。

　　(反)对方辩友如此使用古诗词,就是对中国传统文化构成了破坏!

(2) 逻辑战术。

① 破除双难境地。辩论中难免会碰到一些选择疑问句,对方逼着问你"是 A 还是 B?"不管是 A 是 B 对本方都是不利的,对这类问题通常有两种回答的方法:① (既不是 A,也不是 B)是 C;② 既是 A,又是 B。

　　辩题案例:艾滋病是医学问题,还是社会问题。

　　(反)对方同学认为是病就是医学问题,那么我请问,相思病是看内科还是看外科啊?

　　(正)相思病也要看心理医生……

此为第一类回答,虽有一定难度,但效果甚佳。

辩题案例:抓住老鼠的猫才是好猫。

(正)如果一只猫长得可爱,但是不会抓老鼠,而另外一只猫长得很丑,却是抓老鼠能手,对方同学你会挑哪一只呢?

(反)两只我都要,一只用来观赏,一只用来抓老鼠……

此是第二类回答,让对方无法攻到实处。

② 破类比。类比手法是辩论中经常运用的,但类比不可能做到绝对精确,类比物与被类比物总是会有一些区别,这就为反驳提供了突破口。

辩题案例:艾滋病是医学问题,还是社会问题。

(正)千千万万人得艾滋病就是社会问题吗?千千万万人还得心脏病呢,这也是社会问题吗?

(反)心脏病会传染吗?心脏病和同性恋有关吗?

传染和同性恋都是艾滋病具有的特征,而类比物心脏病则无此特征,所以事先找出一些重要概念的特征后,可以用来攻击对方不准确的类比。

③ 归谬法。所谓归谬,就是先假设对方的逻辑是正确的,然后推导出荒谬的结论,以此证明对方的错误。这是辩论中常用的方法,很多看来难以攻击的诡辩,一经归谬,会有"柳暗花明又一村"之感。

辩题案例:外资/廉价劳动力是推动广东经济飞速发展的主要动力。

(反)马克思早已指出:劳动决定价值,所以,廉价的劳动力才是推动广东经济飞速发展的主要动力。

(正)劳动决定价值适用于任何国家、任何地区,如果按照对方这种逻辑,世界上任何国家、任何地区的经济飞速发展的主要动力都是廉价劳动力喽?

辩题案例:法治能/不能消除腐败。

(反)请对方举个例子,哪怕是一个例子,世界上有哪个国家哪个地区用法治消除了腐败?

(正)过去没有消除,现在没有消除,就等于将来一定不能消除吗?那我们还谈什么共产主义必然实现?共产主义以前也从来没实现过嘛!

三、商务谈判

(一) 商务谈判的概念和类型

1. 商务谈判的概念

商务谈判是指经济交往的各方为了达到自身的经济利益目标,彼此进行交流、阐述意愿、磋商协议、协调关系并设法达成一致意见的行为过程。商务谈判有广义和狭义之分。广义的商务谈判包括各类正式或非正式场合的协商、交涉、磋商和商量等;

狭义的商务谈判专指在正式场合进行的谈判。

2. 商务谈判的类型

(1) 按参与方的数量,可分为双边谈判和多边谈判。双边谈判是指只有两个当事方参与的谈判,多边谈判是指有三个或三个以上的当事方参与的谈判。

(2) 按参与人员的数量,可分为大型谈判(各方在 12 人以上)、中型谈判(4~12人)、小型谈判(4 人以下);或者分为小组谈判和单人谈判。

(3) 按谈判的所在地,可分为主场谈判、客场谈判、中立地谈判或主客轮流谈判等。主场谈判也称主座谈判,是指在自己一方所在地,由自己一方做主人的谈判。客场谈判,也称客座谈判,是指在谈判对方所在地进行的谈判。

(4) 按谈判的结果,可分为双赢或多赢型谈判、双输或多输型谈判、输赢型谈判等。双赢或多赢型谈判指通过谈判活动能最大限度地创造出最佳的解决方案,满足各方的利益要求。通常有两个前提:一是各方必须是合作的,即博弈论中的"合作博弈",任何一方不合作,都很难达成一致;二是创造价值,寻求一个最大化、非零和的谈判结果的整合式谈判方案。双输或多输型谈判指双方或多方均没有在谈判中获得利益、未实现谈判目标的谈判。输赢型谈判则指在谈判中一方所得为另一方所失,一输一赢的谈判。

(5) 按谈判双方的态度,可分为竞争型谈判、合作型谈判、竞合型谈判等。竞争型谈判是指谈判各方以一种竞争的态度而进行的谈判。合作型谈判是指谈判各方以一种合作的态度而进行的谈判。竞合型谈判是指谈判各方本着"客观、平等、互利"的原则,通过适当的竞争与合作,寻求最佳解决方案的谈判。

(6) 按谈判的沟通方式,可分为口头谈判、书面谈判、网络虚拟谈判等。口头谈判中谈判人员面对面直接用口头语言来交流信息和磋商交易条件,或者在异地通过电话进行商谈。书面谈判是指谈判人员利用文字或者图表等书面语言来进行交流和协商。网络虚拟谈判是基于互联网等信息化工具,使谈判者能进行实时交流互动而进行的谈判。

(7) 按谈判的观念,可分为硬式谈判、软式谈判和原则式谈判等。硬式谈判,也称立场型谈判,是谈判者以意志力的较量为手段,很少顾及或根本不顾及对方的利益,以取得胜利为目的的谈判。硬式谈判有明显的局限性,一般应用于以下两种情况:一是一次性交往,这种谈判必然是"一锤子买卖",也就是为取得一次胜利而拿双方未来可能的合作做赌注;二是实力相差悬殊,一方处于绝对优势。

软式谈判,也称关系型谈判,是一种为了保持同对方的某种关系所采取的退让与妥协的谈判类型。具有把对方当朋友,只提出自己的最低要求,不敢固守自己的正当利益,屈服于对方的压力,达成协议的手段是向对方让利让步等特点。

原则式谈判,也称价值型谈判。在这种谈判中,谈判双方都被看作问题的解决者,就事论事,就问题解决问题,谈判者以公正态度参加谈判,不带私人感情。把人与问题分开,对人采取软的态度,对事采取硬的态度,对事件按原则处理,对对方的谈判者仍以礼相待。

(二) 商务谈判的原则

商务谈判的原则是指商务谈判中的各方都应当遵循的指导思想和基本准则,这是商务谈判活动内在、必然的行为规范,是商务谈判的实践总结和制胜规律。

1. 平等自愿原则

平等原则是指在商务谈判中无论各方的经济实力强弱、组织规模大小,其地位都是平等的。在商务谈判的过程中,各方在观点、利益或行为方式等方面的分歧是客观存在的,这些分歧只能通过平等协商来解决。而自愿原则是指有独立行为能力的交易各方能够按照自己的意愿来进行谈判并作出决定。

2. 重利益、轻立场原则

在商务谈判中,应协调立场、重视利益。应站在对方的立场上考虑问题,要考虑双方的多重利益,要特别注意对方的基本要求,提出双方均获利益的方案。真正富于创造性的谈判高手应尽量构思各种双方得益的方案,选择其中能最大限度满足双方需求的方案,进而达成协议。

3. 人事分开原则

商务谈判时一定要把谈判对手的态度和所讨论问题的态度区分开来,不能把谈判中的人与事相混淆。

4. 客观标准原则

客观标准,通常是指独立于各方意志之外的合乎情理和切实可用的准则。在谈判中应始终坚持的客观标准有:公正性、普遍性、适用性。

(三) 商务谈判的准备

1. 收集、整理信息与目标确定

(1) 收集、整理信息。

知己知彼,百战不殆。谈判前,应针对谈判进行详细的信息收集,内容包括:谈判对方的主体资格、权限,对方是否将你作为唯一的谈判对手;对方的个人情况和单位现状,如谈判对手的声誉及信用度、当前的经营状况与财务状况、惯于采取的付款方式和付款条件、企业运作状况、参与本次谈判的人员情况,即对方谈判班子的人数、主谈人、谈判组长,以及谈判班子内部的相互关系;等等。另外,还必须了解到对手对这项业务的重视程度,其所追求的谈判的主要利益和特殊利益,谈判对手对自己的信任程度,谈判对手的谈判时限等。

对收集到的信息可采用综合加工法和相关推断法进行整理。综合加工法是谈判人员根据谈判决策对信息的使用要求,从掌握的各种散乱信息中提炼出对解决问题有帮助的新信息。相关推断法是依据因果性原理,推断所关注目标的未来发展趋向的方法。

(2) 目标确定。

谈判前需确定的目标较多,主要包括:为获得谈判目标而应付出的代价,一般是目标价格;确定可接受的谈判极限;确定为达成协议可以作出哪些让步,并尽量按先后顺序把它们排列起来;找出那些足以决定谈判成败的来自外界的因素;估计对方可能提出哪些虚假话题,并且考虑如何来克服这些障碍;考虑当谈判陷入僵局时,可以提出哪些有创造性的建议等。随着谈判的进展,谈判者还需不断地评估和调整目标。

谈判目标可设定理想目标、可行目标、最低目标三个层次。确定谈判目标时应当遵循实用性、合理性、协调性的要求。谈判目标尽可能量化,同时要严格保密。

2. 商务谈判的议程与场所选择

(1) 时间安排。

时间安排即确定谈判在什么时间举行、时间的长短、谈判的步骤等。要合理安排好己方各谈判人员发言的顺序和时间,以便掌握主动权;容易达成一致的议题,应尽量在较短的时间里达成协议;对于主要的议题或争执较大的焦点问题,最好安排在谈判进程的五分之三之前提出来。

(2) 确定议题。

谈判议题就是谈判双方提出和讨论的各种问题。确定谈判议题首先要明确己方要提出哪些问题、要讨论哪些问题,还要预测对方可能会提出哪些问题。

(3) 通则议程与细则议程。

通则议程是谈判双方共同遵照使用的日程安排,一般要经过双方协商同意后方能正式生效,它包括双方所谈事项的次序和主要方式。

细则议程是己方根据通则议程拟订对谈判事项涉及的细节安排,供己方谈判人员使用,是己方谈判方案的具体体现,具有保密性。

(4) 场地选择与场景布置。

商务谈判场地可选择在己方地点,或在对方地点,或在双方所在地交叉轮流谈判,也可以在第三地谈判。谈判场景的总体色调一般宜采用暗红色、褐色、暗黑色或赭石色。在较正式的谈判场合,可选用长方形谈判桌,双方各占一边;而在半正式或其他的谈判场合,则可选用圆形或其他形式的谈判桌,双方谈判人员团团而坐,形成较自由的谈判氛围。

3. 班子组成

谈判班子的组成规模要适当,参与谈判的人员其知识、能力与性格要互补,分工要明确,各负其责,相互补台,彼此协作。谈判班子人员由主谈人员、商务、技术、法律、金融等专业人员以及财务、翻译、速记等其他人员组成。

4. 实战模拟

所谓实战模拟,就是将谈判小组成员一分为二,或在谈判小组外,再建一个实力相当的谈判小组;由一方实施本方的谈判方案,另一方以对手的立场、观点和谈判作风为依据,进行实战操练、预演或彩排。实战模拟的主要任务是检验本方谈判的各项准备工作是否到位,谈判各项安排是否妥当,谈判的计划方案是否合理,寻找本方被忽略的环节,准备各种应变对策,制定出谈判小组合作的最佳组合及其策略等。

实战模拟包括全景模拟、讨论会模拟、列表模拟等几种方法。

(四) 商务谈判的策略

1. 开局的策略与技巧

开局阶段分为导入、交换意见、概述、明示四个环节。导入是指从步入会场到寒暄结束这段时间内的入场、握手、介绍、问候、寒暄等行为。交换意见是将谈判的目标、计划、进度、人员等问题先确定下来。然后各方简要地阐述各自的谈判目的与意愿,最后"明示",把存在的意见和问题及早提出,以求彻底解决。

(1) 开局的策略。

开局策略是指谈判者为谋求谈判开局中的有利地位和实现对谈判开局的控制而采取的行动方式或手段。主要有以下几种:

① 一致式开局:指在谈判开始时,为使对方对自己产生好感,以协商肯定的方式,创造或建立起对谈判"一致"的感觉,从而使谈判双方在友好愉快的气氛中不断将谈判引向深入的一种开局策略。

② 保留式开局:指在谈判开局时,对谈判对手提出的关键性问题不作彻底、确切的回答,而是有所保留,从而给对手造成神秘感,以吸引对手步入谈判。

③ 坦诚式开局:指以开诚布公的方式向谈判对手陈述自己的观点或想法,从而为谈判打开局面。坦诚式开局策略比较适合于有长期业务合作关系的双方。

④ 进攻式开局:指通过语言或行为来表达己方强硬的姿态,从而获得谈判对手必要的尊重,并借以制造心理优势,使得谈判顺利地进行下去。

⑤ 挑剔式开局:指开局时,对对手的某项错误或礼仪失误严加指责,使其感到内疚,从而达到营造低调气氛,迫使对手让步的目的。

(2) 技巧。

首先应该了解对方的"兴趣点",即对方最为关心的问题。了解对方具体谈判人员的性格,这样才能够做到"对症下药"。常见的方法有以下几种:

① 夸张法:指对谈判对手所关心的兴趣点以夸张的方式进行渲染,从而引起谈判对手的兴趣或注意。

② 示范法:为了尽快引起对方的兴趣,可以在谈判的开局就向对方介绍己方产品具有哪些优点,同时还必须证明己方产品确实具有这些优点。

③ 创新法：商务谈判者所应坚持的不同点应该表现在三个方面：与别人不同，与你的过去不同，与对方的设想不同。

④ 竞争法：指利用谈判对手的竞争心理，故意提及其竞争对手，以此来使其对自己的话题感兴趣。

⑤ 利益诱惑法：指在不影响己方根本利益的情况下，对谈判对手所关心的"兴趣点"作出较大程度的利益让步，以此来引起对方的兴趣或注意。

2. 报价

报价，并不仅指双方在谈判中提出的价格条件，而是泛指谈判一方主动或根据另一方要求向对方提出自己的所有要求。当然在所有这些要求中，价格条款最为显著，地位最为重要。

报价标志着商务谈判进入实质性阶段，也标志着双方的物质性要求在谈判桌上"亮相"。报价应遵守以下几项原则：对卖方来讲，报价起点要高，即"可能的最高价"；而对买方来讲，报价起点要低，即"可能的最低价"。这是报价的首要原则。

报价有不同的类型。根据报价的方式分，有书面报价和口头报价。根据报价的战术分，有欧式报价术与日式报价术。欧式报价术，强调由高到低的原则；日式报价术，强调由低到高的原则。

报价时还需要注意顺序问题，即谈判双方谁先报出价款。先报价能够先声夺人，为以后的讨价还价树立起一个界碑，但贸然地先报价往往起到限制自身期望值的作用，会过早地暴露自己的心理价位，为对方暗中组织进攻提供了方便。后报价的好处在于可以根据对方的报价及时地修改自己的策略，以争取最大的利益，但若被对方占据了主动，则须在对方划定的框架内谈判。

3. 讨价还价

（1）讨价还价方法。

讨价是在一方报价之后，另一方认为其报价离己方的期望目标太远，而要求报价一方重新报价或改变报价的行为。讨价可以是实质性的，也可以是策略性的。讨价分为全面讨价、针对性讨价、总体讨价三种类型。常见讨价的基本方法有：① 举证法，即罗列有说服力的证据，如市场的行情、竞争者的价格、对方的成本、过去的交易惯例、产品的质量与性能、研究成果、公认的结论等；② 求疵法，即针对对方报价条款的缺漏、差错、失误进行讨价；③ 假设法，即以假设更优惠条件的口吻来向对方讨价，以摸清对方可以承受的大致底价。

还价是针对谈判对手的首次报价，己方所作出的反应性报价。还价方式有两种：一是按分析比价还价，即己方不了解所谈产品本身的价值，而以其相近的同类产品的价格或竞争者产品的价格作参考进行还价；二是按分析成本还价，即己方能计算出所谈产品的成本，然后以此为基础再加上一定百分比的利润作为依据进行还价。谈判中每次还价的方法有单项还价、分组还价和总体还价。还价起点要低,但又不能太低,还价起点的高度必须接近对方的目标。

（2）讨价还价的策略。

讨价还价的策略体现在商务谈判的前、中、后期等各个环节之中。

在商务谈判的前期,其策略有：

① 故布疑阵：通过不露痕迹地向对方提供大量无用信息而使对方上当,从而取得有利的谈判条件。

② 投石问路：利用一些对对方具有吸引力或突发性的话题同对方交谈,或故意透露一些"机密",借此琢磨和探测对方的态度和反应。

③ 抛砖引玉：在对方询价时,本方先不开价,而是举一两个近期达成交易的案例,给出其成交价,进行价格暗示,反过来提请对方出价。

④ 吹毛求疵：买方对产品和对方的提议尽可能地挑毛病。

⑤ 价格诱惑：卖方利用买方担心市场价格上涨的心理,诱使对方迅速签订购买协议的策略。

⑥ 目标分解：就产品或服务分项报价,逐项讨论价格,以降低报价。

⑦ 请君入瓮：谈判一开始就拿出一份有利于本方（往往是卖方所为）的完整的合同文本,要求对方按照此合同文本的内容讨论每项条款,并最终在此基础上签约。

⑧ 以礼润滑：谈判人员在相互交往过程中,经常会馈赠礼品,以表示友好和联络感情。

在商务谈判的中期,其策略有：

① 步步为营：在谈判过程中步步设防,试探着前进,不断地巩固阵地,不动声色地推行自己的方案,让人难以察觉,自己的每一微小让步都要让对方付出相当代价。

② 疲劳轰炸：通过疲劳战术来干扰对方的注意力,瓦解其意志并抓住有利时机达成协议。

③ 以林遮木：在谈判中故意搅乱正常的谈判秩序,许多问题一股脑儿地摊在桌面上,使人疲于应付,难以作出正确选择,进而达到使对方慌乱失误的目的。

④ 软硬兼施：通过一定的举措来感化或压迫对方转变立场,从而打破僵局促成交易。

⑤ 车轮战术：在谈判桌上的一方遇到关键性问题或与对方有无法解决的分歧时,借口自己不能决定或其他理由,转由他人再进行谈判。

⑥ 休会策略：谈判人员为控制、调节谈判进程,缓和谈判气氛,打破谈判僵局而经常采用的一种基本策略。

在商务谈判的后期,其策略有：

① 最后通牒：给谈判规定最后的期限,如果对方在这个期限内不接受己方的交

易条件达成协议,则己方就宣布谈判破裂而退出谈判。

② 场外交易:谈判双方将最后遗留的个别问题的分歧意见放下,离开谈判桌,东道主一方安排一些旅游、酒宴、娱乐项目,以缓解谈判气氛,争取达成协议。

③ 私下接触:在谈判过程中,谈判人员还可以有意识地同对手私下接触,例如安排一些工作以外的活动,以期增加双方的了解和友谊,促进谈判的顺利发展。

④ 权力有限:指当双方人员就某些问题进行协商,一方要求对方作出某些让步时,另一方可以向对方宣称,在这个问题上,授权有限,他无权向对方作出这样的让步,或无法更改既定的事实。

⑤ 坐收渔利:指买主把所有可能的卖主请来,同他们讨论成交的条件,利用卖者之间的竞争,各个击破,为自己创造有利的条件。

⑥ 不遗余"利":不忘最后的获利,争取对方最后的让步,慎重地对待协议。

4. 让步

在商务谈判中让步是指谈判双方向对方妥协,退让己方的理想目标,降低己方的利益要求,向双方期望目标靠拢的谈判过程。让步要三思而行,要分轻重缓急,要选择恰当的时机,不要让对方轻易得到好处,要严格控制让步的次数、频率和幅度,而在接受对方让步时要心安理得。

(1) 常用的让步方式。

以卖方的让步方式为例。假设卖方在原来报价的基础上,总体让步数额为80元,分四次让出,可采用:

① 小幅递减型让步方式(29、24、17、10):该方式递减幅度较小,不利于向对手施加成交压力,很容易让对手产生如下推断:应该还能再让一次。

② 强势递减型让步方式(35、26、15、4):该方式表示出较强的妥协意愿,不过同时也告诉了买主,卖方所能作出的让步已经达到底线了。

小幅递减型让步方式和强势递减型让步方式都是比较高明的让步方式,步步为营,使买方的期望值逐步降低,较适应一般人的心理,因此比较容易使对方接受。两者相比后者更优。

(2) 迫使对方让步的方式如:

① 温和式。这种方式常有"戴高帽"、磨时间、恻隐术、发抱怨等。"戴高帽",是指以切合实际有时甚至是不切实际的好话颂扬对方,使对方产生一种友善甚至是受到恩宠的好感,进而放松警惕,软化对方的谈判立场,从而使己方目标得以实现的做法。磨时间,指在一段时间里反复表示同一观点,等待对方改变,此法对异地或异国谈判的人压力很大。恻隐术,指通过装扮可怜相、为难状,唤起对方的同情心,从而达到迫使对方让步的做法。发抱怨,即在商务谈判中数落抱怨。抱怨分为两大类:一类是真正的不满,另一类则是隐藏性的拒绝。

② 强硬式。这种方式常有情绪爆发法、激将法、竞争法等。情绪爆发法,是指在谈判过程中,一方的态度和行为引起了另一方的反感。可能是一方提出的谈判条件过于苛刻而引起的自然的、真实的情绪发作,也可能是谈判人员为了达到自己的谈判目的而有意识地进行的情绪发作。激将法是指以话语刺激对方的主谈人或其重要助手,使其感到仍坚持自己的观点和立场,会直接损害自己的形象、自尊心、荣誉,从而动摇或改变其所持的态度和条件。竞争法是指谈判一方利用对方的竞争对手削弱其谈判实力的方法。

(3) 阻止对方进攻的方式如:

① 防范式。主要有先苦后甜法、先斩后奏法、后发制人法等。先苦后甜法,是指先用苛刻的虚假条件使对方产生疑虑、压抑、无望等心态,以大幅度降低其期望值,然后在实际谈判中逐步给予优惠或让步,使对方满意地签订合同,己方从中获取较大利益的策略。先斩后奏法,指实力较弱的一方往往通过一些巧妙的办法使交易在接近达成的情况下,通过努力而迫使对方让步。后发制人法,指在交锋中的前半部分时间里,任凭对方施展各种先声夺人的占先技巧,己方仅是专注地听和敷衍应对,集中精力从中寻找对方的破绽与弱点。在交锋的后期,集中力量对对方的破绽与弱点展开大举反攻,用防守反击的战术去获取决定性的胜利。

② 阻挡式。可通过资料限制因素阻止对方进攻,或在谈判中以没有先例为由,拒绝对方的过高要求,或在谈判中表明最后价格以阻止对方进攻等。

③ 对攻式。指针锋相对,针对对方的进攻也展开进攻。以一换一,在对方就某个问题要求己方让步时,己方可以把这个问题与另外一个问题联系起来,同时要求对方在另一个问题上让步。采用对攻式要开诚布公,充分表现出自己的积极坦率;以诚动人,用一开始就作出最大让步的方式感动对方,促使对方也作出积极反应,拿出相应的诚意。

5. 僵局的处理

商务谈判常有僵局出现。僵局是指在商务谈判过程中,当双方对所谈问题的利益要求差距较大,各方又都不肯作出让步,从而导致矛盾,形成对峙,使谈判呈现出一种不进不退的僵持局面。僵局产生的原因有很多,如谈判一方故意制造、双方立场观点对立、沟通障碍、谈判人员的偏见或成见、谈判人员的失误、利益合理要求的差距等。面对谈判僵局,要准确认识,冷静而理性地思考,协调好双方的利益,避免争吵。

(1) 僵局的利用和制造。

谈判者在谈判过程中利用谈判僵局,主要有两种原因:一是改变已有的谈判形势,提高己方在谈判中的地位;二是争取更有利的谈判条件。

制造僵局的一般方法是向对方提出较高的要求,要对方全面接受自己的条件。但要注意的是,这一高要求绝不能高不可攀。目标的高度应以略高于对方所能接受的最不利的条件为宜,以便最终通过自己的让步仍然能以较高的条件取得谈判成功。同时,对自己要求的条件,要提出充分的理由说明其合理性,以促使对方接受。

(2) 打破僵局的策略。

打破僵局常用策略有:用语言鼓励对方,运用休会策略,利用调节人调停,更换谈判人员或者由领导出面,有效退让,场外沟通,寻找替代的方案等。其他策略有:采取横向式的谈判,即换一个新的话题与对方谈判;从对方的漏洞中借题发挥;利用"一揽子"交易;适当馈赠;以硬碰硬等。

6. 结束商务谈判

(1) 结束商务谈判的契机。

当谈判者希望结束谈判时,必须选择适当的时机。通过察言观色,找到对方兴致最高的时候结束谈判,这样双方就会缔结一个令人满意的契约。

结束谈判的技术准备包括:对交易条件进行最后检查,确保价格、规格、仓储及运输、合同履行、索赔等交易条款的准确无误,可以在双方离去之前使用谈判书面记录,并由双方草签。

(2) 结束商务谈判的技巧。

在对方完全了解己方的产品及其价值,信赖己方,并有成交欲望的基础上,应准确把握时机,为圆满结束作出精心安排。通过回顾成果、强调一致、弥合差异、澄清问题等,有效地结束谈判。结束谈判的技巧主要有:

① 比较结束法:有利的比较结束法,置对方于很高地位来成交;不利的比较结束法,通过列举一些令人遗憾的事情来促进成交。

② 优待结束法:以让利、试用促使双方签约。

③ 利益结束法:突出利益损失,强调产品的好处,满足对方的特殊要求,促使对方作出决定。

④ 诱导结束法:诱导对方同意你的看法,最后迫使对方得出结论;或诱导对方提出反对意见,从而尽快成交。

⑤ 渐进结束法:把讨论的问题分为几个部分,然后一个阶段解决一部分问题,到了最后阶段,解决了最后一部分问题,谈判也就结束了。

⑥ 检查性提问结束法:提出一些带有检查性质的问题,可以试探对方立即签约的可能性。

⑦ 必然成交结束法:作出直接或间接的表示,促进对方签约,或直接呈请对方签字,也可以向对方提供两种可供选择的条件,使其在两者之中选择。

⑧ 趁热打铁结束法:抓住可以成交的瞬间机会,趁热打铁,促成签约。

⑨ "歼灭战"结束法:将力量集中在说服对方接受某一具有重大影响的问题上,随着一两个重要问题的解决,双方也即达成交易。

⑩ 推延决定结束法：如果对方不能马上作出决定，而且确实有原因的话，应立即建议对方推迟决定。

⑪ 书面确认结束法：面呈意见书，或者在休会期间写确认信。这种书面的材料要以高度概括的形式重复双方在业务洽谈中已达成的协议，并把对方所能得到的好处全都叙述一遍。

⑫ 规定最后期限：促使双方在谈判的最后期限或临近这个期限达成协议。

（五）商务谈判的技巧

1. 发问的技巧

在谈判场合的发问主要分为封闭式和开放式两大类。

封闭式发问是指在特定的领域带出特定的答复的问句，一般用"是"或"否"作为提问的要求，有选择式、澄清式、暗示式、参照式等句式。开放式发问是指在广泛的领域内带出广泛答复的问句，通常无法采用"是"或"否"等简单的措辞作出答复，有商量式、探索式、启发式等句式。

在谈判中不应提出有关对方个人生活、工作、品质等问题，不要提出含有敌意的问题，不提与谈判内容无关的问题。提出的问题必须能引起对方注意，使对方认真思考，避免提出那些可能会阻止对方让步的问题。不要以法官的语气来询问对方，提出问题的句式应尽量简短，提出问题后应保持沉默、闭口不言，专心致志地等待对方作出回答。

2. 回答的技巧

（1）商务谈判回答方式常见的有：含混式回答，针对式回答，局限式回答（将对方问题的范围缩小后再作回答），转换式回答（把话题引到其他方向去），反问式回答（用向对方提出其他问题来回答），拒绝式回答（寻找借口拒绝回答）等。

（2）回答的技巧主要有：

① 把握动机：把握对方提问的目的和动机，决定怎样回答。

② 部分回答：对方采用"投石问路"的策略，可只作局部的答复。

③ 谨慎回答：当没有弄清楚问题的确切含义时，不要随便作答。

④ 答非所问：当有些问题不好回答时或必须回答一些难以回答的问题、挑衅性的问题时，也可以以某种巧妙的非逻辑方式作出解答，从而摆脱困境。

⑤ 拖延答复：在表态时机未到的情况下可拖延答复，先延后答，或延而不答。

⑥ 模糊答复：借助一些宽泛模糊的语言进行答复，使自己的回答具有弹性。

⑦ 反问：在倾听完对方的问题后，通过抓住关键的问题向对方反问以掌握主动。

⑧ 沉默不答：有些不值得回答的问题完全可以不予理睬。

3. 论辩与说服的技巧

论辩中应避免以势压人、歧视揭短、本末倒置、喋喋不休；要观点明确、逻辑严密，态度要客观公正,不纠缠枝节,适可而止;处理好优劣势,注意举止气度。

说服的基本要求是理由充分,不要直截了当地反驳对方,不要随心所欲地提出个人的看法。说服他人的基本要诀是取得他人的信任,使对方产生一种"自己人"的感觉,从工作上、生活上、兴趣爱好上、共同熟悉的人或事等方面去寻找共同点,创造出"是"的良好氛围。在说服"顽固者"时,给他一个"台阶",采取"下台阶"法、等待法、迂回法、沉默法等。

商务谈判中说服的技巧有:要先讨论容易解决的问题,然后再讨论容易引起争论的问题;多向对方提出要求,多向对方传递信息,影响对方的意见;淡化与对方意见、观点、愿望的差异;强调合同中有利于对方的条件;结论要由自己明确地提出,不要让对方去揣摩;多次重复某些信息、观点,可促进对方对这些信息和观点的理解和接纳;以对方习惯的能够接受的方式、逻辑,去展开说服工作;不要奢望对方马上接受自己的要求,要先作必要的铺垫;强调互相合作、互惠互利的可能性、现实性,激发对方在对自身利益认同的基础上来接纳自己的意见和建议。

思考与练习

1. 什么是辩论?辩论的特点有哪些?
2. 校园辩论赛辩题的类型有哪些?应如何准备?
3. 什么是商务谈判?有哪些基本类型?
4. 商务谈判中如何报价?如何讨价还价?
5. 观看一场大学生辩论赛视频,就正反双方的辩题、立论、进攻、防守、战术、配合等论辩策略进行分析评价。
6. 自拟一项商务活动,分两组模拟一场商务谈判,从开局、报价、讨价还价、谈判语言等方面进行实训。

附录一 演讲语言训练

一、字词发音

（一）声母

1. 声母基础训练

b	辨别	壁报	标兵	背包	摆布	p	批评	批判	偏僻	澎湃	匹配
m	买卖	面目	盲目	美满	弥漫	f	方法	反复	仿佛	丰富	吩咐
d	达到	到底	等待	地点	大胆	t	团体	疼痛	抬头	谈天	探讨
n	奶奶	男女	恼怒	南宁	能耐	l	力量	理论	联络	来历	流露
g	哥哥	公共	改革	规格	灌溉	k	宽阔	刻苦	开垦	开阔	可靠
h	合乎	辉煌	后悔	缓和	欢呼	j	经济	解决	坚决	季节	将军
q	亲切	请求	亲戚	确切	情趣	x	学习	学校	现象	相信	消息
zh	政治	战争	真正	主张	指正	ch	长城	长处	出差	产ш	超出
sh	事实	少数	实施	闪烁	手术	r	仍然	软弱	柔软	容忍	荏苒
z	总则	宗族	罪责	自尊	藏族	c	草丛	苍翠	参差	层次	从此
s	洒扫	色素	思索	诉讼	松散						

　　八百标兵奔北坡，炮兵并排北边跑。炮兵怕把标兵碰，标兵怕碰炮兵炮。

　　板凳宽，扁担长，扁担绑在板凳上，板凳不让扁担绑在板凳上，扁担偏要绑在板凳上，也不知是扁担绑在了板凳上，还是板凳绑在了扁担上。

　　炮兵攻打八面坡，炮兵排排炮弹齐发射。步兵逼近八面坡，歼敌八千八百八十多。

　　吃葡萄不吐葡萄皮儿，不吃葡萄倒吐葡萄皮儿。

　　一平盆面烙一平盆饼，饼碰盆，盆碰饼。

　　调到敌岛打特盗，特盗太刁投短刀。挡推顶打短刀掉，踏盗得刀盗打倒。

2. 声母难点音练习

（1）z、c、s—zh、ch、sh。

z・zh　自・致　杂・闸　则・哲　灾・斋　早・找　走・肘　暂・占　怎・枕

c・ch　次・翅　擦・叉　册・彻　才・柴　草・吵　凑・臭　蚕・缠

s·sh	四·是	萨·厦	色·社	塞·筛	扫·少	艘·收	三·山 岑·尘 桑·商				
z—zh	自制	尊重	增长	作者	赞助	杂志	滋长	栽种	在职	自主
c—ch	财产	采茶	操场	操持	草创	磁场	促成	错处	餐车	彩绸
s—sh	散失	丧失	扫射	扫视	私事	死守	松手	宿舍	诉说	素食
zh—z	张嘴	振作	赈灾	正在	正字	正宗	知足	职责	指责	沼泽
ch—c	差错	场次	长辞	车次	陈醋	成材	冲刺	出操	锄草	储藏
sh—s	上司	上诉	哨所	深思	深邃	申诉	神色	生死	绳索	胜似

阻力——主力　暂时——战时　资源——支援　早稻——找到　自愿——志愿
粗布——初步　推辞——推迟　擦手——插手　村庄——春装　祠堂——池塘
桑叶——商业　肃立——树立　散光——闪光　近似——近视　司长——师长

四是四，十是十，十四是十四，四十是四十，四十四是四十四。
三山撑四水，四水绕三山。三山四水春常在，四水三山总是春。
三哥三嫂子，请借我三斗三升酸枣子，等我明年上山摘了酸枣子，再如数奉还三哥三嫂子这三斗三升酸枣子。
试将四十三支极细极细的紫丝线，试织四十三只极细极细的紫狮子，细紫丝线试织细紫狮子，细紫丝线却织成了死紫狮子，紫狮子织不成扯断了紫丝线，紫丝线扯断了也没织好紫狮子。

(2) n—l。

n·l	那·辣	耐·赖	内·类	闹·烙	难·蓝	暖·卵	农·龙	女·铝 囊·狼 能·棱 你·里 聂·列 鸟·了 您·林 娘·凉 柠·铃 牛·流 年·连 怒·路 挪·罗			
n—l	哪里	纳凉	耐劳	奶酪	脑力	内涝	内陆	努力	女郎	暖流 内力	
l—n	来年	烂泥	老年	老娘	老农	累年	冷暖	老衲	岭南	羚牛 冷凝	

浓重——隆重　女客——旅客　南天——蓝天　脑子——老子　大怒——大陆
闹灾——涝灾　鸟雀——了却　无奈——无赖　年代——连带　鲇鱼——鲢鱼

词语训练(利用或者克服前一音节末尾音素的影响发准后一音节的声母)：

① 前鼻韵尾-n＋鼻音声母 n。
困难　温暖　电脑　川南　关内　全年　全能　搬弄　版纳　叛逆　烦恼
胆囊　男女　烂泥　感念　含怒　瞻念　闪念　然诺　残年　本能　愤怒
② 开尾＋边音声母 l。
小楼　高楼　流露　流利　流落　考虑　巴黎　波兰　败露　保留　啪啦
马路　法律　打捞　塔轮　那里　拉力　支流　知了　制冷　支离　智略
③ 开尾＋鼻音声母 n。
河内　可能　怀念　热闹　河流　水泥　水鸟　水牛　大娘　下落　法力
拨弄　拜年　暴虐　海南　概念　暴虐　牦牛　悼念　逃难　老年　高能
④ 前鼻韵尾-n＋边音声母 l。
锻炼　森林　分类　辛辣　顺利　心理　显露　侵略　勤劳　亲历　眼泪
严厉　言论　炎凉　沿路　近来　尽力　禁例　原来　元老　饮料　引流

新脑筋,老脑筋,新脑筋不学习就会变成老脑筋,老脑筋勤学习就会变成新脑筋。
你能不能把公路柳树下的老奶牛,拉到牛南山下牛奶站的挤奶房来,挤了牛奶拿到柳林村,送给岭南乡托儿所的刘奶奶。
老农恼怒问老龙,老龙怒恼问老农;农怒龙恼农更怒,龙恼农怒龙怕农。

(3) f—h。
f·h　副·户　发·花　非·灰　反·缓　防·黄　风·轰　分·昏
f—h　发话　发狠　发慌　发挥　反悔　繁华　返回　饭盒
h—f　耗费　浩繁　豪放　号房　毫发　何妨　合法　和风

浮水——湖水　花费——花卉　幅度——弧度　乏力——华丽　犯病——患病
公费——工会　分钱——婚前　风箱——烘箱　船夫——传呼　富丽——互利

粉红墙上画凤凰,凤凰画在粉红墙。红凤凰,粉凤凰,红粉凤凰花凤凰。
纺织厂里有混纺布,红混纺布,粉混纺布,红粉混纺布,粉红混纺布。
山头上一堆肥,山腰上一堆粪,山脚下一堆灰,肥拌粪,粪拌灰,是肥肥过粪,还是粪肥过灰。

(二) 韵母
1. 韵母发音练习
a　　打靶　打岔　大厦　发达　砝码
o　　薄膜　磨破　佛教　观摩　广播
e　　隔阂　合格　合辙　客车　色泽

i	地理	笔记	基地	机器	利益
u	初步	出租	读书	服务	舒服
ü	聚居	旅居	女婿	区域	曲剧
-i（前）	此次	次子	字词	自私	
-i（后）	实质	史诗	誓师	事实	
er	儿歌	而且	儿童	耳朵	二十
ê	诶				
ai	爱戴	白菜	摆开	彩排	采摘
ei	北非	北美	蓓蕾	肥美	配备
ao	报告	吵闹	高潮	高烧	牢靠
ou	丑陋	兜售	抖擞	喉头	口头
ia	加价	假牙	掐下	压价	发芽
ie	结业	贴切	铁屑	斜街	谢谢
iao	吊桥	教条	叫嚣	苗条	渺小
iou	琉球	牛油	求救	绣球	悠久
ua	花袜	耍滑	夸奖	刷子	西瓜
uo	蹉跎	过错	啰唆	罗锅	骆驼
uai	怀揣	摔坏	外快	徘徊	奇怪
uei	摧毁	归队	灰堆	回归	汇兑
üe	绝学	雀跃	雪月	攻略	喜悦
an	繁难	反感	橄榄	感叹	汗衫
en	本分	本人	沉闷	愤恨	根本
ang	帮忙	长廊	厂房	当场	钢厂
eng	风声	丰盛	风筝	更正	冷风
ian	变迁	电线	简便	见面	连绵
in	濒临	金银	紧邻	尽心	民心
iang	将相	良将	踉跄	亮相	湘江
ing	精兵	经营	命令	宁静	评定
uan	传唤	宦官	贯穿	宽缓	酸软
uen	馄饨	混沌	昆仑	困顿	论文
uang	黄庄	狂妄	双簧	装潢	状况
ong	从容	动工	工农	共同	红松
ueng	老翁	水瓮	渔翁	蓊郁	蕹菜
üan	涓涓	全权	轩辕	渊源	圆圈

ün　　军训　均匀　军运　功勋　群众
iong　炯炯　汹涌　弟兄　歌咏　贫穷

2. 韵母难点音练习

(1) in—ing。

in·ing　阴·鹰　林·灵　进·竟　亲·轻　贫·平　民·明　新·星
in—ing　心情　禁令　民警　品行　聘请　进行　新兴　尽情　心灵　拼命
ing—in　听信　灵敏　清音　挺进　平民　平信　迎亲　影印　领巾　清新

金质——精致　禁止——静止　人民——人名　信服——幸福　频繁——平凡
亲近——清净　金银——经营　寝室——请示　临时——零食　金鱼——鲸鱼

东洞庭,西洞庭,洞庭山上一根藤,藤条顶上挂铜铃,风起藤动铜铃响,风停藤定铜铃静。

天上看,满天星;地下看,有个坑;坑里看,有块冰。坑外长着一老松,松上落着一只鹰,鹰下坐着一老僧,僧前放着一部经,经前点着一盏灯,墙上钉着一根钉,钉上挂着一张弓。说刮风,就刮风,刮得那男女老少难把眼睛睁。刮散了天上的星,刮平了地上的坑,刮化了坑里的冰,刮倒了坑外的松,刮飞了松上的鹰,刮走了鹰下的僧,刮乱了僧前的经,刮灭了经前的灯,刮掉了墙上的钉,刮翻了钉上的弓。这是一个星散、坑平、冰化、松倒、鹰飞、僧走、经乱、灯灭、钉掉、弓翻的绕口令。

杨柳青青江水平,闻郎岸上踏歌声。东边日出西边雨,道是无晴还有晴。(刘禹锡《竹枝词二首》其一)

(2) en—eng。

en·eng　奔·绷　盆·朋　门·盟　分·风　跟·耕　肯·坑　痕·横
en—eng　真诚　本能　深层　奔腾　真正　神圣　文风　纷争　门风
eng—en　成本　成分　登门　承认　成人　诚恳　城镇　风尘　缝纫

陈旧——成就　申明——声明　木盆——木棚　清真——清蒸
瓜分——刮风　绅士——声势　人参——人生　诊治——整治

明镜高悬　巾帼英雄　妙趣横生　临危授命　心想事成　前程似锦
高歌猛进　人命危浅　分崩离析　精神百倍　心惊胆战　人声鼎沸

老彭拿着一个盆,路过老陈住的棚,盆碰棚,棚碰盆,棚倒盆碎棚压盆。老陈要赔老彭的盆,老彭不要老陈来赔盆。老陈陪着老彭去补盆,老彭帮着老陈来修棚。

十字路口指示灯,红黄绿灯要分清。红灯停绿灯行,行停停行看灯明。

好雨知时节,当春乃发生。随风潜入夜,润物细无声。野径云俱黑,江船火独明。晓看红湿处,花重锦官城。　　　　　　　　　　　　（杜甫《春夜喜雨》）

(3) o—e—uo 字音辨正练习。

kèchē	gēshě	zhéshè	hèsè	kēkè	huòzhě	guógē
客车	割舍	折射	褐色	苛刻	或者	国歌
géhé	hézhé	zhéhé	tèsè	kēzé	cuōhe	zuò'è
隔阂	合辙	折合	特色	苛责	撮合	作恶
cuōtuó	guòcuò	luòtuo	luōsuo	nuòruò	mókè	pògé
蹉跎	过错	骆驼	啰唆	懦弱	摹刻	破格
huǒguō	huózhuō	tuōluò	tuóluó	kuòchuò	bòhe	mòhé
火锅	活捉	脱落	陀螺	阔绰	薄荷	墨盒
kèzuò	èmó	kèzhuō	rěhuò	gēbo	bōzhé	mótè
客座	恶魔	课桌	惹祸	胳膊	波折	模特
èguǒ	lèsuǒ	zhémó	gémó	kèbó		
恶果	勒索	折磨	膈膜	刻薄		

褐色——货色　开课——开阔　格式——国事　河水——活水
客气——阔气　黄鹤——惶惑　合力——活力　客人——阔人

得寸进尺　道听途说　各得其所　各个击破　和盘托出　硕果仅存
过河拆桥　祸国殃民　捉襟见肘　绰绰有余　弱不禁风　所见所闻

河边两只鹅,一同过了河;白鹅去吃草,黑鹅来搭窝。冬天北风刮,草窝真暖和;住在草窝里,哦哦唱支歌。

太阳从西往东落,听我唱个颠倒歌。天上打雷没有响,地上石头滚上坡。江里骆驼会下蛋,山上鲤鱼搭成窝。腊月苦热直流汗,六月暴冷打哆嗦。姐在房中头梳手,门外口袋把驴驮。

莫唱当年《长恨歌》,人间亦自有银河。石壕村里夫妻别,泪比长生殿上多。（袁枚《马嵬》）

(三) 声调

1. 普通话调值训练

八　拍　贴　多　拉　装　宣　夸　叼　张
棉　人　陈　黄　楼　盆　鱼　学　流　谁
海　者　水　永　苦　养　酒　暖　准　你

质 亚 绩 筑 壁 换 岁 蒜 祝 蜡

妈——麻——马——骂 巴——拔——把——爸 区——渠——取——去

乌——吴——五——务 衣——移——椅——易 迁——余——雨——玉

阴阴	分工	中央	军官	功勋	交通	飞机	星期	音标	精装	交叉
阴阳	工人	光芒	忽然	章节	中国	包含	英雄	宣传	单元	编辑
阴上	真理	思考	推理	参考	工厂	胶水	开水	针灸	包裹	颠倒
阴去	经验	工具	机械	工作	脱粒	翻地	吃饭	音乐	侵略	车辆
阳阴	淮阴	崇高	行星	红花	农村	镰刀	船舱	晴天	原因	长征
阳阳	和平	时常	轮流	船头	棉田	红旗	黎明	农民	同时	重叠
阳上	锄草	邮筒	糖果	苹果	牛奶	棉袄	狭窄	营养	杂草	凉水
阳去	革命	文化	学术	文件	实验	原料	劳动	实物	合唱	排队
上阴	火车	老师	北方	指标	雨衣	小说	海军	体操	马鞍	垦荒
上阳	口型	朗读	古文	考察	改革	旅行	祖国	果园	坦白	导游
上上	改选	举手	指导	讲演	本领	首长	总理	保险	勇敢	友好
上去	土地	柳树	打破	改建	纽扣	典范	广大	巩固	挑战	懂事
上轻(1)	耳朵	谷子	姐姐	姥姥	马虎	椅子				
上轻(2)	打手	裹腿	老鼠	哪里	响午	小姐				
去阴	卫星	电灯	日光	陆军	月刊	特征	步枪	列车	大家	气功
去阳	汽油	辟谣	麦苗	贵阳	药丸	皱纹	种植	会谈	菜园	教材
去上	入伍	跳舞	制止	特写	字母	汉语	字典	历史	大脑	办法
去去	遍地	扩大	论调	地道	贺信	注意	示范	大会	预告	汉字
阴阴阴	拖拉机	金沙江	机关枪	公积金	冬瓜汤	冲锋枪	呼啦圈			
阳阳阳	联合国	儿童节	洪泽湖	颐和园	男同学	圆明园	吉祥图			
上上上	展览馆	选举法	手写体	蒙古语	洗脸水	演讲稿	勇敢者			
去去去	促进派	备忘录	烈士墓	售票处	运动会	现代化	互助会			
阴阴阴阴	居安思危	江山多娇	春天花开	息息相关	声东击西					
阳阳阳阳	闻名全球	提前完成	和平繁荣	全员团结	名存实亡					
上上上上	岂有此理	党小组长	五把雨伞	请往北走	本厂产品					
去去去去	爱护备至	变幻莫测	意气用事	创造纪录	浴血奋战					
阴阳上去	花红柳绿	山明水秀	风调雨顺	花团锦簇	山河锦绣					
去上阳阴	大好河山	万古长青	热火朝天	耀武扬威	妙手回春					
混合训练	虚怀若谷	轻描淡写	信口开河	得心应手	五光十色					

2. 声调比较训练

大师——大石——大使——大事　失势——实施——史诗——事实

知识——直视——指示——制式　厂方——厂房——常访——常放

医务——贻误——义务——异物　艰巨——检举——间距——荐举

3. 句子训练

(1) 翠绿的颜色明亮地在我们的眼前闪耀,似乎每一片树叶上都有一个新的生命在颤动,这美丽的南国的树!

(2) 我八岁的时候独自翻过几座大山,把我养的一头老黄牛从深山里找回来。

(3) 这时候,光亮的不仅是太阳、云和海水,连我自己也成了光亮的了。

(4) 每人手捧一大束鲜花,有水仙、石竹、玫瑰及叫不出名字的,一色雪白。

4. 绕口令、诗文训练

(1) 一二三,三二一,一二三四五六七,七六五四三二一。一个姑娘来摘李,一个小伙儿来摘梨,一个小孩儿来拣栗。三人一起出大力,摘完李子栗子梨,拉到市上去赶集。

(2) 风急天高猿啸哀,渚清沙白鸟飞回。无边落木萧萧下,不尽长江滚滚来。万里悲秋常作客,百年多病独登台,艰难苦恨繁双鬓,潦倒新停浊酒杯。(杜甫《登高》)

5. 入声训练

逼——鼻——笔——壁　积——极——己——迹　磕——壳——渴——克

摸——膜——抹——莫　扑——仆——朴——瀑　叔——熟——属——术

歇——协——血——屑　削——穴——雪——血　扎——闸——眨——栅

(1) 雨密密地斜织着,人家屋顶上全笼着一层薄烟,树叶儿也绿得发亮。

(2) 可万万没想到,这么一位在艺术上日趋辉煌、前途不可估量的小猴娃,竟然被白血病这个病魔无情地夺走了生命,年仅十六岁。他的英年早逝,着实令人痛惜不已。

(3) 我翻阅照相册时,人们总是问:"你爸爸是什么样子的?"天晓得! 他老是忙着替别人拍照,妈和我笑容可掬地一起拍的照片,多得不可胜数。

(4) 爸爸等于给我一个谜语,这谜语比课本上的"日历挂在墙壁,一天撕去一页,使我心里着急"和"一寸光阴一寸金,寸金难买寸光阴"还让我感到可怕;也比作文本上的光阴似箭日月如梭更让我觉得有一种说不出的滋味。

(5) 匆匆过往的行人纷纷止步,把钱投进这些老人身旁的白色木箱内,然后向他们微微鞠躬,从他们手中接过一朵花。

6. 综合训练

(1) 注意同一个字在不同词语中的不同读音,读准下面的词语。

假如——假日　　空白——空中　　吐气——呕吐　　供应——供认
铺排——铺位　　栏杆——笔杆　　挑水——挑拨　　良种——种植
处理——处所　　中心——看中　　少数——少年　　冲突——冲床
缝纫——缝隙　　倒塌——倒叙　　旋即——旋风　　脏话——脏腑
美好——喜好　　教书——教育　　号叫——号召　　背包——背后
鸟笼——笼络　　发现——发型　　揣度——制度　　复辟——开辟
骨气——骨碌　　别离——别扭　　参观——参差　　臭气——乳臭
漂流——漂亮　　模范——模样　　外壳——地壳　　为难——为何
颜色——掉色　　强大——强迫　　好坏——好恶　　磨难——磨坊

(2) 为下面的多音字组词(不少于两个音,每个音组一个词),然后再朗读。

看(看见　看守)　菌(　　)　好(　　)　难(　　)
曲(　　)　夹(　　)　禁(　　)　喷(　　)
分(　　)　量(　　)　处(　　)　号(　　)
载(　　)　济(　　)　假(　　)　恶(　　)
累(　　)　扎(　　)　钻(　　)　奔(　　)
把(　　)　创(　　)　称(　　)　钉(　　)
更(　　)　哄(　　)　划(　　)　磨(　　)
晃(　　)　切(　　)　丧(　　)　帖(　　)

(3) 朗读下面的常用字词,并记住它们的声调。

法 fǎ　　　质 zhì　　　压 yā　　　百 bǎi　　　即 jí　　　北 běi　　　研 yán
积 jī　　　纪 jì　　　突 tū　　　微 wēi　　　室 shì　　　究 jiū　　　织 zhī
置 zhì　　适 shì　　　铁 tiě　　　企 qǐ　　　析 xī　　　块 kuài　　侵 qīn
甲 jiǎ　　乙 yǐ　　　息 xī　　　概 gài　　　脚 jiǎo　　宜 yí　　　笔 bǐ
督 dū　　振 zhèn　　危 wēi　　　播 bō　　　探 tàn　　召 zhào　　塔 tǎ
湿 shī　　索 suǒ　　　予 yǔ　　　雪 xuě　　　吨 dūn　　您 nín　　谷 gǔ
萨 sà　　仪 yí　　　毕 bì　　　震 zhèn　　拥 yōng　　抱 bào　　颗 kē
柏 bǎi　　倡 chàng　惩 chéng　档 dàng　　蹈 dǎo　　堤 dī　　　逗 dòu
帆 fān　　估 gū　　　疾 jí　　　脊 jǐ　　　茎 jīng　　慨 kǎi　　框 kuàng
辆 liàng　聋 lóng　　匹 pǐ　　　踢 tī　　　秃 tū　　　伪 wěi　　隙 xì
袭 xí　　穴 xué　　　蚁 yǐ　　　倚 yǐ　　　谊 yì　　　蝇 yíng　　眨 zhǎ

宅 zhái　　窄 zhǎi　　浙 zhè　　诊 zhěn　　匕 bǐ　　蝙 biān　　糙 cāo
侈 chǐ　　玷 diàn　　讹 é　　扼 è　　遏 è　　氛 fēn　　瑰 guī
畸 jī　　嫉 jí　　疚 jiù　　眶 kuàng　　澜 lán　　蕾 lěi　　敛 liǎn
靡 mǐ　　摹 mó　　泞 nìng　　嵌 qiàn　　韧 rèn　　纫 rèn　　冗 rǒng
蠕 rú　　褥 rù　　淑 shū　　捕 bǔ　　腕 wàn　　薇 wēi　　桅 wéi
苇 wěi　　萎 wěi　　紊 wěn　　恤 xù　　婿 xù　　讶 yà　　掖 yē
抑 yì　　陨 yǔn　　晾 liàng　　憎 zēng　　蔗 zhè　　疹 zhěn　　拙 zhuō
殓 liàn　　砸 zá

中庸 zhōngyōng　　憎恨 zēnghèn　　脂肪 zhīfáng　　黄鹂 huánglí
炎热 yánrè　　眼眶 yǎnkuàng　　收敛 shōuliǎn　　慷慨 kāngkǎi
翘首 qiáoshǒu　　间隙 jiànxì　　酩酊 mǐngdǐng　　良莠 liángyǒu
陨落 yǔnluò　　肖像 xiàoxiàng　　纪律 jìlǜ　　殡葬 bìnzàng
倡导 chàngdǎo　　狩猎 shòuliè　　勘探 kāntàn　　绮丽 qǐlì
伪装 wěizhuāng　　妇孺 fùrú　　板块 bǎnkuài　　档案 dàng'àn
企业 qǐyè　　鱼鳔 yúbiào　　针灸 zhēnjiǔ　　沮丧 jǔsàng
帆船 fānchuán　　蜿蜒 wānyán

（四）音变

1. "一""不"变调练习

一　　一　十一　一一得一　第一　始终如一　一九九一年一月一日
　　　一边　一家　一筐　一生　一条　一直　一行　一门
　　　一举　一口　一捆　一起　一共　一个　一律　一切
不　　不安　不低　不高　不慌　不平　不然　不祥　不扬
　　　不倒　不短　不可　不已　不够　不顾　不济　不惑

一窍不通　一丝不苟　一丝不挂　一尘不染　一败涂地　一鼓作气
一心一意　一毛不拔　一蹶不振　一成不变　一波三折　一技之长
不可一世　不稼不穑　不堪一击　不稂不莠　不即不离　不卑不亢
不蔓不枝　不知所云　不赞一辞　不一而足　不败之地　不白之冤

2. 轻声训练

东边　丫头　珠子　松快　他的　哥哥　说了　先生　休息　姑娘　庄稼
南边　锄头　竹子　凉快　白天　财主　粮食　朋友　明白　蘑菇　皮匠
右边　罐头　柱子　痛快　爱人　簸箕　畜生　道士　队伍　厚道　忌妒
左边　枕头　主子　爽快　本钱　比方　打扮　口袋　马虎　牡丹　脑袋

打点　打手　哪里　晌午　找补　指头　小姐

地理——地里　服气——福气　莲子——帘子　包含——包涵　笔试——比试
电子——垫子　近来——进来　堤防——提防　主义——主意　把守——把手
报仇——报酬　服饰——服侍　感情——敢情　手势——首饰　先声——先生

3. 儿化练习
头——头儿　坐——座儿　眼——眼儿　小便——小辫儿　加油——加油儿
点——点儿　活——活儿　圈——圈儿　上座——上座儿　小人——小人儿

进了门儿，倒杯水儿，喝了两口儿运运气儿，顺手儿拿起小唱本儿。唱一曲儿，又一曲儿，练完嗓子练嘴皮儿。绕口令儿，练字音儿，还有单弦儿牌子曲儿；小快板儿，大鼓词儿，越说越唱越带劲儿。

小狗儿回家来拿盆儿，盆儿里放着小玩意儿。玩意儿送给小金鱼儿。金鱼儿一接没接着，一掉掉到水缸底儿。找来找去找不着，缸底儿净是石头子儿，就是没有小玩意儿。

二、朗读

朗读时一定要首先把握好基调，朗读基调是指作品中总的感情色彩和分量以及朗读者的具体态度。感情色彩有喜怒哀乐之分，态度有褒贬之别，其中又有分寸火候的差异。朗读者要从作品的针对性和目的上去把握态度，更要从作品中的人物、事件或作者的情感倾向、风格特点等综合因素上去揣摩其感情色彩，并且用声音把这种种复杂的情感表达出来，使之产生巨大的感染力。

（一）清新舒展、安谧宁静类

这类作品内容平和宁静，要求朗读时气息深而长；音量偏小，舒缓平和；语速较慢；声音偏暗、亲切、柔和、饱含深情。

1. 春天（节选）

春天，大地从寒冬里苏醒复活过来，被人们砍割过陈旧了的草木茬上，又野性茁壮地抽出了嫩芽。不用人工修培，它们就在风吹雨浇和阳光的抚照下，生长起来。这时，遍野是望不到边的绿海，衬托着红的、白的、黄的、紫的……种种野花卉，一阵潮润的微风吹来，那浓郁的花粉青草气息，直向人心里钻。无论谁，都会把嘴张大，深深地向里呼吸，像痛饮甘露似的感到陶醉、清爽。

2. 春深似海——老舍《五月的青岛》（节选）

……看一眼路旁的绿叶，再看一眼海，真的，这才明白了什么叫作"春深似海"。绿,鲜绿、浅绿、黄绿、灰绿,各种的颜色,联接着、交错着、变化着、波动着,一直绿到天边,绿到山脚,绿到渔帆的外边去。风不凉,浪不高,船缓缓地走,燕低低地飞,街上的花和海上的咸混到一处,浪漾在空,水在面前,而绿意无限,可不是,春深似海!

3. 荷塘月色——朱自清《荷塘月色》(节选)

曲曲折折的荷塘上面,弥望的是田田的叶子。叶子出水很高,像亭亭的舞女的裙。层层的叶子中间,零星地点缀着些白花,有袅娜地开着的,有羞涩地打着朵儿的;正如一粒粒的明珠,又如碧天里的星星,又如刚出浴的美人。微风过处,送来缕缕清香,仿佛远处高楼上渺茫的歌声似的。这时候叶子与花也有一丝的颤动,像闪电般,霎时传过荷塘的那边去。叶子本是肩并肩密密地挨着,这便宛然有了一道凝碧的波痕。叶子底下是脉脉的流水,遮住了,不能见一些颜色;而叶子却更见风致了。

(二) 高亢明亮、气势磅礴类

这类作品内容富有感染力、号召力,要求朗读时气息稳定扎实,声音庄重大方,吐字力度均匀,字正腔圆,粒粒外送,有穿透力。

1. 大会报告结束语

同志们!从上世纪20年代起,几十年来,中国共产主义的先驱者们,中国人民数以百万计的光荣革命战士和先烈们,流血牺牲,英勇奋斗,奠定了今天中国的局面。在新时期中,让我们继承先烈的遗志,在祖国的辽阔大地上,干出一番前人从来没有做过的伟大事业吧!

2. 林肯《葛底斯堡演说》(节选)

87年前,我们的先辈在这块大陆上创建了一个新的国家。这个国家孕育于自由之中,奉行人人生而平等的原则。

现在我们正卷入一场伟大的内战,这场内战考验着这个国家,或者考验着任何一个孕育于自由并奉行上述原则的国家,是否能够长久存在下去。现在我们在这场战争中的一个伟大的战场上集会。我们来到这里,是要把这个战场的一部分,作为最后安息之所奉献给他们,奉献给那些为使这个国家能够生存下去而献出了自己的生命的烈士们。我们这样做是完全应该而且是十分恰当的。

……世人们不大会注意,也不会长久地记住我们今天在这里所说的话,但勇士们在这里的丰功伟绩,世人们却永远不会忘记。所以更确切地说,倒是我们这些还活着的人,应该在这里把自己奉献于勇士们为之战斗但尚未完成的伟业,是他们把这伟业已经如此辉煌地向前推进了;倒是我们应该在这里把自己奉献于仍旧摆在我们面前的伟大任务——我们要从这些光荣的逝者身上，汲取更多的献身精神，去完成他们已经为之献出全部生命的事业；我们要在这里下定最大的决心，绝不让这些逝者白白牺牲生命；我们要使这个国家在上帝福佑下得到自由的新生；我们还要使这个民有、民治、民享的政府在地球上永世长存。

（三）热情赞美、骄傲自豪类

朗读这类作品时应由衷赞美，热情昂扬。要点是：气息深厚、扎实、通畅；声音宽厚明亮、开阔抒情、柔中有刚；节奏明快，昂扬向上；吐字清晰饱满、圆润集中，有力度但不凝塞；语势舒展。

1. 赞美大庆人

赞美你呀！大庆的秋天！你像神奇的彩笔挥洒而成的巨幅画卷，你秋日的景色竟是这样五彩缤纷。草地上，一片鹅黄，一片嫣红，一片靛蓝，一片蛋青……你浑似一篇气势恢宏的锦绣文章，读着你不能不引人思索，思索着大庆人，思索着整个中国工人阶级，它的意志，它的力量，它的业绩，它的襟怀和理想……

2. 赞美大草原

多么平坦，多么宽阔，无边无际的原野，从眼前向四面八方伸展开去，伸展开去，直到那渺茫的尽头，远与天接。望着你，怎能不心旷神怡，豁然开朗！你啊，襟怀坦荡、气度恢宏的草原！

3. 赞美护士

每一个患者在病魔的折磨中，都会感到护士的亲切温暖，她为你的痛苦而焦虑，为你的痊愈而欢欣。接你进来的时候，和你一样愁眉不展；送你出院的时候，和你一样笑容满面。她，为了生命的安全，为了别人的欢乐，走遍了各个房间，踏破了一道道门槛，日夜不眠，汗水成串；她，不为名，不图利，用自己的生命和热情，协助大夫使无数垂危的生命，起死回生，转危为安；她，默默无闻地为患者贡献出自己的青春、智慧和心血。护士的这种高贵品德，令我们无不起敬肃然。

4. 赞美马克思——恩格斯《在马克思墓前的演说》

正因为这样，所以马克思成为当代最遭嫉恨和受到最多污蔑的人。各国政府——无论是专制政府或共和政府都驱逐他；资产者——无论保守派或极端民主派，都竞相诽谤他，诅咒他。他对这一切毫不在意，把它们当作蛛丝一样轻轻抹去，只是在万分必要时才给予答复。现在他逝世了，在整个欧洲和美洲，从西伯利亚矿井到加利福尼亚，千百万革命战友无不对他表示尊敬、爱戴和悼念，而我可以大胆地说：他可能有过许多敌人，但几乎没有一个私敌。

他的英名和事业将永垂不朽!

5. 高尔基《海燕》

在苍茫的大海上,风聚集着乌云。在乌云和大海之间,海燕像黑色的闪电高傲地飞翔。

一会儿翅膀碰着海浪,一会儿箭一般地直冲云霄,它叫喊着——在这鸟儿勇敢的叫喊声里,乌云听到了欢乐。

在这叫喊声里,充满着对暴风雨的渴望!在这叫喊声里,乌云感到了愤怒的力量、热情的火焰和胜利的信心。

海鸥在暴风雨到来之前呻吟着——呻吟着,在大海上面飞窜,想把自己对暴风雨的恐惧,掩藏到大海深处。

海鸭也呻吟着——这些海鸭呀,享受不了生活的战斗的欢乐;轰隆隆的雷声就把它们吓坏了。

愚蠢的企鹅,畏缩地把肥胖的身体躲藏在峭崖底下……只有那高傲的海燕,勇敢地、自由自在地,在翻起白沫的大海上面飞翔。

乌云越来越暗,越来越低,向海面压下来;波浪一边歌唱,一边冲向空中去迎接那雷声。

雷声轰响,波浪在愤怒的飞沫中呼啸着,跟狂风争鸣。看吧,狂风紧紧抱着一堆巨浪,恶狠狠地扔到峭崖上,把这大块的翡翠摔成尘雾和水沫。

海燕叫喊着,飞翔着,像黑色的闪电,箭一般地穿过乌云。翅膀刮起波浪的飞沫。

看吧,它飞舞着像个精灵——高傲的、黑色的暴风雨的精灵——它一边大笑,它一边高叫……它笑那些乌云,它为欢乐而高叫!

这个敏感的精灵,从雷声的震怒里早就听出困乏,它深信乌云遮不住太阳——是的,遮不住的!风在狂吼……雷在轰响……

一堆堆的乌云像青色的火焰,在无底的大海上燃烧。大海抓住金箭似的闪电,把它熄灭在自己的深渊里。闪电的影子,像一条条的火舌,在大海里蜿蜒浮动,一晃就消失了。

暴风雨!暴风雨就要来啦!

这是勇敢的海燕,在闪电之间,在怒吼的大海上高傲地飞翔。这是胜利的预言家在叫喊:

让暴风雨来得更猛烈些吧!

(四) 轻松活泼、风趣幽默类

朗读活泼欢快的内容,要求颧肌上提,热情兴奋;气息灵活变化多;用声较偏前、音高柔和;口腔状态较松弛,舌头灵活;字音弹发快而饱满。

1. 儿歌《柳条儿青,柳条儿长》

柳条儿青,柳条儿长,柳条儿随风在摇荡,摇来了春天,摇来了小鸟,摇得那湖水闪闪亮。/柳条儿青,柳条儿长,柳条儿随风在摇荡,我做支柳笛吹起来,嘀呖呖像小鸟儿在歌唱。/柳条儿青,柳条儿长,柳条儿随风在摇荡,请来春姑娘荡秋千,秋千挂在柳条上。

2. 不能把龚鼎除名——王蒙《说客盈门》

(糨糊厂按照厂规解除了龚鼎这个县委第一把手的表侄的合同,竟引起了全县的六级地震。说客们络绎不绝地来找丁厂长。十二天里竟有199.5人次。)

有的口若悬河,转动着起死回生之巧舌。有的正颜厉色,流露着吞天吐地之威势。有的点头哈腰,春风杨柳,妩媚多姿。有的胸有成竹,慢条斯理,一分钟挤出一两个字来,但神态上透露着不达目的决不罢休,不达目的宁可抱着丁一去跳山崖,决不让丁一一家踏踏实实活下去的顽强劲儿。有的带着礼物:从盆花到臭豆腐。有的带着许诺:从三间北房到一辆"凤凰"。有的带着威胁——从说丁一自我孤立到说丁一绝无好下场。有的从维护党的威信——第一把手的面子出发。有的从忧虑丁一的安全、前途和家属的命运出发。有的从促进全县全区全省全国的安定团结出发。有的从保障工人的人权、民主、自由出发。有老同事,有老同学,有老上级,有老部下;有战友、病友、难友、酒肉朋友,还有已故老人的家属、后人。有年高德劭的,有年轻有为的。本厂有些在处理龚鼎问题上投过赞成票的人们也纷纷前来表示自己经过慎重考虑,改变了主意。所有这些人动机不同、调子不同、用词不同,但都有一个共同的观点——不能把龚鼎除名。

3. 阿凡提的选择

一天,国王问阿凡提:"阿凡提,要是你面前一边是金钱,一边是正义,你选择哪一样呢?"

"我愿意选择金钱。"阿凡提回答。

"你怎么了,阿凡提?"国王说:"要是我呀,一定要正义,绝不要金钱。金钱有什么稀罕,正义可是不容易找到的啊!"

"谁缺什么,就想要什么,我的陛下。"阿凡提说,"你想要的东西,正是你所缺少的啊!"

4. 小孩哭了

一天,一辆殡仪车从殡仪馆开出,一个小孩跑出来直追那辆殡仪车,还哭着大喊："爸爸！爸爸！别走！"周边的人都对小孩感到同情,正准备安慰他节哀顺变,突然殡仪车停了下来。司机走下车对那个小孩说："吵什么啊,老爸下班就带你去玩！"

（五）低沉压抑、哀伤悲痛类

朗读这类作品时应心情沉痛,色彩哀伤。要点是：气息下沉、舒缓、均匀；声音暗弱、低沉、偏虚,胸腔共鸣较多；字音缓缓送出,音节较长,停顿较长,节奏偏慢；甚至断断续续,时有叹息。

忧伤凄苦的内容,气息沉缓；用声较暗弱、沉重,咬字迟滞,伴有句中停顿或句间间歇等。

1. 悼念敬爱的周总理

总理的灵车徐徐开来。灵车四周挂着黑黄两色的挽幛,上面佩着大白花,庄重、肃穆。人们怀着沉痛的心情,尾随着灵车移动。灵车所到之处,像是一个无声的指挥,老人、孩子、青年都不约而同地站直了身体,摘下了帽子,向灵车致敬,哭泣着,顾不上擦去腮边的泪水,舍不得眨眨眼睛。人们心里都在深深地默念着："敬爱的周总理,我们想念您啊,想念您！您永远活在我们心里,永远活在人民心中！"

2. 鲁迅《为了忘却的纪念》（节选）

前年的今日,我避在客栈里,他们却是走向刑场了；去年的今日,我在炮声中逃在英租界,他们则早已埋在不知哪里的地下了；今年的今日,我才坐在旧寓里,人们都睡觉了,连我的女人和孩子。我又沉重地感到我失掉了很好的朋友,中国失掉了很好的青年,我在悲愤中沉静下去了,不料积习又从沉静中抬起头来,写下了以上那些字。

....

不是年青的为年老的写记念,而在这三十年中,却使我目睹许多青年的血,层层淤积起来,将我埋得不能呼吸,我只能用这样的笔墨,写几句文章,算是从泥土中挖一个小孔,自己延口残喘,这是怎样的世界呢。夜正长,路也正长,我不如忘却,不说的好罢。但我知道,即使不是我,将来总会有记起他们,再说他们的时候的。……

3. 苏轼《江城子·乙卯正月二十日夜记梦》

十年生死两茫茫,不思量,自难忘。千里孤坟,无处话凄凉。纵使相逢应不识,尘满面,鬓如霜。　夜来幽梦忽还乡,小轩窗,正梳妆。相顾无言,唯有泪千行。料得年年肠断处,明月夜,短松冈。

(六) 威严激昂、大义凛然类
朗读这类作品时应气息深沉,声音结实、饱满、刚健,感情色彩强烈。

1. 正气凛然,坚定有力——《高山下的花环》中雷军长战前演说(节选)

（眼前,这"雷神爷"为何又甩帽?人们目瞪口呆!只见他在台上来回踱了几步又站定,双手卡腰,怒气难抑,终于,炸雷般的喊声从麦克风传出）

我的大炮就要万炮轰鸣,我的装甲车就要隆隆开进!我的千军万马就要去杀敌!就要去拼命!就要去流血!可刚才,有那么个神通广大的贵妇人,她竟有本事从几千里之外,把电话要到我这前沿指挥所。她来电话干啥?她来电话是要我给她儿子开后门,让我关照关照她儿子!奶奶的!走后门,她竟敢走到我这流血牺牲的战场上!我在电话里把她臭骂了一顿!我雷某不管她是天老爷的夫人,还是地老爷的太太。走后门,谁敢把后门走到我这流血牺牲的战场上,没二话,我雷某要让她的儿子第一个扛上炸药包,去炸碉堡!去炸碉堡!!

2. 慷慨激昂,斩钉截铁——电影《创业》中石油工人周挺杉的话

国家没有油,国家有压力,咱们是石油工人,咱们是国家的主人,要分担这个压力。我就不信,石油就埋在人家的地底下,咱们这么大的国家就没有油!你刚才说的,对我是火上浇油,烧着我们石油工人的心!好容易找到大油田了,能不上?上,有困难;不上,就更困难!我们有条件要上,没有条件,想方设法,拼死拼活也要上!

一个国家要有民气,一个队伍要有士气,一个人要有志气。有了这三股气,封锁怕什么?扔原子弹怕什么?我们顶天立地地活着!我们不拒绝外援,但是我们不乞求外援,我们要维护自己的政治独立,根据自己的特点,我们能够自力更生地建设好我们的国家!

(七) 庄重严肃、义正词严类
朗读这类作品时应气息沉稳扎实;声音偏厚,以刚为主,坚定有力;吐字干脆利索、清晰度高、字音饱满;节奏明快,不拖泥带水;切忌空泛高喊。

1. 愤怒驳斥——鲁迅《"友邦惊诧"论》(节选)

好个"友邦人士"!日本帝国主义的兵队强占了辽吉,炮轰机关,他们不惊诧;阻断铁路,追炸客车,捕禁官吏,枪毙人民,他们不惊诧。中国国民党治下的连年内战,空前水灾,卖儿救穷,砍头示众,秘密杀戮,电刑逼供,他们也不惊诧。在学生的请愿中有一点纷扰,他们就惊诧了!

好个国民党政府的"友邦人士"!是些什么东西!

2. 勇往直前,斩钉截铁——闻一多《最后一次演讲》(节选)

这几天,大家晓得,在昆明出现了历史上最卑劣,最无耻的事情!李先生究

竟犯了什么罪,竟遭此毒手?他只不过用笔写写文章,用嘴说说话,而他所写的,所说的,都无非是一个没有失掉良心的中国人的话!大家都有一支笔,有一张嘴,有什么理由拿出来讲啊!有事实拿出来说啊!为什么要打要杀,而且又不敢光明正大的来打来杀,而偷偷摸摸的来暗杀!这成什么话?

今天,这里有没有特务?你站出来!是好汉的站出来!你出来讲!凭什么要杀死李先生?杀死了人,又不敢承认,还要污蔑人,说什么"桃色事件",说什么共产党杀共产党,无耻啊!无耻啊!这是某集团的无耻,恰是李先生的光荣!李先生在昆明被暗杀,是李先生留给昆明的光荣!也是昆明人的光荣!

…………

……你们杀死一个李公朴,会有千百万个李公朴站起来!你们将失去千百万的人民!你们看着我们人少,没有力量。告诉你们,我们的力量大得很!多得很!看今天来的这些人,都是我们的人,都是我们的力量!此外还有广大的市民!我们有这个信心:人民的力量是要胜利的,真理是永远存在的。历史上没有一个反人民的势力不被人民毁灭的!希特勒,墨索里尼不都在人民之前倒下去了吗?翻开历史看看,你还站得住几天!你完了,快完了!我们的光明就要出现了。我们看,光明就在我们眼前,而现在正是黎明之前那个最黑暗的时候。我们有力量打破这个黑暗,争到光明!我们的光明,就是反动派的末日!

3. 严重警告,讥刺愤激——沈国华《我们什么不吃》(节选)

小时候常听到大人这样讲:"四只脚的眠床不吃,两只脚的爹娘不吃。"无非是夸张地说明自己什么都吃,教训你小子别挑食罢了。

现在,人们真的是可以吃的都在吃了。这里的可以吃,当然不是"允许吃"之意,而是"能够吃,吃了不会死"之意。吃蜗牛、蚱蜢没什么可奇怪的;吃蟑螂、蜈蚣也没什么大不了的;吃蝎子、蚂蚁用不着惊诧莫名;吃老鼠,更是大快人心,喊而打之哪有打而吃之来得痛快淋漓?

但人还是不满足,你去看看吧:他们娃娃鱼要吃,穿山甲要吃,天鹅肉要尝尝,华南虎要尝尝,熊掌想试试,猩唇也想试试……我们什么不吃?真的是四只脚的眠床不吃,两只脚的爹妈不吃!慈禧太后做寿,吃掉了海军。我们吃、吃、吃,"吃"掉了四脚眠床轻而易举,"吃"掉了一些学校、工厂也是不在话下的。我们只是不吃人了。吃啊吃,人是最伟大的,虎愤怒的长啸,人置之不理。吃啊吃,当所有动物都被捕尽食绝时,人就会把自己也一口吞下去,实现了"什么都吃""吃遍天下无敌手"的崇高愿望。

(八) 启发诱导、循循善诱类

这类作品内容是耐心启发,热情引导的,态度要积极诚恳;气息要深沉、舒缓、平和;声音以实为主,亲切柔和;吐字清晰度高,字音饱满。

1. 树立共产主义人生观

亲爱的朋友,任何一个有志气的青年,都希望使自己的青春能够闪闪发光,都希望自己的一生能够活得很有意义,成为一个对社会历史前进有所贡献的人,而不至成为历史累赘甚至历史的罪人。如果是这样,你就应该坚定地树立起共产主义的革命的人生观,按照这种革命的人生观安排自己的人生!

保尔说得好:"人最宝贵的是生命,生命每个人只有一次。人的一生应当这样度过:回忆往事,他不会因为虚度年华而悔恨,也不会因为生活庸俗而羞愧;临死的时候,他能够说,我的整个生命和全部精力,都献给了世界上最壮丽的事业——为解放全人类而斗争。"让我们用这段光彩夺目的话来激励和鞭策自己,成为一个无愧于我们时代的高尚的人。

2. 给青年们的一封信——巴甫洛夫

我对于我国献身科学的青年们的希望是什么呢?

首先,要循序渐进。我一谈到卓著成效的科学工作所应具备的这个最重要的条件,心情就不能不激动。循序渐进,循序渐进,再循序渐进。你们从一开始工作起,就要在积累知识方面养成严格的循序渐进的习惯。

你们想要攀登到科学的顶峰,应该先通晓科学的初步知识。前面的东西如果没有领会,就决不要动手去搞后面的。决不要企图掩饰自己知识上的缺陷,即使用最大胆的推测和假设去掩饰,也是要不得的。不论这种肥皂泡的色彩看起来多么悦目,它是必然要破裂的,你们除了惭愧以外,将一无所得。

你们要养成谨严和忍耐的习惯。要学会做科学中的琐碎工作。要研究事实,对比事实,积累事实。但是在研究、实验和观察的时候,要力求不停留在事实的表面上。不要变成事实的保管人。要洞悉事实发生的奥秘。要坚持不懈地寻求那些支配事实的规律。

不管鸟的翅膀多么完美,如果不凭借空气,鸟就永远不能飞到高空。事实就是科学家的空气。那么如果不凭借事实,就永远不能飞腾起来。没有事实那你们的"理论"就是徒劳。

三、说话

(一) 话题练习

下面列出了40个话题,可选定其中的某些内容,简短准备后,在寝室里、朋友间或在班级、课堂上练习说话,也可另选话题说话,内容不拘。此类练习的目的是:围绕中心组织材料;将话语说得顺畅;面对听众目光,毫无惧色,并能自我思维与表达。

1. 我的朋友是"粉丝"　　　　　2. 谈"生命"

3. 城市里的不和谐音符
4. 一次难忘的旅行
5. 我喜欢的体育运动
6. 母爱
7. 我的童年
8. 理想与失落
9. 我所在的集体
10. 说勤俭
11. 一句格言给我的启示
12. 我眼中的户外广告
13. 我的一个愿望
14. 谈谈环境保护
15. 怎样跟同学相处
16. 家乡话——无法割舍的情丝
17. 我的专业
18. 我最喜爱的一种小动物
19. 我的读书生活
20. 我看大学生的校外租房
21. 我与网友的一次对话
22. 我最爱读的一部小说
23. 家乡风光
24. 家乡的风俗
25. 小区趣事
26. 我最尊敬的一位老师
27. 我的烦恼
28. 地沟油
29. 我擅长的一款游戏
30. 我暗恋的那个女(男)孩
31. 我最爱听(爱唱)的一首歌
32. 我的一道拿手菜
33. 给我深刻印象的一部电影
34. 别离
35. 当我被误解的时候
36. 我喜欢的一首古诗
37. 我眼中的"美"
38. 我最得意的一件事
39. 我最喜欢的一种花卉
40. 令我窘迫的一件事

(二) 讲故事训练
1. 把下面的词语串成一个故事：吃饭　水　叶子　风
2. 把下面的词语串成一个故事：星星　柿子　饼干　牛
3. 把下面的词语串成一个故事：河水　老师　红薯　眼泪
4. 把下面的词语串成一个故事：文章　菜　天空　病毒

四、演讲

(一) 重音、停顿练习
读下面的句子，注意体会重音和停顿。
(1) 这个问题//你怎么认识?
(2) 正值豆蔻年华的青年人在塑造美的心灵，//培养美的语言和美的行为的同时，也应该顾及自己的仪容美。
(3) 贝多芬是个矮个子、//大脑袋、//扁鼻子，脸上//还有几粒麻子。//虽然他外貌不美，可是人们每当听到"贝多芬"三个字时，//都觉得那么悦耳。
(4) 每当看到爱因斯坦//或是托尔斯泰的画像，都会令人//肃然起敬,那满头银发//放射着智慧的光芒,额头深而又繁的皱纹//标志着他一生的丰功和伟绩。

(5) 老师问我://"这几年你们都到哪里去了,//干得好吗?//工作怎么样?//老师在想你们啊……""别说了,老师……"//我流着热泪恳求着。我能向他汇报些什么呢?

(6) 他们像沂蒙山那青灰色的石头,朴实无华;//他们像沂蒙山那砸一锤一个白点的石头,刚毅坚强;//他们像沂蒙山那沉默的石头,少言寡语,总是用实打实的行动来拥护、支持人民军队。

(7) 你看,//他这双勤劳的大手,青筋罗布,骨节隆起,虽然粗糙得像干枯的树皮,但却很有力量。他把自己一生的精力和满腔心血//都交付给了我们祖祖辈辈劳作生息的土地,交付给了正在成长发育的//儿女子孙。

(8) 面对这样一位父亲,怜悯、//同情、//崇敬、//热爱,//万般思绪,一下子在我的心头翻滚起来。

(9) 有人说,一千元钱能买洋房、汽车、飞机吗?//总而言之,大家谈论的还是一个字,//穷。穷,//这是事实。那么怎么办呢?//是叹息,//还是奋斗?

(10) 每当我们的车在山路上漫行的时候,总能看到一些赶着牲灵的小伙子,//回娘家的新媳妇,悠闲地在山路上漫步聊天;//那向阳的山坡上//一群群雪白的羔羊就像天上的白云//在山间游荡,羊群中还不时传来老羊倌//一阵阵浑厚古老的信天游的歌声……//多么动人的一幅陕北人民丰衣足食、安居乐业的兴旺景象啊!

(11) 火,//熄灭了——//世界上最大、最美的园林,堪称万园之园的圆明园毁于一旦,只剩下残砖碎瓦,断壁秃垣,//向人们诉说着什么。

(二) 句类练习

1. 疑问句练习

读下列各句,注意将问号前的词语语调升高:

(1) 一国之穷,穷在何处? 穷在我们没有及早地重视教育,没有重视通过教育加强对人的智力资源的开发。

(2) 我们多少人心甘情愿地让自己活蹦乱跳的孩子去充当"填鸭",要是你看清了这一点,你又作何感想?

(3) 青年朋友们,当今中国,最流行、最时髦的字眼是什么? 我敢断言,大家肯定会异口同声地回答:"改革,富民!"

(4) 试看今日之神州大地,我们的人民何曾像现在这样舒展过,抖擞过,何曾像现在这样吐气扬眉过?

(5) 一个党唯有把人民群众的冷暖饥饱永远放在最重要的位置上,人民才会把党看作是最可信赖的精神支柱,可不是么?

(6) 青年的性格不就是创造么? 青年的标志不就是朝气? 青年的特征不就是

拼搏么?

(7) 我们的田野,也在呼唤我们。那么,它究竟在呼唤我们去做些什么呢?

(8) 读了《张海迪书信日记选》这本书后,给我印象最深的是张海迪那咚咚作响的脚步声!也许有人会说你大概弄错了吧!张海迪根本不会走路,哪来的脚步声呢?

2. 感叹句

读下列句子,注意叹号前词语的语调变化:

(1) 让我们每个人都拿出实际行动来关心教育、关心教育改革,群策群力,搞好这场现代中国轰轰烈烈的教育改革吧!

(2) 唉!都怪我那儿子没文化,看不懂说明书,将农药的比例配错了,把责任田里的禾苗全烧死了。

(3) 在龙的传人的国土上,披荆斩棘,用勤劳与智慧去叩开未来的大门吧!

(4) 天哪!这一定是没了命了!

(5) 我好不容易才找到你呀!

(6) 八亿农民心有余而力不足,有劲使不上,他们渴望飞,可没有知识的翅膀,飞不起来啊!

(7) 看着,看着,母亲不由得老泪横流:"啊,我的儿子!儿子,你又重新回来了!"

(三) 句式变换练习

1. 整句与散句训练

读下列各句,注意整句要保持统一语调,散句自成一套语速节奏,各自保持连贯性。

(1) 在学习中,在生活中,在劳动中,时常会有些东西触动你的心,使你激昂,使你欢乐,使你忧愁,使你深思,这不是诗又是什么呢?

(2) 如果人们仅仅生活在这种环境之中,不再奋进,不再追求,那么我敢断言,他就不能分辨出幸福与痛苦,欢乐与悲哀,永远领会不到人生的真正价值……

(3) 树,不管多么高大,只有孤零零的一棵。花,不管多么美丽,也只有孤单单的一株。但唯独草,总是连片的,一眼看去郁郁葱葱、蓬蓬勃勃,有着燃烧不尽的气势。

2. 口语与书面语句式训练

读下面各句,注意体会两种句式的差别。

(1) 但是如果只按照个人的幸福和快乐去设计理想,那么这种幸福和快乐最终会使人感到它的内容太单调、太乏味。

(2) 1964年10月,中国升起了第一朵蘑菇云,令世界刮目相看。当许德珩老人听到原子弹爆炸成功的喜讯后,曾兴奋地向严济慈先生说:咱们中国能自己造出原子弹来,不知道谁有这么大的本事?知道内情的严老先生哈哈大笑:这个,去问你的女婿吧!

（3）进屋一看，"哎哟！"小宝宝拉了一身一床的屎。她把湿漉漉的手在围裙上擦了两把，就忙着揭床单，给孩子脱换衣裤。可还没等收拾停当，"扑哧哧……"厨房的锅潽了，她急忙放下孩子，跑到厨房去端锅，锅刚端下来，屋里孩子"哇——"的一声尖叫，她又赶紧跑了回来。

(四) 演讲段落练习

演讲段落，由若干个句子构成。练习时语速应比朗诵更快一点，并充分体现出不同句类的语气和不同句式的情感，高低升降、停顿连接，错落有致。

练习 1

2008 红黄绿

早在 1908 年，我国的《天兵青年》杂志曾向所有的中国人提出过三个问题：一，中国何时能派一名选手参加奥运会？二，中国何时能派一支队伍参加奥运会？三，中国何时能举办奥运会？对于今日的中国人而言，前两者我们早已实现，但，究竟何时，我们才能圆了举办奥运的梦呢？我相信，2008。

是的，2008，绿色的地球村将迎来又一个全人类的体育盛典，火红的圣火走进了一个古老的东方国度，届时，我们所有的炎黄子孙将高唱同一首歌 NEW BEIJING, GREAT OLYMPIC。

练习 2

生 命 无 悔

夜阑人静，耳边又传来那熟悉的歌声：

任风翻阅背影的日子，烛光将记忆摇曳成孩子的身影，夕阳便凝重了教师之魂……

或许，这只是一支小曲，并没有道出为人师者的全部内涵，但我们至少从中感受了一种奉献的圣洁和伟岸。是的，我们甘为人梯，吃也清淡，穿也素雅，面对大千世界，我们心怀淡泊，像春蚕，像蜡烛，在平凡的工作岗位上，用青春和生命谱写无怨无悔的人生，虽然平凡，我们的脊梁却支撑着祖国的未来；虽然清贫，我们的双手却托举着明天的太阳。

练习 3

英 魂 兮 归 来

你想出国吗？是的，想。你想到深圳、海南特区工作吗？是的，很想。你想赚大钱吗？是的，太想了。你想的都有道理。

年轻的朋友，我们身处改革开放的大潮中，面对丰富多彩的现代化生活风景，思想观念一日千里地发展变化。但是，你想过这一切生活的根本目的吗？现代化的人生究竟是为了什么？

德国诗人歌德说，你若失去了财产，你则失去了一点；你若失去了荣誉，你则失去了许多;你若失去了勇气,你则失去了一切。同志们,财产是一点,荣誉是许多,勇气才是一切啊!只要我们不失去勇气,我们必然会反败为胜!

练习 4

祖国,母亲

为什么人们总是把祖国比作母亲呢?有人会说:"因为祖国用她的江河的乳汁喂养了我们。"如果仅仅因为这样,那么,我们何尝不可以把祖国比作奶妈呢?还有人说:"祖国用她的山川怀抱抱大了我们。"如果仅仅因为这样,那么,我们何尝不可以把祖国比作保姆呢?但是,不管是"奶妈""保姆",或者其他词,都反映不了我们对祖国深厚的感情。只有"母亲"——这个人类语言中最纯洁、最善良、最无私、最伟大的词,才能表达我们对祖国的深情。

练习 5

美德永远不老

古人能够做到的,我们现在却做不到了,难道物质文明的高度发展,必然要导致人类思想的萎缩?难道美德要退出历史舞台?不!觉醒是痛苦的,而继续堕落则更加痛苦。现实的耳光有可能把人永远打昏,但明智的人们不仅能够醒来而且仍将为之奋斗,美德永远是人类思想的精髓。

德重鬼神钦。为草当作兰,为木当作松。兰幽香风远,松寒不改容。金子丢在路旁不会生锈,善事铭于人心不会忘记。大海永远不会被蒙上灰尘,美德永远不老。

练习 6

你,与众不同

不要总是用别人的眼睛看待尚不起眼的自己,用你明亮的、发展的目光远望未来,为你的明天大胆预言,用最终的成功惊醒旁人的忽略,你肯定能赢!

看看凡·高,他做过店员,学过牧师,当过福音传教士,27 岁开始学画。从海牙到阿姆斯特丹,从巴黎到阿尔到奥维尔,除了弟弟提奥,几乎所有的人都认为这个与众不同的"红头发疯子"一无是处一事无成。可是看我们的凡·高怎样看待自己,他说:"是的,在我的头脑里,在我大脑中,存在着巨大的事物,我将能够给世界某些东西,那也许会使人们关心一个世纪,也许需要一个世纪去思索。"在他诞生 100 余年后,这高度自信的预言被公正地证实了!

同学们,我们年轻,没有资格轻视自己。我们都是大鸟,都可以飞高飞远。泰戈尔说过,天空没有留下翅膀的痕迹,而我已飞过。我们可以有不同的形式和方向,但不可以拒绝飞翔!

练习 7

人相处,贵诚谦

中国有句古老的谚语:"谎话,像雾;大话,像雷;唯有实话,才像滴滴春雨。"有这样一个战士,正在上岗放哨,将军查岗走了过来。将军亲切地问:"小伙子,想家吗?""唔……"哨兵迟疑了一会儿,说:"报告将军,为了抵抗帝国主义的侵略,我不想家!"说完,使劲挺了挺胸。"假话!革命难道就不要家了吗?没有家哪来的国?连家都不想的人怎能保国?!"士兵惭愧了,不由得悄悄地将手伸进了裤兜里去摸那封看了好几遍的家信。对这个故事,我感受很深。请交出真诚吧!因为真诚,我们才可以换来别人的友谊、别人的信赖,也才会得到上级的信任。

(五)即兴演讲训练

(1)曾经有这样一首小诗,饶有趣味:你不可以左右天气,但你可以改变心情;你不可以事事顺利,但你可以事事尽力;你不可以改变不公,但你可以展现笑容;你不可以预知明天,但你可以把握今天。针对此诗,自定主题,即兴演讲。

(2)请根据"没有比人更高的山"这句话,自定主题,即兴演讲。

(3)有人认为,青春像一座山,背负一路感伤。郭敬明也曾说:青春是道明媚的忧伤。请围绕"青春"这一主题,即兴演讲。

(4)寻找幸福的人,有两类。一类像在登山,他们以为人生最大的幸福在山顶,于是气喘吁吁、穷尽一生去攀登。另一类也像在登山,但他们并不刻意登到哪里,一路上走走停停,看看山岚、赏赏虹霓、吹吹清风,心灵在放松中得到某种满足。尽管不得大愉悦,然而,这些琐碎而细微的小自在,萦绕于心扉,一样芬芳身心、恬静自我。请以"站在烦恼里仰望幸福"为话题演讲。

(5)有位哲人说:"真正让我疲惫的,不是遥远的路途,而是鞋子里的一颗沙。"体会其中的深意,并以此为话题演讲。

(6)张爱玲女士曾经说过这样一句话:"对于三十岁以后的人来说,十年八年不过是指缝间的事;而对于年轻人而言,三年五年就可以是一生一世。"(选自张爱玲《十八春》)请以此为话题进行演讲。

(7)人生的道路上,处处可能遇上不可磨灭的创伤。有句话却说:"每一种创伤,都是一种成熟。"您同意这种说法么?说说你的看法。

(8)"不凡是瞬间的风景,平凡是永恒的罗兰。"谈谈你对这句话的理解,若要你选择,你会选择瞬间的风景还是永恒的罗兰?

(9)"现在我们所看的每场晚会都经历过了精心的彩排。然而人生却没有彩排,每天都是现场直播。"请说说你对这句话的理解。

(10)常有人说:"单独思考往往会创造奇迹。"请针对"智慧总是在孤独中生根"这句话,谈谈你的见解。

(11)"幸福,不是长生不老,不是大鱼大肉,不是权倾朝野。幸福是每一个微小的生活愿望达成。当你想吃的时候有的吃,想被爱的时候有人来爱你。"请以此为话题演讲。

(12) 人生中处处可以遇到值得我们感恩的人。里根在婚礼上的发言中说了这样一句话:"上帝把南希赐予我,就足以让我毕生感激。"请以"感恩"为话题,以一个或多个具体的例子,阐述你对感恩的看法。

(13) 生活里人们往往力求改变,以让人生向自己的目标更加靠近。"大多数人想要改变这个世界,但罕见有人想改造自己。"请以此为话题演讲。

(14) 但丁说:"走自己的路,让别人说去吧。"但现实中也存在着很多需要察纳雅言、虚心接受别人意见的时候。请说说你的看法。

(15) 当清晨的第一缕阳光照耀在非洲的大草原上,羚羊会对自己说:"快跑! 否则你会被狮子吃掉!"狮子会对自己说:"快跑! 否则你会饿死在这里!"请以这个小故事进行三分钟的演讲。

(16) 阐述你如何理解"免费是世界上最昂贵的东西"这句话的?

(17) 生气是拿别人的错误惩罚自己。请以此为话题演讲。

(18) 有一句话这样来评价一个人的精彩一生:"生如夏花般灿烂,死如秋叶之静美。"请说说你的观点。

(六) 命题演讲训练

1. 敞开心扉,享受人生
2. 坚守心灵的一方沃土
3. 给快乐找个理由
4. 心底无私天地宽
5. 一个当代大学生的思考
6. 与时代同行
7. 放飞梦想,展翅翱翔
8. 生活从"心"开始
9. 永不放弃
10. 不必要完美
11. 作为毕业生代表在毕业典礼上发言
12. 时间的重量
13. 人在旅程
14. 人生处处是考场
15. 欲速则不达
16. 为我、为他

(七) 演讲全文训练

此类练习要充分结合演讲稿内容设计的特点,因为每一篇演讲稿都事先将语言和情感的"机关"埋设进去了,剩下的问题是演讲者怎样将这些"机关"表达出来。演讲前,要认真研读演讲稿。演讲稿可以是自己写的,也可以是别人写的。研读的内容有:如何开场和结尾?高低升降体现在哪里?哪些是叙事的,那些是抒情的?分别用什么语调?哪些词语、句群间用较长的停顿?哪里不能停顿,必须一气呵成?哪里该用重音?等等。

训练前,先熟读,再用符号作好语音语调标记,便可尝试着开始演讲。

热 爱 书 吧!

有一座神秘莫测的宫殿,荟萃了全人类数千年的伟大智慧;有一汪浩渺深邃的海洋,哺育了大自然数万种幸运生灵。这宫,正敞着大门;这海,正舒着双臂,欢迎你,拥抱你。

这宫殿,是书籍;这海洋,是一切知识的载体。英国散文家、历史学家卡莱尔说过:"藏书就是一所名副其实的大学。"选读藏书,占有知识,我们就拥有了巨大的财富。

正如战争需要枪炮一样,生活需要知识。我国著名科学家高士其认为,"知识犹如血液般的宝贵";古希腊哲学家西塞罗说:"无知是智慧的黑夜,没有月亮、没有星星的黑夜。"没有知识的生活,是动物式的生活。

知识从哪里来?从实践中来,你一定会回答。是的,实践是知识的第一源泉。但知识还有第二源泉,也是最集中、最精粹、最重要的源泉,那就是书籍。"热爱书吧——这是知识的泉源!只有知识才是有用的,只有它才能够使我们在精神上成为坚强、忠诚和有理智的人,成为真正爱人类、尊重人类劳动、衷心地欣赏那不间断的伟大劳动所产生的美好果实的人。"这是苏联伟大文学家高尔基的忠告。

获取知识的途径是多种多样的,最重要的途径是阅读。阅读的途径也有两条:课内和课外。课内是有限的,而课外的是无限的。我们在课外,以书作车,以书作舟,以书作飞机飞船,随林黛玉进贾府,伴鲁滨孙去漂流,同焦耳金游地府,与孙悟空大闹天宫。在书里,空间无限,人的速度无限。

阅读课外书,会使你的生活轻松,使你的思想深刻,使你的情感丰富,使你学起课内知识来劲头更足,效率更高。

热爱书吧,我的同学们。

附录二 演讲稿范例

【政治演讲】

开放共创繁荣　创新引领未来

习近平

（2018年4月10日，博鳌亚洲论坛2018年年会在海南省博鳌开幕。国家主席习近平出席开幕式并发表主旨演讲。）

尊敬的各位元首，政府首脑，国际组织负责人，部长，

尊敬的各位博鳌亚洲论坛现任和候任理事，

各位来宾，

女士们，先生们，朋友们：

仲春时节的海南，山青海碧，日暖风轻。在这个美好的季节里，各国嘉宾汇聚一堂，出席博鳌亚洲论坛2018年年会。海南有一首民歌唱道："久久不见久久见，久久见过还想见。"今天，有机会在此同各位新老朋友见面，我感到十分高兴。

首先，我谨代表中国政府和中国人民，并以我个人名义，对各位嘉宾的到来表示诚挚的欢迎！对年会的召开表示热烈的祝贺！

博鳌亚洲论坛成立以来，立足亚洲，面向世界，在凝聚亚洲共识、促进各方合作、推进经济全球化、推动构建人类命运共同体等方面建言献策，提出许多富有价值的"博鳌方案"，作出了积极贡献。今年是论坛理事会换届之年。借此机会，我谨向即将离任的各位理事表示衷心的感谢！对新当选的各位理事表示热烈的祝贺！

本届年会以"开放创新的亚洲，繁荣发展的世界"为主题，顺应时代潮流，符合各方期待。相信各位嘉宾和各界人士将畅所欲言，提出真知灼见。

女士们、先生们、朋友们！

历史，总是在一些特殊年份给人们以汲取智慧、继续前行的力量。2018年是中国改革开放40周年，也是海南建省办经济特区30周年。海南省可谓"因改革开放而生，因改革开放而兴"。改革开放以来，海南从一个较为封闭落后的边陲岛屿，发展成为中国最开放、最具活力的地区之一，经济社会发展取得巨大成就。

一滴水可以反映出太阳的光辉，一个地方可以体现一个国家的风貌。海南发展是中国40年改革开放的一个重要历史见证。

1978年，在邓小平先生倡导下，以中共十一届三中全会为标志，中国开启了改革开放历史征程。从农村到城市，从试点到推广，从经济体制改革到全面深化改革，40

年众志成城,40年砥砺奋进,40年春风化雨,中国人民用双手书写了国家和民族发展的壮丽史诗。

40年来,中国人民始终艰苦奋斗、顽强拼搏,极大解放和发展了中国社会生产力。天道酬勤,春华秋实。中国人民坚持聚精会神搞建设、坚持改革开放不动摇,持之以恒,锲而不舍,推动中国发生了翻天覆地的变化。今天,中国已经成为世界第二大经济体、第一大工业国、第一大货物贸易国、第一大外汇储备国。40年来,按照可比价格计算,中国国内生产总值年均增长约9.5%;以美元计算,中国对外贸易额年均增长14.5%。中国人民生活从短缺走向充裕、从贫困走向小康,现行联合国标准下的7亿多贫困人口成功脱贫,占同期全球减贫人口总数70%以上。

40年来,中国人民始终上下求索、锐意进取,开辟了中国特色社会主义道路。中国人民坚持立足国情、放眼世界,既强调独立自主、自力更生又注重对外开放、合作共赢,既坚持社会主义制度又坚持社会主义市场经济改革方向,既"摸着石头过河"又加强顶层设计,不断研究新情况、解决新问题、总结新经验,成功开辟出一条中国特色社会主义道路。中国人民的成功实践昭示世人,通向现代化的道路不止一条,只要找准正确方向、驰而不息,条条大路通罗马。

40年来,中国人民始终与时俱进、一往无前,充分显示了中国力量。中国人民坚持解放思想、实事求是,实现解放思想和改革开放相互激荡、观念创新和实践探索相互促进,充分显示了思想引领的强大力量。中国人民勇于自我革命、自我革新,不断完善中国特色社会主义制度,不断革除阻碍发展的各方面体制机制弊端,充分显示了制度保障的强大力量。中国人民敢闯敢试、敢为人先,积极性、主动性、创造性空前高涨,充分显示了13亿多人民作为国家主人和真正英雄推动历史前进的强大力量。

40年来,中国人民始终敞开胸襟、拥抱世界,积极作出了中国贡献。改革开放是中国和世界共同发展进步的伟大历程。中国人民坚持对外开放基本国策,打开国门搞建设,成功实现从封闭半封闭到全方位开放的伟大转折。中国在对外开放中展现大国担当,从引进来到走出去,从加入世界贸易组织到共建"一带一路",为应对亚洲金融危机和国际金融危机作出重大贡献,连续多年对世界经济增长贡献率超过30%,成为世界经济增长的主要稳定器和动力源,促进了人类和平与发展的崇高事业。

今天,中国人民完全可以自豪地说,改革开放这场中国的第二次革命,不仅深刻改变了中国,也深刻影响了世界!

"天行有常","应之以治则吉"。中国进行改革开放,顺应了中国人民要发展、要创新、要美好生活的历史要求,契合了世界各国人民要发展、要合作、要和平生活的时代潮流。中国改革开放必然成功,也一定能够成功!

中国40年改革开放给人们提供了许多弥足珍贵的启示,其中最重要的一条就是,一个国家、一个民族要振兴,就必须在历史前进的逻辑中前进、在时代发展的潮流中发展。

女士们、先生们、朋友们！

放眼全球，当今世界正在经历新一轮大发展大变革大调整，人类面临的不稳定不确定因素依然很多。新一轮科技和产业革命给人类社会发展带来新的机遇，也提出前所未有的挑战。一些国家和地区的人民仍然生活在战争和冲突的阴影之下，很多老人、妇女、儿童依然饱受饥饿和贫穷的折磨。气候变化、重大传染性疾病等依然是人类面临的重大挑战。开放还是封闭，前进还是后退，人类面临着新的重大抉择。

面对复杂变化的世界，人类社会向何处去？亚洲前途在哪里？我认为，回答这些时代之问，我们要不畏浮云遮望眼，善于拨云见日，把握历史规律，认清世界大势。

当今世界，和平合作的潮流滚滚向前。和平与发展是世界各国人民的共同心声，冷战思维、零和博弈愈发陈旧落伍，妄自尊大或独善其身只能四处碰壁。只有坚持和平发展、携手合作，才能真正实现共赢、多赢。

当今世界，开放融通的潮流滚滚向前。人类社会发展的历史告诉我们，开放带来进步，封闭必然落后。世界已经成为你中有我、我中有你的地球村，各国经济社会发展日益相互联系、相互影响，推进互联互通、加快融合发展成为促进共同繁荣发展的必然选择。

当今世界，变革创新的潮流滚滚向前。中国的先人们早在2500多年前就认识到："苟利于民，不必法古；苟周于事，不必循俗。"变革创新是推动人类社会向前发展的根本动力。谁排斥变革，谁拒绝创新，谁就会落后于时代，谁就会被历史淘汰。

从顺应历史潮流、增进人类福祉出发，我提出推动构建人类命运共同体的倡议，并同有关各方多次深入交换意见。我高兴地看到，这一倡议得到越来越多国家和人民欢迎和认同，并被写进了联合国重要文件。我希望，各国人民同心协力、携手前行，努力构建人类命运共同体，共创和平、安宁、繁荣、开放、美丽的亚洲和世界。

面向未来，我们要相互尊重、平等相待，坚持和平共处五项原则，尊重各国自主选择的社会制度和发展道路，尊重彼此核心利益和重大关切，走对话而不对抗、结伴而不结盟的国与国交往新路，不搞唯我独尊、你输我赢的零和游戏，不搞以邻为壑、恃强凌弱的强权霸道，妥善管控矛盾分歧，努力实现持久和平。

面向未来，我们要对话协商、共担责任，秉持共同、综合、合作、可持续的安全理念，坚定维护以联合国宪章宗旨和原则为核心的国际秩序和国际体系，统筹应对传统和非传统安全挑战，深化双边和多边协作，促进不同安全机制间协调包容、互补合作，不这边搭台、那边拆台，实现普遍安全和共同安全。

面向未来，我们要同舟共济、合作共赢，坚持走开放融通、互利共赢之路，构建开放型世界经济，加强二十国集团、亚太经合组织等多边框架内合作，推动贸易和投资自由化便利化，维护多边贸易体制，共同打造新技术、新产业、新业态、新模式，推动经济全球化朝着更加开放、包容、普惠、平衡、共赢的方向发展。

面向未来,我们要兼容并蓄、和而不同,加强双边和多边框架内文化、教育、旅游、青年、媒体、卫生、减贫等领域合作,推动文明互鉴,使文明交流互鉴成为增进各国人民友谊的桥梁、推动社会进步的动力、维护地区和世界和平的纽带。

面向未来,我们要敬畏自然、珍爱地球,树立绿色、低碳、可持续发展理念,尊崇、顺应、保护自然生态,加强气候变化、环境保护、节能减排等领域交流合作,共享经验、共迎挑战,不断开拓生产发展、生活富裕、生态良好的文明发展道路,为我们的子孙后代留下蓝天碧海、绿水青山。

女士们、先生们、朋友们!

去年10月召开的中共十九大宣告中国特色社会主义进入了新时代,制定了全面建设社会主义现代化强国的宏伟蓝图。中国特色社会主义进入新时代,掀开了实现中华民族伟大复兴的新篇章,开启了加强中国同世界交融发展的新画卷。

一个时代有一个时代的问题,一代人有一代人的使命。虽然我们已走过万水千山,但仍需要不断跋山涉水。在新时代,中国人民将继续自强不息、自我革新,坚定不移全面深化改革,逢山开路,遇水架桥,敢于向顽瘴痼疾开刀,勇于突破利益固化藩篱,将改革进行到底。中国人民将继续大胆创新、推动发展,坚定不移贯彻以人民为中心的发展思想,落实新发展理念,建设现代化经济体系,深化供给侧结构性改革,加快实施创新驱动发展战略、乡村振兴战略、区域协调发展战略,推进精准扶贫、精准脱贫,促进社会公平正义,不断增强人民获得感、幸福感、安全感。中国人民将继续扩大开放、加强合作,坚定不移奉行互利共赢的开放战略,坚持引进来和走出去并重,推动形成陆海内外联动、东西双向互济的开放格局,实行高水平的贸易和投资自由化便利化政策,探索建设中国特色自由贸易港。中国人民将继续与世界同行、为人类作出更大贡献,坚定不移走和平发展道路,积极发展全球伙伴关系,坚定支持多边主义,积极参与推动全球治理体系变革,构建新型国际关系,推动构建人类命运共同体。

无论中国发展到什么程度,我们都不会威胁谁,都不会颠覆现行国际体系,都不会谋求建立势力范围。中国始终是世界和平的建设者、全球发展的贡献者、国际秩序的维护者。

女士们、先生们、朋友们!

综合研判世界发展大势,经济全球化是不可逆转的时代潮流。正是基于这样的判断,我在中共十九大报告中强调,中国坚持对外开放的基本国策,坚持打开国门搞建设。我要明确告诉大家,中国开放的大门不会关闭,只会越开越大!

实践证明,过去40年中国经济发展是在开放条件下取得的,未来中国经济实现高质量发展也必须在更加开放条件下进行。这是中国基于发展需要作出的战略抉择,同时也是在以实际行动推动经济全球化造福世界各国人民。

在扩大开放方面,中国将采取以下重大举措。

第一,大幅度放宽市场准入。今年,我们将推出几项有标志意义的举措。在服务业特别是金融业方面,去年年底宣布的放宽银行、证券、保险行业外资股比限制的重大措施要确保落地,同时要加大开放力度,加快保险行业开放进程,放宽外资金融机构设立限制,扩大外资金融机构在华业务范围,拓宽中外金融市场合作领域。在制造业方面,目前已基本开放,保留限制的主要是汽车、船舶、飞机等少数行业,现在这些行业已经具备开放基础,下一步要尽快放宽外资股比限制特别是汽车行业外资限制。

第二,创造更有吸引力的投资环境。投资环境就像空气,空气清新才能吸引更多外资。过去,中国吸引外资主要靠优惠政策,现在要更多靠改善投资环境。我们将加强同国际经贸规则对接,增强透明度,强化产权保护,坚持依法办事,鼓励竞争、反对垄断。今年3月,我们组建了国家市场监督管理总局等新机构,对现有政府机构作出大幅度调整,坚决破除制约使市场在资源配置中起决定性作用、更好发挥政府作用的体制机制弊端。今年上半年,我们将完成修订外商投资负面清单工作,全面落实准入前国民待遇加负面清单管理制度。

第三,加强知识产权保护。这是完善产权保护制度最重要的内容,也是提高中国经济竞争力最大的激励。对此,外资企业有要求,中国企业更有要求。今年,我们将重新组建国家知识产权局,完善执法力量,加大执法力度,把违法成本显著提上去,把法律威慑作用充分发挥出来。我们鼓励中外企业开展正常技术交流合作,保护在华外资企业合法知识产权。同时,我们希望外国政府加强对中国知识产权的保护。

第四,主动扩大进口。内需是中国经济发展的基本动力,也是满足人民日益增长的美好生活需要的必然要求。中国不以追求贸易顺差为目标,真诚希望扩大进口,促进经常项目收支平衡。今年,我们将相当幅度降低汽车进口关税,同时降低部分其他产品进口关税,努力增加人民群众需求比较集中的特色优势产品进口,加快加入世界贸易组织《政府采购协定》进程。我们希望发达国家对正常合理的高技术产品贸易停止人为设限,放宽对华高技术产品出口管制。今年11月,我们将在上海举办首届中国国际进口博览会。这不是一般性的会展,而是我们主动开放市场的重大政策宣示和行动。欢迎各国朋友来华参加。

我想强调的是,我刚才宣布的这些对外开放重大举措,我们将尽快使之落地,宜早不宜迟,宜快不宜慢,努力让开放成果及早惠及中国企业和人民,及早惠及世界各国企业和人民。我相信,经过努力,中国金融业竞争力将明显提升,资本市场将持续健康发展,现代产业体系建设将加快推进,中国市场环境将大大改善,知识产权将得到有力保护,中国对外开放一定会打开一个全新的局面。

5年前,我提出了共建"一带一路"倡议。5年来,已经有80多个国家和国际组织同中国签署了合作协议。共建"一带一路"倡议源于中国,但机会和成果属于世界,中国不打地缘博弈小算盘,不搞封闭排他小圈子,不做凌驾于人的强买强卖。需要指出的是,"一带一路"建设是全新的事物,在合作中有些不同意见是完全正常的,只要各方秉持和遵循共商共建共享的原则,就一定能增进合作、化解分歧,把"一带一路"打造成为顺应经济全球化潮流的最广泛国际合作平台,让共建"一带一路"更好造福各国人民。

女士们、先生们、朋友们!

"积土而为山,积水而为海。"幸福和美好未来不会自己出现,成功属于勇毅而笃行的人。让我们坚持开放共赢,勇于变革创新,向着构建人类命运共同体的目标不断迈进,共创亚洲和世界的美好未来!

最后,预祝博鳌亚洲论坛2018年年会圆满成功!

谢谢大家。

(选自习近平:《开放共创繁荣 创新引领未来——在博鳌亚洲论坛2018年年会开幕式上的主旨演讲》,新华网,http://www.xinhuanet.com/mrdx/2018－04/11/c_137101633.htm)

【典礼演讲】

活着就是为了改变世界

史蒂夫·乔布斯

(本文为美国苹果计算机公司前CEO史蒂夫·乔布斯于2005年6月12日在斯坦福大学毕业典礼上的演讲。)

今天,我很荣幸能来参加大家的毕业典礼,斯坦福大学是世界上最好的大学之一,今天能参加各位的毕业典礼,我备感荣幸。我从来没有从大学毕业,说句实话,此时算是我离大学毕业最近的一刻。今天,我想告诉你们我生命中的三个故事,并非什么了不得的大事件,只是三个小故事而已。

第一个故事,是关于人生中的点点滴滴怎么串联在一起。

我在里德学院只待了6个月就休学了,此后便在学校里旁听,又过了一年半,我彻底离开。那么,我为什么休学?

这得从我出生时讲起。我的亲生母亲当时是个研究生,年轻未婚妈妈,她决定让别人收养我。她强烈觉得应该让有大学毕业的人收养我,所以我出生时,她就准备让我被一对律师夫妇收养。但是这对夫妻到了最后一刻反悔了,他们想收养女孩。所以在等待收养名单上的一对夫妻,我的养父母,在一天半夜里接到一通电话,问他们"有一名意外出生的男孩,你们要认养他吗?"而他们的回答是"当然要"。后来,我的生母发现,我现在的妈妈从来没有大学毕业,我现在的爸爸则连高中毕业也没有。她拒绝在认养文件上做最后签字。直到几个月后,我的养父母同意将来一定会让我上大学,她才软化态度。

17年后,我上大学了。但是当时我无知地选了一所学费几乎跟斯坦福一样贵的大学,我那工人阶级的父母所有积蓄都花在我的学费上。6个月后,我看不出念这个书的价值何在。那时候,我不知道这辈子要干什么,也不知道念大学能对我有什么帮助,而且我为了念这个书,花光了我父母这辈子的所有积蓄,所以我决定休学,相信船到桥头自然直。当时这个决定看来相当可怕,可是现在看来,那是我这辈子做过的最好的决定之一。当我休学之后,我再也不用上我没兴趣的必修课,把时间拿去听那些我有兴趣的课。

这一点也不浪漫。我没有宿舍,所以我睡在友人家里的地板上,靠着回收可乐空罐的退费买吃的,每个星期天晚上得走7英里的路绕过大半个镇去印度教的Hare Krishna神庙吃顿好料。我喜欢Hare Krishna神庙的好料。追寻我的好奇与直觉,我所驻足的大部分事物,后来看来都成了无价之宝。举例来说:当时里德学院有着大概是全国最好的书法指导。在整个校园内的每一张海报上,每个抽屉的标签上,都是美丽的手写字。因为我休学了,可以不照正常选课程序来,所以我跑去学书法。我学了Serif与San Serif字体,学到在不同字母组合间变更字间距,学到活版印刷伟大的地方。书法的美好、历史感与艺术感是科学所无法捕捉的,我觉得那很迷人。

我没预期过学的这些东西能在我生活中起些什么实际作用,不过10年后,当我在设计第一台麦金塔时,我想起了当时所学的东西,所以把这些东西都设计进了麦金塔里,这是第一台能印刷出漂亮东西的计算机。如果我没沉溺于那样一门课里,麦金塔可能就不会有多重字体跟变间距字体了。又因为Windows抄袭了麦金塔的使用方式,如果当年我没这样做,大概世界上所有的个人计算机都不会有这些东西,印不出现在我们看到的漂亮的字来了。当然,当我还在大学里时,不可能把这些点点滴滴预先串在一起,但是这在10年后回顾,就显得非常清楚。

我再说一次,你不能预先把点点滴滴串在一起;唯有未来回顾时,你才会明白那些点点滴滴是如何串在一起的。所以你得相信,你现在所体会的东西,将来多少会连接在一块。你得信任某个东西,直觉也好,命运也好,生命也好,或者业力。这种做法从来没让我失望,也让我的人生整个不同起来。

我的第二个故事,有关爱与失去。

我很幸运,年轻时就发现自己爱做什么事。我20岁时,跟Steve Wozniak在我爸妈的车库里开始了苹果计算机的事业。我们拼命工作,苹果计算机在10年间从一间车库里的两个小伙子扩展成了一家员工超过4 000人、市价20亿美金的公司,在那之前一年推出了我们最棒的作品——麦金塔,而我才刚迈入人生的第30个年头,就被炒鱿鱼了。怎么让自己创办的公司炒自己鱿鱼?好吧,当苹果计算机成长后,我请了一个我以为他在经营公司上很有才干的家伙来,他在头几年也确实干得不错。可是我们对未来的愿景不同，最后只好分道扬镳，董事会站在他那边，炒了我鱿鱼，公开把我请了出去。曾经是我整个成年生活重心的东西不见了，令我不知所措。

有几个月，我实在不知道要干什么好。我觉得我令企业界的前辈们失望——我把他们交给我的接力棒弄丢了。我见了创办 HP 的 David Packard 跟创办 Intel 的 Bob Noyce，跟他们说我很抱歉把事情搞砸得很厉害了。我成了公众非常负面的示范，我甚至想要离开硅谷。但是渐渐的，我发现，我还是喜爱着我做过的事情，在苹果的时候经历的事件没有丝毫改变我爱做的事。我被否定了，可是我还是爱做那些事情，所以我决定从头来过。

当时我没发现，但是现在看来，被苹果计算机开除，是我所经历过最好的事情。成功的沉重被从头来过的轻松所取代，每件事情都不那么确定，让我自由地进入这辈子最有创意的年代。

接下来 5 年，我开了一家叫作 NeXT 的公司，又开了一家叫作 Pixar 的公司，也跟后来的老婆谈起了恋爱。Pixar 接着制作了世界上第一部全计算机动画电影《玩具总动员》，现在是世界上最成功的动画制作公司。然后，苹果计算机买下了 NeXT，我回到了苹果，我们在 NeXT 发展的技术成了苹果计算机后来复兴的核心。我也有了个美妙的家庭。

我很确定，如果当年苹果计算机没开除我，就不会发生这些事情。这帖药很苦口，可是我想苹果计算机这个病人需要这帖药。有时候，人生会用砖头打你的头。不要丧失信心。我确信，我爱我所做的事情，这就是这些年来让我继续走下去的唯一理由。你得找出你爱的，工作上是如此，对情人也是如此。你的工作将填满你的一大块人生，唯一获得真正满足的方法就是做你相信是伟大的工作，而唯一做伟大工作的方法是爱你所做的事。如果你还没找到这些事，继续找，别停顿。尽你全心全力，你知道你一定会找到。而且，如同任何伟大的关系，事情只会随着时间愈来愈好。所以，在你找到之前，继续找，别停顿。

我的第三个故事，关于死亡。

当我 17 岁时，我读到一则格言，好像是"把每一天都当成生命中的最后一天，你就会轻松自在"。这对我影响深远，在过去 33 年里，我每天早上都会照镜子，自问："如果今天是此生最后一日，我今天要干些什么？"每当我连续太多天都得到一个"没事做"的答案时，我就知道我必须有所变革了。

提醒自己快死了，是我在人生中下重大决定时，所用过最重要的工具。因为几乎每件事——所有外界期望、所有名誉、所有对困窘或失败的恐惧——在面对死亡时，都消失了，只有最重要的东西才会留下。提醒自己快死了，是我所知避免掉入自己有东西要失去了的陷阱里最好的方法。人生不带来，死不带去，没什么道理不顺心而为。

一年前，我被诊断出癌症。我在早上七点半作断层扫描，在胰脏上清楚地出现一个肿瘤，我连胰脏是什么都不知道。医生告诉我，那几乎可以确定是一种不治之症，我大概活不过 3 到 6 个月了。医生建议我回家，好好跟亲人们聚一聚，这是医生对临终病人的标准建议。那代表你得试着在几个月内把你将来十年想跟小孩讲的话讲完；那代表你得把每件事情搞定，家人才会尽量轻松；那代表你得跟人说再见了。我整天想着那个诊断结果，那天晚上做了一次切片，从喉咙伸入一个内视镜，从胃进肠子，插了根针进胰脏，取了一些肿瘤细胞出来。我打了镇静剂，不省人事，但是我老婆在场。她后来跟我说，当医生们用显微镜看过那些细胞后，他们都哭了，因为那是非常少见的一种胰脏癌，可以用手术治好。所以我接受了手术，康复了。

这是我最接近死亡的时候，我希望那会继续是未来几十年内最接近的一次。经历此事后，我可以比之前死亡只是抽象概念时要更肯定告诉你们下面这些：

没有人想死。即使那些想上天堂的人，也想活着上天堂。但是死亡是我们共有的目的地，没有人逃得过。这是注定的，因为死亡简直就是生命中最棒的发明，是生命变化的媒介，送走老人们，给新生代留下空间。现在你们是新生代，但是不久的将来，你们也会逐渐变老，被送出人生的舞台。抱歉讲得这么戏剧化，但是这是真的。

你们的时间有限，所以不要浪费时间活在别人的生活里。不要被信条所惑——盲从信条就是活在别人思考的结果里。不要让别人的意见淹没了你内在的心声。最重要的，拥有跟随内心与直觉的勇气，你的内心与直觉多少已经知道你真正想要成为什么样的人。任何其他事物都是次要的。

在我年轻时，有本神奇的杂志叫作 *The Whole Earth Catalog*，当年我们很迷这本杂志。那是一位住在离这不远的 Menlo Park 的 Stewart Brand 发行的，他把杂志办得很有诗意。那是 60 年代末期，个人计算机跟桌上出版还没发明，所有内容都是打字机、剪刀跟拍立得相机做出来的。杂志内容有点像印在纸上的 Google，却比 Google 早问世了 35 年。

Stewart 跟他的出版团队出了好几期 *The Whole Earth Catalog*，然后出了停刊号。当时是 70 年代中期，我正是你们现在这个年龄的时候。在停刊号的封底，有张早晨乡间小路的照片，那种你去爬山时会经过的乡间小路。在照片下有行小字：

求知若饥，虚心若愚。

那是他们亲笔写下的告别讯息，我总是以此自许。当你们毕业，展开新生活，我也以此期许你们。

求知若饥，虚心若愚。

非常感谢大家。

【典礼演讲】

在 USC Marshall 商学院毕业典礼上的演讲

埃隆·马斯克

（埃隆·马斯克，美国 SpaceX、特斯拉汽车、PayPal 等公司创始人，美国《财富》杂志 2013 年度商业人物，2016 年彭博全球 50 大最具影响力人物与最具影响力 CEO，《彭博商业周刊》2017 年度全球 50 大最具影响力人物，《时代周刊》2018 年全球最具影响力人物。2018 年 2 月 7 日凌晨，旗下 SpaceX 公司的"重型猎鹰"运载火箭在美国肯尼迪航天中心首次成功发射，并成功完成两枚一级助推火箭完整回收。埃隆·马斯克是一个目标极其明确的、疯狂的创业者。）

谢谢大家，我只有很短的几分钟，我会努力利用好这仅有的时间。

在这里我想与大家分享四件重要的事情。其中一些听起来可能像名言警句，但是经历告诉我，它们确实实用。

第一点对于要创业的年轻人非常重要，你需要非常努力地去工作。

努力工作意味着什么？当我弟弟和我一起创立 Zip2 的时候，我们没有购置任何房产作为工作的地方，在一间又小又普通的办公室里开始我们的事业，我们大部分时间都花费在那个小小的沙发上。我们互相讨论想法，当时我们只有一台电脑，白天需要用电脑运营网页，编码只能在晚上进行。我们每周 7 天每天 24 个小时几乎都在工作。

当时我有一个女朋友，她为了跟我在一起不得不睡在办公室的沙发上。如果你要快速成立自己的公司，努力工作是必须的。

你自己做一个很简单的数学计算，别人工作 50 个小时，但是你工作 100 个小时，你会比别人多干掉两倍的工作。

另外一点我想讲的是，如果你成立了自己的公司或正在管理一个公司，吸引优秀的人和你一起工作也是非常重要的。

一个人要不就是加入一个精英汇聚、尊重人才的公司，要不就是和一群乌合之众工作。企业的成功大部分情况下都是一群优秀的人汇聚到一起做成了一个伟大的产品。不论这群人多么有才，他们必须同心协力专注在一个正确的产品方向上，才能造就巨大的成功。因此，创业者需要用尽一切手段去吸引优秀的人才。

然后，我想将话题转向如何去判断企业是否走在正确的道路上。

很多人感到困惑，他们花的钱并没有让他们的产品变得更好，举一个例子，在特斯拉，我们从不在广告上花钱，我们把所有的钱都投在了产品研发及更好的产品设计上，我们尽全力把我们的车做得尽可能好。

我认为这是最好的出路。所以，如果你想建立一个公司，你要不断地思考，你们作出的这些努力是否使你们的产品或者服务变得更好。如果没有，就不要再做这些事情了。

除此之外我还想说,不要单一地跟着所谓的大趋势走。从物理学第一原理的角度来讲,并不是通过类比去论证,而是通过所有你认为最本质的元素去推论。

这样一来你可以分辨出哪些是你应该做的,哪些只是你跟随别人的脚步在做的。当然,你不可能面面俱到,你要付出很多努力。

但是,如果你想尝试新的事物,这是最好的办法。就像物理学家研究量子力学那样去思考问题。这是一个很强大的方法。

最后我想说的是,是时候去冒险了。你现在没有孩子,或者你可能没有孩子,随着你变老,你的职责在增多。

一旦你有了家庭,你就不是单单在拿自己冒险,而是拿你的家庭去冒险。去尝试那些可能失败的事情会变得越来越难。

所以,现在就去冒险吧,在你拥有那些责任之前,我非常提倡你们去冒个险。

【典礼演讲】

青蒿素:中医药给世界的一份礼物

屠呦呦

尊敬的主席先生,尊敬的获奖者,女士们,先生们:

今天我极为荣幸能在卡罗林斯卡学院讲演,我报告的题目是"青蒿素:中医药给世界的一份礼物"。

在报告之前,我首先要感谢诺贝尔奖评委会、诺贝尔奖基金会授予我 2015 年生理学或医学奖。这不仅是授予我个人的荣誉,也是对全体中国科学家团队的嘉奖和鼓励。在短短的几天里,我深深地感受到了瑞典人民的热情,在此我一并表示感谢。

谢谢 William C. Campbell(威廉姆.坎贝尔)和 Satoshi ōmura(大村智)二位刚刚所做的精彩报告。我现在要说的是四十年前,在艰苦的环境下,中国科学家努力奋斗从中医药中寻找抗疟新药的故事。

关于青蒿素的发现过程,大家可能已经在很多报道中看到过。在此,我只做一个概要的介绍。这是中医研究院抗疟药研究团队当年的简要工作总结,其中蓝底标示的是本院团队完成的工作,白底标示的是全国其他协作团队完成的工作。蓝底向白底过渡标示既有本院也有协作单位参加的工作。

中药研究所团队于 1969 年开始抗疟中药研究。经过大量的反复筛选工作后,1971 年起工作重点集中于中药青蒿。又经过很多次失败后,1971 年 9 月,重新设计了提取方法,改用低温提取,用乙醚回流或冷浸,而后用碱溶液除掉酸性部位的方法制备样品。1971 年 10 月 4 日,青蒿乙醚中性提取物,即标号 191# 的样品,以 1.0 克/公斤体重的剂量,连续 3 天,口服给药,鼠疟药效评价显示抑制率达到 100%。同年12月到次年1月的猴疟实验,也得到了抑制率100%的结果。青蒿乙醚中性提取物抗疟药效的突破,是发现青蒿素的关键。

1972年8至10月,我们开展了青蒿乙醚中性提取物的临床研究,30例恶性疟和间日疟病人全部显效。同年11月,从该部位中成功分离得到抗疟有效单体化合物的结晶,后命名为"青蒿素"。

1972年12月开始对青蒿素的化学结构进行探索,通过元素分析、光谱测定、质谱及旋光分析等技术手段,确定化合物分子式为$C_{15}H_{22}O_5$,分子量282。明确了青蒿素为不含氮的倍半萜类化合物。

1973年4月27日,经中国医学科学院药物研究所分析化学室进一步复核了分子式等有关数据。1974年起,与中国科学院上海有机化学研究所和生物物理所相继开展了青蒿素结构协作研究的工作。最终经X光衍射确定了青蒿素的结构。确认青蒿素是含有过氧基的新型倍半萜内酯。立体结构于1977年在中国的科学通报发表,并被《化学文摘》收录。

1973年起,为研究青蒿素结构中的功能基团而制备衍生物。经硼氢化钠还原反应,证实青蒿素结构中羰基的存在,发明了双氢青蒿素。经构效关系研究,明确青蒿素结构中的过氧基团是抗疟活性基团,部分双氢青蒿素羟基衍生物的鼠疟效价也有所提高。

这里展示了青蒿素及其衍生物双氢青蒿素、蒿甲醚、青蒿琥酯、蒿乙醚的分子结构。直到现在,除此类型之外,其他结构类型的青蒿素衍生物还没有用于临床的报道。

1986年,青蒿素获得了卫生部新药证书。1992年再获得双氢青蒿素新药证书。该药临床药效高于青蒿素10倍,进一步体现了青蒿素类药物"高效、速效、低毒"的特点。

1981年,世界卫生组织、世界银行、联合国计划开发署在北京联合召开疟疾化疗科学工作组第四次会议,有关青蒿素及其临床应用的一系列报告在会上引起热烈反响。我的报告是"青蒿素的化学研究"。上世纪80年代,数千例中国的疟疾患者得到青蒿素及其衍生物的有效治疗。

听完这段介绍,大家可能会觉得这不过是一段普通的药物发现过程。但是,当年从在中国已有两千多年沿用历史的中药青蒿中发掘出青蒿素的历程却相当艰辛。

目标明确、坚持信念是成功的前提。1969年,中医科学院中药研究所参加全国"523"抗击疟疾研究项目。经院领导研究决定,我被指令负责并组建"523"项目课题组,承担抗疟中药的研发。这一项目在当时属于保密的重点军工项目。对于一个年轻科研人员,有机会接受如此重任,我体会到了国家对我的信任,深感责任重大,任务艰巨。我决心不辱使命,努力拼搏,尽全力完成任务!

学科交叉为研究发现成功提供了准备。这是我刚到中药研究所的照片,左侧是著名生药学家楼之岑,他指导我鉴别药材。从1959年到1962年,我参加西医学习中医班,系统学习了中医药知识。化学家路易·帕斯特说过"机会垂青有准备的人"。古语说:"凡是过去,皆为序曲。"然而,序曲就是一种准备。当抗疟项目给我机遇的时候,西学中的序曲为我从事青蒿素研究提供了良好的准备。

　　信息收集、准确解析是研究发现成功的基础。接受任务后,我收集整理历代中医药典籍,走访名老中医并收集他们用于防治疟疾的方剂和中药,同时调阅大量民间方药。在汇集了包括植物、动物、矿物等2 000余内服、外用方药的基础上,编写了以640种中药为主的《疟疾单验方集》。正是这些信息的收集和解析铸就了青蒿素发现的基础,也是中药新药研究有别于一般植物药研究的地方。

　　关键的文献启示。当年我面临研究困境时,又重新温习中医古籍,进一步思考东晋(公元3—4世纪)葛洪《肘后备急方》有关"青蒿一握,以水二升渍,绞取汁,尽服之"的截疟记载。这使我联想到提取过程可能需要避免高温,由此改用低沸点溶剂的提取方法。

　　关于青蒿入药,最早见于马王堆三号汉墓的帛书《五十二病方》,其后的《神农本草经》《补遗雷公炮制便览》《本草纲目》等典籍都有青蒿治病的记载。然而,古籍虽多,却都没有明确青蒿的植物分类品种。当年青蒿资源品种混乱,药典收载了2个品种,还有4个其他的混淆品种也在使用。后续深入研究发现,仅 Artemisia annua L. 一种含有青蒿素,抗疟有效。这样客观上就增加了发现青蒿素的难度。再加上青蒿素在原植物中含量并不高,还有药用部位、产地、采收季节、纯化工艺的影响,青蒿乙醚中性提取物的成功确实来之不易。中国传统中医药是一个丰富的宝藏,值得我们多加思考,发掘提高。

　　在困境面前需要坚持不懈。七十年代中国的科研条件比较差,为供应足够的青蒿有效部位用于临床,我们曾用水缸作为提取容器。由于缺乏通风设备,又接触大量有机溶剂,导致一些科研人员的身体健康受到了影响。为了尽快上临床,在动物安全性评价的基础上,我和科研团队成员自身服用有效部位提取物,以确保临床病人的安全。当青蒿素片剂临床试用效果不理想时,经过努力坚持,深入探究原因,最终查明是崩解度的问题。我们改用青蒿素单体胶囊,从而及时证实了青蒿素的抗疟疗效。

　　团队精神,无私合作加速科学发现转化成有效药物。1972年3月8日,全国"523"办公室在南京召开抗疟药物专业会议,我代表中药所在会上报告了青蒿191#提取物对鼠疟、猴疟的结果,受到会议极大关注。同年11月17日,在北京召开的全国会议上,我报告了30例临床全部有效的结果。从此,拉开了青蒿抗疟研究全国大协作的序幕。

　　今天,我再次衷心感谢当年从事"523"抗疟研究的中医科学院团队全体成员,铭记他们在青蒿素研究、发现与应用中的积极投入与突出贡献。感谢全国"523"项目单位的通力协作,包括山东省中药研究所、云南省药物研究所、中国科学院生物物理所、中国科学院上海有机所、广州中医药大学以及军事医学科学院等,我衷心祝贺协作单位同行们所取得的多方面成果,以及对疟疾患者的热诚服务。对于全国"523"办公室在组织抗疟项目中的不懈努力,在此表示诚挚的敬意。没有大家无私合作的团队精神,我们不可能在短期内将青蒿素贡献给世界。

疟疾对于世界公共卫生依然是个严重挑战。WHO总干事陈冯富珍在谈到控制疟疾时有过这样的评价,在减少疟疾病例与死亡方面,全球范围内正在取得的成绩给我们留下了深刻印象。虽然如此,据统计,全球97个国家与地区的33亿人口仍在遭遇疟疾的威胁,其中12亿人生活在高危区域,这些区域的患病率有可能高于1/1 000。统计数据表明,2013年全球疟疾患者约为1亿9千8百万,疟疾导致的死亡人数约为58万,其中78%是5岁以下的儿童。90%的疟疾死亡病例发生在重灾区非洲。70%的非洲疟疾患者应用青蒿素复方药物治疗(Artemisinin-based Combination Therapies,ACTs)。但是,得不到ACTs治疗的疟疾患儿仍达5千6百万到6千9百万之多。

疟原虫对于青蒿素和其他抗疟药的抗药性。在大湄公河地区,包括柬埔寨、老挝、缅甸、泰国和越南,恶性疟原虫已经出现对于青蒿素的抗药性。在柬埔寨、泰国边境的许多地区,恶性疟原虫已经对绝大多数抗疟药产生抗药性。请看今年报告的对于青蒿素抗药性的分布图,红色与黑色提示当地的恶性疟原虫出现抗药性。可见,不仅在大湄公河流域有抗药性,在非洲少数地区也出现了抗药性。这些情况都是严重的警示。

"世界卫生组织2011年遏制青蒿素抗药性的全球计划",这项计划出台的目的是保护ACTs对于恶性疟疾的有效性。鉴于青蒿素的抗药性已在大湄公河流域得到证实,扩散的潜在威胁也正在考察之中。参与该计划的100多位专家认为,在青蒿素抗药性传播到高感染地区之前,遏制或消除抗药性的机会其实十分有限。遏制青蒿素抗药性的任务迫在眉睫。为保护ACTs对于恶性疟疾的有效性,我诚挚希望全球抗疟工作者认真执行"WHO遏制青蒿素抗药性的全球计划"。

在结束之前,我想再谈一点中医药。"中国医药学是一个伟大宝库,应当努力发掘,加以提高。"青蒿素正是从这一宝库中发掘出来的。通过抗疟药青蒿素的研究经历,深感中西医药各有所长,二者有机结合,优势互补,当具有更大的开发潜力和良好的发展前景。大自然给我们提供了大量的植物资源,医药学研究者可以从中开发新药。中医药从神农尝百草开始,在几千年的发展中积累了大量临床经验,对于自然资源的药用价值已经有所整理归纳。通过继承发扬,发掘提高,一定会有所发现,有所创新,从而造福人类。

最后，我想与各位分享一首我国唐代有名的诗篇，王之涣所写的《登鹳雀楼》："白日依山尽，黄河入海流，欲穷千里目，更上一层楼。"请各位有机会时更上一层楼，去领略中国文化的魅力，发现蕴涵于传统中医药中的宝藏！

衷心感谢在青蒿素发现、研究和应用中做出贡献的所有国内外同事们、同行们和朋友们！

深深感谢家人的一直以来的理解和支持！

衷心感谢各位前来参会！

谢谢大家！

（资料来源：《屠呦呦诺奖报告演讲全文》，中国政府网，http://www.gov.cn/zhuanti/2015-12/18/content_5025361.htm）

【迎送演讲】

对毕业生想说的几句话

韩大元

（本文为中国人民大学法学院院长韩大元教授在2011届毕业生欢送会上的致辞，有删减。）

尊敬的各位老师，各位家长，亲爱的同学们：

大家下午好！

刚才，在为毕业生同学颁发第一张校友卡的时候，我忽然意识到，时间过得真快，又到了跟毕业的同学们说再见的时候了。同学们以前也许参加过欢送师兄师姐的活动，或者在网站媒体上看到过各式各样的毕业典礼，只不过那时你们都还只是旁观者，无法真正体会毕业同学们复杂的内心世界。而今天，你们自己终于成为主角。作为院长，我平时会有很多不同场合的讲话和致辞，但其中最让我珍惜的就是一年里固定的两次面对同学们的致辞：一次是各位作为新生初入人大法学院之时，我在开学典礼上的欢迎辞；另一次就是在大家即将走出校园、成为人大法学院校友的毕业典礼上的欢送辞。在这里，我首先要说，在人大法学院2011届全体808位毕业生即将离开校园、走向社会的时候，我代表法学院，向你们表示热烈的祝贺！向为学院教学、管理等各项工作付出辛劳和努力的老师们表示由衷的谢意！同时，还要向为学生成长付出心血的各位家长、为人大法学院发展提供支持的社会各界人士表示真诚的感谢！

同学们，作为法学院的老师和院长，我很愿意在这样的场合跟你们进行坦诚的、平等的交流，讲一些我的心里话。在即将走出校园的此时此刻，我特别想知道你们最大的困惑是什么？你对社会又有怎样的期待？我想知道，当你回顾在人大法学院度过的每一天的时候，这个学院带给你的知识和道德修养多不多？法学院的培养模式是不是达到了你入学时的期待？我是否忠实地兑现了在开学典礼上说过的法学院为你们提供中国最好的法学教育的承诺？我还想知道，学院的就业指导工作做得是否到位？你是否找到了满意的工作？太多的东西是我希望了解的。尽管法学院已经作了很多努力，但是离你们的要求难免还有差距。希望你们能把对学院的意见和建议留给我们，让咱们的法学院不断完善、不断壮大，真正成为一所受人尊敬的世界一流法学院。因为人大法学院永远都会是你们最值得留恋的精神家园！

　　回顾法学院走过的60多年历程和取得的成就，回顾大家的校园生活，我们心中对于60多年来艰苦创业的老前辈、老师们，充满了无限的感激之情。我们这所法学院拥有着令人自豪的教师团队，希望你们记住那些曾给你们上过课的老师，和那些虽没有直接上过课，但为法学院发展作出贡献的老师们，还有去世的老师们。因为你们分享和感受的法学院价值、自豪中凝聚着他们的贡献和期待。在你们学习期间，一些可亲可敬的老师先后离我们而去——曾宪义教授、陈桂明教授、郑定教授、董成美教授、赵友琦教授、叶长良教授、徐立根教授、潘静成教授、肖永义老师等。特别是今年1月逝世的老院长曾宪义教授，他在担任法律系系主任、法学院院长、名誉院长期间，呕心沥血，为法学院取得今天的辉煌成就倾注了所有的心血。他们虽然走了，但留给我们太多的学术遗产，他们把很多美好的记忆留给了我们。我们今天分享的成就、自豪与自信是所有热爱法学院的老师、同学和校友们共同创造的。你们虽然毕业了，但你们不是法学院发展的旁观者，而是真正的主人，社会将通过你们来评价、检验人大法学院履行的社会责任。我们的表现已经不是纯粹的个体行为，而属于法学院这个共同体，我们不能辜负老师们的期望，包括已经去世的老师们，希望同学们永远记住他们的贡献，永远怀念他们。

　　对于一个以建设成"受人尊敬的法学院"为目标的学院来说，她的成功得益于历届毕业生赢得的社会声誉。法学院一直希望她的毕业生具有深厚的人文情怀，追求真理、崇尚法治、服务社会，承担一流法学院毕业生的社会责任。没有社会责任的法学院是没有生命力的，我们这个时代，一些法学院的硬件越来越好，规模越来越大，但真正支撑一所法学院的精神、道德、伦理和责任感等软件却越来越差，我甚至怀疑，我们是不是正在丧失法学院的精神、价值与道德？我们知道，法律职业绝不仅仅是一个注册登记的概念，而主要是一个内心认同和道德确信的过程。我们应该相信，只有捍卫正义、维护法律的尊严和神圣性，才能彰显人的理性、主体性以及人在社会中崇高的价值目标。

　　同学们知道吗？你们从即日起毕业，还会有一个特殊的人大法律人身份——你们是人大法学院经历一个甲子之后的首届毕业生，也可以说是人大法学院重新创业第一年的毕业生。你们很幸运，参与了法学院60周年院庆的活动，接受了法学院文化的洗礼。院庆期间，很多老校友远道而来，那感人的一幕幕情景让我深有感触、特别感动。握着白发苍苍的老校友的手，我感受到的是照片与文字无法承载的温暖情怀。相信大家和我一样,除了感受到人大法学院60年来的历史与辉煌,更深刻的体会便是法学院和全体学生之间跨越时空、连接心灵的这种浓厚的"人大法律人"情怀。这种情怀、情感,以前是、现在是、以后也将继续是人大法学院凝聚人心、不断发展的精神动力。

我们将与大家一道,共同建立、完善法学院校友文化。在世界著名的大学中,比如我们熟知的耶鲁大学、哈佛大学、牛津大学,等等,支撑他们建设与发展的人力、物力和社会资源,主要不是来自政府,而是来自校友。大家平时也一定会注意到,无论在学术交流还是在求职面试的时候,我们都会特别注意到彼此身上相同的标签,那名片就是"人大法律人"。面向未来,我们希望能将人大法学院的校友文化提高到新的层次和水平,以更加灵活多样的形式将母校的关心和爱护之情传递给大家,增强大家对人大法学院的归属感。校友文化建设是潜移默化的过程,需要大家寻求共识,共同推动。希望同学们毕业以后继续关心、支持承载了你们一生中最美好年华的人大法学院,使"人大法律人"成为一个更有凝聚力和影响力的群体。

站在这里,我感到欣慰的是,在今天社会就业形势整体上比较严峻的情况下,大多数同学都已经找到了比较满意的工作或者选择继续深造。当然,我也能够体会到大家在求职、就业过程中所经历的艰辛和无奈,能够体会到大家面对激烈竞争时的压力。我们的社会还在转型过程中,大家都期待社会公信力的恢复,一些制度仍然需要调试和完善。在这样的背景下,我理解大家在出去找工作、与社会接触的过程中,可能遇到的问题甚至曾经遭遇过的不公平,这些令人不免产生一些迷茫纠结的情绪。从某种意义上,法律人就是生活在法治理想与现实的冲突过程中,我们的使命就是塑造法治价值,回应民众对法治的期待,使法治融入人们的生活,维护社会公平与正义。而为了实现这个目标,我们法律人首先永远不要失去对自己的信心,永远不要失去对社会发展进步的信心。

同学们,你们很快就要离开这个校园。还让我特别牵挂的是,我了解到目前还有十几位同学没有完全落实工作。你们此刻的心情可能比其他同学更加复杂。但你们要知道,你们是中国最优秀的法学院的毕业生。现在的不确定只是暂时的,你当它是挫折也好,当它是等待更好的机会也罢,只要有信心、有毅力,困难挫折更能体现出人大法律人的才华、能力和品格。希望大家不要气馁,调整好心态,乐观地面对毕业,乐观地面对未来。

同学们,你们很快就要成为人大法学院的校友了。最后我还想和各位"准校友"分享一下法学院今后的发展目标。我们希望在建院100周年的时候,将人大法学院建设成世界一流法学院,建设成一所令人尊敬的法学院,建设成一所值得所有校友为之骄傲的法学院。从现在到100周年院庆,我们还有不到40年的时间。40年,一万四千多天。要实现从"中国一流"到"世界一流"的跨越,每一年都很重要,每一天都很重要。这需要老师们继续努力,需要校友们继续努力,特别是要看你们未来的表现。我们的每一分努力,都是为了大家共同热爱的人大法学院的发展,都是为了大家引以为豪的人大法律人的荣光。我期待着你们的表现!

亲爱的各位同学,千言万语都无法表达老师们对你的祝福。无论将来你从事什么工作,我和老师们都会祝福你的发展,人大法学院也永远欢迎你常回来看看!真诚地祝福大家,祝同学们在未来的人生道路中健康,自信,宽容,快乐!

谢谢大家!

【竞聘演讲】

竞聘校长演讲

李敬东

尊敬的各位领导、各位评委:

大家好!

感谢区委组织部和教育局党委给我这次竞聘中学校长的机会。

我叫李敬东,今年38岁,是中共党员。1989年于曲阜师范大学中文系专科毕业。曾先后任十五中学语文教师、班主任、教研组长,十四中学办公室副主任、教导处主任。现任十四中学业务校长。

同在座的很多同志一样,当年考入师范院校时,社会上有不少人说我"走对了路、进错了门"。但我一直认为,教育是开启民智的钥匙,社会进步的动力,教育天地广阔,大有作为,特别是在中学教育这块肥沃的土地上。在各级领导、前辈和同志们的悉心关怀和帮助下,我由一名教坛新兵逐渐成长和成熟起来,政治思想和业务教学及管理水平也不断提高:先后被评为区教学先进个人、优秀教师、优秀班主任、优秀青少年教育工作者,两届市骨干教师。参加工作十七年,获得近十次年度考核优秀。

这次竞聘让谈一下任职优势,与其他优秀的同志相比,我没有什么优势,下面我只是把自己的特点或特长向各位领导汇报一下。

第一,具有较为丰富的工作经历。我从基层语文教师、班主任、教研组长到办公室副主任、教导处主任、业务校长,十几年来扎扎实实,一步一个脚印,学习、积累了不少教学和管理经验,也锻炼了自己的组织协调能力。

第二,具有较强的业务能力。我教学成绩优秀。走上管理岗位后,在学校党支部的带领下,团结广大教师,成功创建市级规范化学校、市电化教育示范学校、市遵纪守法光荣学校等,教学质量稳步提高,为十四中学的崛起与发展尽了自己的微薄之力。

第三,具有较强的科研、创新能力。参与多项省、市级教改实验,主持两项市级教改课题,均取得良好效果。

第四，具有较强的写作能力。中文专业毕业使我具有较扎实的文字功底，已有《语文教学活起来》等十多篇学科教学论文以及《改革、崛起中的十四中学》《科学管理是立校之本，教学研究是兴校之路》等 10 多篇宣传学校、介绍管理经验的文章在各级报刊上发表；另有《红烛颂》《平凡的英雄》等诗歌作品发表并多次参加演出；一度承担了学校的计划、总结、宣传汇报等所有文字材料的写作，还多次为教育局及区里的文艺演出撰写脚本。

第五，我还具有一颗献身教育事业的赤诚之心，一副年轻、健康的体魄，一腔饱满的工作热情，一股在工作上永不退缩的坚韧斗志！

如果这次竞聘为中学校长，我会这样开展工作：

一、出思路：用先进的思想引领学校

苏霍姆林斯基说：校长的领导首先是教育思想的领导。因此我会首先认真学习新修订的《义务教育法》，贯彻党的教育方针，用科学发展观指导工作，遵循教育规律，全面实施素质教育，继续推进课程改革的深入发展。其次，在前任校长的基础上，带领大家确立学校新的发展定位，制订新的发展计划。

二、抓班子：用共同的要求凝聚干部

毛泽东同志曾经说过："政治路线确定之后，干部是决定的因素。"只有一流的班子，才能带出一流的队伍，我们应该树立这样一种观念：学校发展，自己才能发展；事业成功，自己才能成功。因此班子成员一是要以身作则，率先垂范；二是分工明确、高效务实；三是团结协作，优势互补。

三、带队伍：用崇高的目标激励教师

民族振兴，教育为本；学校发展，教师为本。要引领教师在成就学生的同时成就自己，在成就事业的同时使自己成功。主要举措有：

（1）强调以人为本，把教师的事业发展作为学校发展的战略任务来抓，树立"培训就是教师最大的福利"的观念。

（2）建设学习型组织，为教师的发展、成功提供平台。

（3）建设学校文化，丰富学校人文底蕴，营造师生共同的精神家园，努力使大家做到学习着、快乐着、工作着、研究着、辛苦着、幸福着。

四、精管理：用优秀的理念管理教育

基于可持续发展的理念，建立健全学校的各项规章制度，坚持依法治校。我们知道，制度的建设在于规范，管理的真谛在于激励，从这个角度出发，一是坚持以人为本，做到制度管理与人本管理相结合，最大限度调动全体员工的积极性；二是坚持目标管理，做到目标管理与过程管理相结合；三是坚持管理育人，把育人贯彻到管理的始终。

五、高效益：用高质量的教育回报社会

办人民满意的教育是学校的责任，是校长的责任。我理解的高质量的教育：一是以德育为首的教育,把做人放到第一位的教育;二是面向全体学生、促进学生全面可持续发展的教育;三是注重培养学生个性及创新实践能力的教育,而不仅仅是只注重分数的教育。

六、严律己:用神圣的使命鞭策自己

校长的工作是一份沉甸甸的担子,一头是家长的希望,一头是学生未来的幸福。作为一名称职的校长:

一是要谦虚谨慎、善于学习,不但要学习理论法规,还要向他人学习,特别是向在座的校长们学习,学习你们的治校策略,学习你们的敬业精神。

二是要廉洁自律,做到校务公开、财务公开、民主管理。

三是要加强思想修养,使自己具有扎实的作风、坚韧的品格、宽广的胸怀、创新的思路、识才的慧眼、干事的气魄。更重要的是要紧密团结在局党委的正确领导下,密切联系群众,共同把工作做好。

作为这次竞聘的积极参与者,不管结果如何,我都会正确对待,都将一如既往地为我所热爱的教育事业勤奋工作,恪尽职守。我的演讲完毕,谢谢大家!

【述职演讲】

我的述职报告

我从2×××年×月×日就任教务处处长,至今已过三个学期。一年多来,在院党委的正确领导下,在全院各部门特别是教学部门的大力支持下,我带领全处职工,以院党委近两年的工作要点为指针,按照主管院长的要求,紧紧抓住全院工作的重点和难点,奋力开拓,不断进取,较好地完成了学院交给的各项工作任务。

下面,按照党委要求,我把任职以来的工作情况向各位作简要汇报。请审查。

一、任职以来的主要工作

自2×××年×月×日以来,我和全处同志主要做了四个方面的工作:

1. 重点突破,努力扩大主体班次的招生规模

"主体班次",即参加全国成人高考录入学院的大专班次,其招生工作是全院工作的重点。因此,尽管这项工作面临的形势一年比一年严峻,但是,我们还是以最大的决心和勇气提出:"困难虽然在逐年增加,我们的招生规模却不能逐年缩小,相反,还要逐年扩大。"2×××年我们提出的招生指标是保×争×,比上年有所提高;2×××年的招生指标为保×争×,比上年又有更大的提高。

为了实现这个目标,我们着重采取了三项措施:一是对内建立激励机制,充分调动全院教职工的招生积极性;二是对外采取相应对策,适应考生不同层次不同方面的需求;三是对上进行积极争取,取得各方面的优惠政策。

在对内建立机制方面,主要是起草、修改和出台了《关于鼓励"以系自立"和扩大

办学的规定》。在×院长的指导下,作为规定起草和修改的执笔者,我曾先后两次召开处务会,参加两次教学系部负责人会议,参加两次院务会议,讨论六次,八易其稿,确实饱尝了"案牍劳形"之苦。这个规定出台后,大大激发了全院教职工的招生积极性,各系部积极开辟办学门路,就连党群后勤人员也都积极联系招生,收到了明显的效果。仅以率先自立的××为例,他们在××级新生入学前曾先后北下××、西上××,开辟了新的生源渠道,使报考我院2×××年的新生数从××人增至××余人。

在对外适应考生需要方面,主要是有针对性地采取了一些相应对策,在我的积极主张和带动下,我们做了以下四个方面的工作:一是调整部分专业,例如新上了××专业、××专业和××专业等,以适应当前办学市场的需要;二是变通学习形式,例如变全脱产为"自学与集中授课相结合"的形式,以适应考生在职学习的需要;三是搞好考前补习,例如在××、××办学点,开办成人高考补习班,以提高考生文化基础水平;四是开展联合办学,例如,与××市、××厂等企业联合,以解决生源就业分配问题。这样,就基本上适应了考生不同层次、不同方面的需要,使报名人数迅速扩大。

(在对上争取政策方面略。)

通过以上三项措施,这两年我们较好地实现了年初所制定的招生目标:2×××年录取新生××人,比招生最低年度2×××年高出了2倍还多,比往年招生最好的年度2×××年还多35%;2×××年录取新生×人,比2×××年的录取人数高出70%以上。

2. 整章建制,切实加强所有班次的学生管理

学生管理是学校育人的重要环节,它的好坏将直接影响学院的声誉;而且学生管理的工作内容较杂,牵涉的部门也较多,搞不好很容易出现漏洞,是全院工作的一个难点。为了搞好学生管理,我们主要做了两个方面的工作:一是建立健全学生管理制度;二是按照管理制度严格管理。

在整章建制方面,首先是由我执笔制定出台了《学生管理和教学管理的有关规定》,对大专班特别是业余班学生的上课、考勤、考试及补课、补考等作出了明确要求;其次是在2×××年下学期由我牵头修改并出台了《学生管理细则》,对全院学生在学籍、上课以及课外活动等方面都作出了明确要求。

在实施和管理方面,我们主要是加强监督检查工作,严把考试关。《学生管理细则》出台后,我当即责成专人抽查管理情况,及时通报,及时协调。(略)

3. 多措并举,不断提高教学管理水平和教学质量

教学工作是学院工作的主体,教学管理是教务处的主业。而且这项工作牵涉面较广,具有程序化特点,也是学院工作的难点之一。

为了搞好教学管理,不断提高教学质量,我们利用本学期招生的淡季,即×月下旬至×月上旬这两个月的时间,在院领导的指示下,由我执笔起草下发了《加强教学

管理,努力提高教学质量的意见》,其中有七项举措:一是大力开展公开教学活动;二是加大教学质量检评的力度;三是研究实施"五环节"教学模式;四是开展端正学风的教育;五是修改出台《教学管理细则》;六是加强教学计划的统一管理;七是选送教师外出培训和实践。这七项举措在实施以后都不同程度地收到了较好的效果。

4. 按照要求,完成上级和学院交给的其他任务

主要有:

(1) 今年年初至×月份省教委组织开展了全省成人高校办学水平的评估检查中,我领导教务处,协同学院"自检小组"做了很多准备工作和迎检工作,效果良好。

(2) 在去年年末和今年年初学院组织开展的"强化学院管理,促进学院发展"的研讨活动中,由我带头,全处递交了7篇论文,占全院上交论文总数(26篇)的25%以上。

(3) 如期征订、购置并分发了三个学期所有班次的教材,并于今年5月初协助电教中心购置了20台电子计算机。

二、任职以来的工作体会

我担任正职以来,之所以能够取得一点成绩,我想大概与我做到了以下三点不无关系:

(1) 十指弹琴,突出重音。部门主要负责人就是抓部门的全面工作的,上下、左右、内外的关系都要照顾到,各个方面的工作都要抓,如果不突出重点,就很可能是什么都抓了却什么都没抓好。例如,教务处目前的工作,我以为重中之重就是招生,我必须着重抓好这项工作,常抓不懈;而别的工作也不可忽略,例如,教学管理是重点,也必须抓好。怎么办?主要是分出轻重缓急,因为招生也不可能时时有任务、月月是"旺季",它的"淡季"就是抓其他重点的"旺季",重点就突出出来了。

(2) 提前预计,笨鸟先飞。刚才谈的是利用时间差来突出工作重点,但也有两处都忙和三处都忙的时候。这时怎么办?我的体会就是多思多想,把事情提前准备好、料理好,就不至于手忙脚乱。我经常是在别人下班和休息娱乐时干工作,有人说我"以校为家",那是敬辞,其实我自己知道能力有限,只是笨鸟先飞。

(3) 身先士卒,做好表率。正职做工作应当是多计划,多部署,多发挥下属的积极作用,但同时也应当率先垂范,特别是在做那些涉及全局性的工作、重大工作或者苦脏累的工作时,更应当如此。这样做,从消极意义上说不会受制于人,从积极意义上说则可以树立威望,作出表率和样板,带动大家一起把工作干好。

以上是对我任职以来所做工作的简要回顾。虽然取得了一些成绩,但是认真检查起来也存在一些不足,例如,在政治学习方面特别是在学习邓小平理论的系统性和理论深度上还很不够,经常因为行政事务过多而忽视学习;在开拓进取方面特别是在生源范围的扩大和专业的开发上还有差距,潜力仍然存在,力度也需加大;在要求下属方面,特别是在管理工作的细节上还不够严格,有时甚至出现过一些漏洞和失误。

今后,我一定要在院党委的正确领导下,紧紧团结和依靠全处工作人员以及全院同仁,以建设有中国特色的社会主义理论为指针,以这次机构改革、竞争上岗为动力,向先进学习,克服自己的不足,把教务处工作做得更好。

述职人×××
2×××年×月×日

(本文选自李刚英:《竞职·就职·述职演讲学》,辽宁人民出版社2001年版,有改动)

【凭吊演讲】

悼念玛丽·居里
爱因斯坦

在像居里夫人这样一位崇高人物结束她的一生的时候,我们不要仅仅满足于回忆她的工作成果对人类已经作出的贡献。第一流人物对于时代和历史进程的意义,在其道德品质方面,也许比单纯的才智成就方面还要大,即使是后者,它们取决于品格的程度,也远超过通常所认为的那样。

我幸运地同居里夫人有20年崇高而真挚的友谊。我对她的人格的伟大愈来愈感到钦佩。她的坚强,她的意志的纯洁,她的律己之严,她的客观,她的公正不阿的判断——所有这一切都难得地集中在一个人的身上。她在任何时候都意识到自己是社会的公仆,她极端地谦虚,永远不给自满留下任何余地。由于社会的严酷和不平等,她的心情总是抑郁的。这就使得她具有那样严肃的外貌,很容易使那些不接近她的人产生误解——这是一种无法用任何艺术气质来解脱的少见的严肃性。一旦她认识到某一条道路是正确的,她就毫不妥协地并且极端顽强地坚持下去。

她一生中最伟大的科学功绩——证明放射性元素的存在并把它们分离出来——之所以能取得,不仅是靠着大胆的直觉,而且也靠着在难以想象的极端困难情况下工作的热忱和顽强,这样的困难,在实验科学的历史中是罕见的。

居里夫人的品德力量和热忱,哪怕只要有一小部分存在于欧洲的知识分子中间,欧洲就会面临一个比较光明的未来。

【凭吊演讲】

在巴尔扎克葬礼上的演说
维克多·雨果

各位先生:

现在被葬入坟墓的这个人,举国哀悼他。对我们来说,一切虚构都消失了。从今以后,众目仰望的将不是统治者,而是思想家。一位思想家不存在了,举国为之震惊。

今天，人民哀悼一位天才之死，国家哀悼一位天才之死。

诸位先生，巴尔扎克这个名字将长留于我们这一时代，也将流转于后世的光辉业绩之中。巴尔扎克先生属于19世纪拿破仑之后的、强有力的作家之列。正如17世纪，一群显赫的作家涌现在黎塞留之后一样——就像文明发展中，出现了一种规律，促使武力统治者之后出现精神统治者一样。

在最伟大的人物中间，巴尔扎克是名列前茅者；在最优秀的人物中间，巴尔扎克是佼佼者之一。他才华卓越，至善至美，但他的成就不是眼下说得尽的。他的所有作品仅仅形成了一部书，一部有生命的、光亮的、深刻的书。我们在这里看见，我们的整个现代文明的走向，带着我们说不清楚的、同现实打成一片的惊惶与恐怖。一部了不起的书，他题作"喜剧"，其实就是题作"历史"也没有什么，这里有一切的形式和一切的风格，超过塔西陀，上溯到苏埃通，越过博马舍，直达拉伯雷；一部既是观察又是想象的书，这里有大量的真实、亲切、家常、琐碎、粗鄙。但是，有时通过突然撕破表面、充分揭示形形色色的现实，让人马上看到最阴沉和最悲壮的理想。

愿意也罢，不愿意也罢，同意也罢，不同意也罢，这部庞大而又奇特的作品的作者，不自觉地加入了革命作家的强大行列。巴尔扎克笔直地奔向目标，抓住了现代社会进行肉搏。他从各方面揪过来一些东西，有虚象，有希望，有呼喊，有假面具。他发掘内心，解剖激情。他探索人、灵魂、心、脏腑、头脑和各个人的深渊。巴尔扎克由于他自由的天赋和强壮的本性，由于他具有我们时代的聪明才智，身经革命，更看出了什么是人类的末日，也更了解什么是无意。于是面带微笑，泰然自若，进行了令人生畏的研究，但仍然游刃有余。他的这种研究不像莫里哀那样陷入忧郁，也不像卢梭那样愤世嫉俗。

这就是他在我们中间的工作。这就是他给我们留下来的作品，崇高而又扎实的作品，金刚岩层堆积起来的雄伟的纪念碑！从今以后，他的声名在作品的顶尖熠熠发光。伟人们为自己建造了底座，为了负起安放雕像的责任。

他的去世惊呆了巴黎。他回到法兰西有几个月了。他觉得自己不久于人世，希望再看一眼他的祖国，就像一个人出门远行之前，再来拥抱一下自己的母亲一样。

他的一生是短促的，然而也是饱满的，作品比岁月还多。

唉！这位惊人的、不知疲倦的作家，这位哲学家，这位思想家，这位诗人，这位天才，在同我们一起旅居在这世上的期间，经历了充满风暴和斗争的生活，这是一切伟大人物的共同命运。今天，他安息了，他走出了冲突与仇恨。在他进入坟墓的这一天，他同时也步入了荣誉的宫殿。从今以后，他将和祖国的星星一起，熠熠闪耀于我们上空的云层之上。

站在这里的诸位先生，你们心里不羡慕他吗？

各位先生，面对着这样一种损失，不管我们怎样悲痛，就忍受一下这样的重大打击吧。打击再伤心，再严重，也先接受下来再说吧。在我们这样一个时代里，一个伟人的逝世,不时地使那些疑虑重重、受怀疑论折磨的人,对宗教产生动摇。这也许是一桩好事,这也许是必要的。上天在让人民面对崇高的奥秘,并对死亡加以思考的时候,知道自己做的是什么;死亡是伟大的平等,也是伟大的自由。

上天知道自己做的是什么,因为这是最高的教训。当一个崇高的英灵,庄严地走进另一世界的时候;当一个人张开他的有目共睹的、天才的翅膀,久久飞翔在群众的上空,忽而展开另外的、看不见的翅膀,消失在未知之乡的时候,我们的心中,只能充满严肃和诚挚。

不,那不是未知之乡!我在另一个沉痛的场合已经说过,现在我也永不厌烦地还要再说——这不是黑夜,而是光明!这不是结束,而是开始!这不是虚无,而是永恒!我说的难道不是真话吗,听我说话的诸位先生?这样的坟墓,就是不朽的明证!面对某些鼎鼎大名的、与世长辞的人物,人们更清晰地感到这个睿智的人的神圣使命,他经历人世是为了受苦和净化,大家称他为大丈夫。而且心想,生前凡是天才的人,死后就不可能不化作灵魂!

【宴请演讲】
国际汽车展览会开幕招待酒会祝酒词

尊敬的各位领导、嘉宾,女士们、先生们:

晚上好!

今天,有机会同各位领导、各位嘉宾、各位朋友相聚,我非常高兴。我谨代表本届展会的主办和承办机构,对光临今天晚上开幕招待酒会的各位领导、各位嘉宾、各位朋友表示热烈的欢迎和衷心的感谢!

本届展会以"承载梦想、畅想生活"为主题,集中展示各类乘用车、商用车以及汽车零部件、汽车用品等,展会总面积达到8.5万平方米。其中,整车参展企业60家,展出面积6.5万平方米;零配件及用品参展企业328家,展出面积2万平方米。本届车展的参展企业阵容强大,品牌云集,展商对本届广州车展的重视度进一步提高。在媒体日当天举行新车发布会的参展企业有30多家,20多台概念车及另外90多台新车争相登场;来自海内外的汽车行业知名厂商纷纷亮相,在广州汽车展这个优秀的商业平台上展示他们的最新产品、先进技术及品牌形象。本届展会还将举办精彩纷呈的系列配套活动,包括2016中国(广州)汽车高峰论坛、2016汽车文化节、2016广州汽车工业历史图片展、汽车安全驾驶现场演示活动及汽车行业相关研讨会等,从不同角度充分彰显汽车文化内涵。

广州车展自创办以来,一直注重与海内外媒体的广泛合作,为众媒体单位和记者提供更周到、更优越的服务。三年来,与广州车展保持紧密合作的媒体的数量及质量都逐年提高。这些媒体的范围遍及门户网站、电视台、电台、报纸、专业杂志、时尚刊物等各个领域。正是这种密集的、广泛的、多种形式的、持续性的宣传手段使广州车展声名远播、家喻户晓。从近段时间媒体采访报道申请的情况来看,本届车展到会媒体(包括合作媒体和后期邀请媒体)数量和记者人数将会有更大的增加,预计将有600家媒体、1 600多名记者到会采访报道。同时,本届展会秉承"以人为本、服务至上"的原则,力求为参展企业、媒体和观众提供更加周到、细致和便捷的服务;继续增设从市区主要酒店到展会现场的穿梭巴士,方便观众到会参观;进一步完善电子卡门票、验证系统加强观众管理;尤其是今年首次在7月举办展会,为了让广大观众免受高温下排队之苦,本届车展全面实施使用羊城通刷卡进场的方案;本届展会还加大了解决餐饮服务问题的力度,通过积极的工作,本届展会的餐饮中心将可以供5万人同时就餐。

本届展会不仅为前来参观的中外朋友们提供了汽车工业发展的更加丰富的视觉享受,而且为中外汽车界的科技人员搭建起一个技术信息交流的平台,为中外企业提供了一次商务合作的难得机会,也必将对中国汽车工业的发展和技术进步产生积极的影响和推动作用。

本届展览会的成功举办,有赖于国内外有关单位的积极参与和大力支持。谨此,我代表主办机构,向所有支持广州汽车展的机构和朋友们表示衷心的感谢!并诚挚地希望在座各位一如既往地支持广州汽车工业及广州汽车展的发展!

现在,请大家举杯!为本届展会圆满成功,为各位朋友的身体健康,干杯!

【婚庆演讲】

婚庆主持辞

(婚礼开场)

尊敬的各位来宾,各位朋友:

大家晚上好!

感谢各位来宾在百忙之中的大驾光临。我是本场婚宴的司仪××。十分荣幸能以司仪的身份,与各位尊贵的来宾一起,共同见证这对新人的神圣婚典。

今天是××××年×月×日,农历×月×日。今天是个喜庆的日子,宾客满堂,高朋满座,我们迎来了××先生和×××小姐的幸福结合。在这里,我代表一对新人以及新人的父母对各位到场来宾表示衷心的感谢和热烈的欢迎。

朋友们,我们知道中国的传统情人节是七夕。七夕是农历七月初七。可以说,七是一个代表爱情、代表幸福的吉祥数字。

我们的新郎官儿刚好比新娘子大七岁,他们选择在相恋七年的时候,共同步入神圣的婚礼殿堂,一同开启人生的新篇章。

这两个特别的七的组合,不是巧合,而是上天的注定。新郎新娘的结合,是天造地设一样的难得。这两个有情的爱人，在一起的每一天都是情人节。

现在他们结束了七年的爱情长跑，终于要携手步入这个庄严神圣的婚礼殿堂了，他们将以自己非常独特的方式出现在各位来宾的面前。各位来宾，让我们将最真挚的祝福和最热烈的掌声送给他们，有请七年之恋的男女主角，闪亮登场。

（音乐，新郎新娘进场）

太精彩了！现场的朋友们，请将你们的掌声送给我们这两位新人，精彩的舞蹈表演给我们带来了一场视觉的盛宴。七年前，我们的新郎是在跳舞的时候，见到我们美丽的新娘的。可以说，街舞算是他们的红娘，今晚他们舞动的不仅仅是他们的身体，他们的青春洋溢，还有他们这7年来深深的爱。

现在，让我们的新娘去换一下美丽的婚纱，让我们的新郎留下给我们讲述一下这7年幸福的爱恋。

新郎官儿，你们入场的方式非常特别，非常的有个性。那么也请你用非常特别的方式来介绍一下你自己吧。

好的，我们的新郎官儿非常的幽默啊。新郎官儿，还记得七年前，第一次见到我们新娘时的情景吗？

那请你来说说，当时你们是怎么认识的。

那么你追求了新娘多久，新娘才同意跟你交往的呢？

在交往的过程当中，新郎官儿，是用怎样的方式来追求新娘的？最后又是怎样打动了我们的新娘，最终幸福地在一起了呢？

新郎，七年前在追求我们新娘的时候，有没有幻想过，七年后的今天，新娘会跟你一起步入神圣的婚礼殿堂，跟你携手一生？

可以告诉我，你现在的心情幸福吗？开心吗？激动吗？

那么在这么喜庆、欢乐的时刻，还有一群人跟你一样，他们也很开心，也很激动，他们就是你的朋友们。他们制作了一段视频送给你，表达他们对你深深的祝福。现在，让我们的新郎下去换一下礼服，让我们一起来看这些可爱的朋友们送上的真挚祝福。

谢谢这些可爱的朋友们的祝福。谢谢你们的情，谢谢你们的义，当然，最主要的还是谢谢你们红包里包来的人民币。

好的，开个玩笑。现在我们将迎接的是庄严神圣的婚礼仪式了！有请今天最大的官儿——新郎官儿，闪亮登场！

带着悠悠的情怀，带着久久的期待，我们的××先生今天终于实现了自己的人生梦想，走进了自己的婚礼殿堂。朋友们，让我们用掌声、欢呼声为他加油，为他喝彩。

朋友们，新郎来到了舞台之上，他的手中拿着一束象征爱情的玫瑰花。今天，他要把这一束爱情花送给他一生挚爱的女人，朋友们，让我们把目光集中在幸福之门，用我们最热烈的掌声有请我们最美丽的新娘,幸福入场。

新郎,现在红毯另一端的幸福拱门,站着的就是跟你相爱七年,将来要跟你共度一生的女人。请你到新娘的身边去,用你自己的方式去迎接你的新娘,跟她一起漫步红毯。

来宾朋友们,多么浪漫的一幕。此时此刻,千言万语尽在不言中,让我们用掌声送出我们的祝福吧。

红毯精灵们,你们准备好了吗?倒数七个数,让我们一起开启手中的荧光棒,为我们的新人制造一个特别的荧光红毯,送出我们最真切的祝福。

现在,我们的新郎新娘都站上了舞台。现场的朋友们,让我们祝福他们在婚姻的道路上能够永远地长依常伴,白头到老。

让我们来看看新娘,换上了美丽的婚纱,比刚才入场时的街舞装扮更增添了几分高贵、优雅的气质。新娘子,你现在的心情如何?

那么,你觉得今天在你身边的新郎帅吗?请你评价一下他吧。

(证婚、主婚)

谢谢,谢谢大家的掌声。今天,一对新人成为正式的夫妻。爱情需要长久,婚姻需要见证。下面,让我们用热烈的掌声,有请我们今天的证婚人,来自××××的××先生。掌声欢迎。

(证婚人致辞)

谢谢我们的证婚人。让我们的一对新人,面向证婚人深鞠一躬,表达感谢。好的,掌声欢送证婚人。

现在,让我们用热烈的掌声,有请主婚人上场,来自××××的×××先生。掌声欢迎。

(主婚人上台致辞)

谢谢我们的主婚人。让我们的一对新人,面向主婚人深鞠一躬,表达感谢。好的,掌声欢送主婚人。

(双方父母)

今天,一对新人喜结连理,他们要携手走上自己的婚礼殿堂,比他们更为开心自豪的是他们的爸爸妈妈们。在大家用掌声为新人送上祝福的时候,也不要忘记了在他们身后,劳苦功高的父母。其实,这些年,爸爸妈妈风里来雨里去,爸爸妈妈真的不容易啊。

从儿时的蹒跚学步,到今天的长大成人,组建新的家庭,无时无刻不包含着父母对儿女深深的爱。

今天,二位新人对父母的感恩之心,无法用语言来表达,只能够通过一杯浓浓的香茶,来表达对父母浓浓的感恩。

朋友们,让我们把掌声送给爸爸妈妈们,有请新郎新娘的双方父母,隆重登场!

(双方父母登台、坐定)

朋友们,我们知道,中国有个习俗,那就是敬改口茶。敬茶的时候啊,就不能再叫以前的叔叔阿姨了,得改口叫爸、叫妈了。

今天呢,新娘子过门儿,要给新郎官儿的爸妈敬改口茶。

咱们首先给爸爸敬茶,说声:"爸爸,请喝茶。"

来,新娘子,咱们给妈妈敬茶,说声:"妈妈,请喝茶。"让我们感受一下新娘子的声音甜不甜啊。

好的,现在是新郎官儿敬改口茶的时间了,新郎官儿咱们大点儿声叫爸爸,让岳父大人看到你的阳刚之气,放心把女儿交到你的手上。来,朋友们给他一点掌声鼓鼓劲儿,给爸爸敬茶,说声:"爸爸,请喝茶。"

来,新郎官儿,咱们给妈妈敬茶,别太大声,别把妈妈给吓着了。温柔点儿叫她,像我这样来啊:"妈妈,请喝茶。"让我们感受一下新郎官有多么温柔啊。

好嘞,茶也敬了,口也改了,红包也收了。一对新人现在面向父母行鞠躬礼:

一鞠躬,感谢父母,含辛茹苦。

二鞠躬,祝父母万事如意,身体健康。

三鞠躬,孩儿已经长大,孝顺父母理所应当。

朋友们,今天是个喜庆的日子,下面让我们用掌声,有请我们的亲属代表上前致辞,为新人带来祝福。

(男方或女方的父亲或母亲致辞)

谢谢爸爸,爸爸的致辞让我们感受到了爸爸的深情厚谊,爸爸是带着一颗感恩的心来感谢大家的,谢谢大家,也请大家用掌声给我们的爸爸妈妈送上祝福。

(交换戒指)

今天我非常荣幸能够站在世界上最幸福的新人身边,为他们主持婚礼大典。朋友们,婚礼是一种命名,苍天之下,命名永远。要求的是一生一世的相依相伴,没有终身相伴的决心,不可妄称夫妻。一旦结为夫妻,不可轻易离弃。

如果你们愿意把你们的一生交给对方。请你们互相面对,用真诚的信念,回答我的婚礼誓言。

(面对新郎)

新郎,××,请你看着你爱人×××的眼睛,回答我的婚礼誓言。

××,你是否愿意与你眼前这位已经与你相爱七年,共同走过七年美好的青春,一起分享七年来的开心难过、喜悦悲伤的这位美丽的姑娘,×××结为夫妻,无论是疾病健康,还是贫穷富贵,你都愿意像你的爸爸妈妈爱你那样,永远爱她,照顾她,帮助她,鼓励她,不能让她受到一点点的委屈,一点点的伤害,用你所有的爱,给×××

一个美好的明天,你愿意这样做吗?

(面对新娘)

新娘,×××,请你怀着真诚的信念,回答我的婚礼誓言。

×××,你是否愿意与你眼前这位七年前开始追求你,疼了你七年,爱了你七年,并决心担当起一个男人的重任,与你组建家庭,娶你为妻的男人,××结为夫妻,无论是疾病健康,还是贫穷富贵,你都愿意永远是××的坚实后盾,生活中,事业上,照顾他,帮助他,鼓励他,关怀他,用你所有的爱,给××一个温暖的家。你愿意这样做吗?

我愿意。简单的三个字,道出了一对新人的心声。这情感,打动了天地;这情感,感动了山河;这情感,深深地打动了我们的心。

百年修得同船渡,千年修得共枕眠。一对新人,为了表达他们千年修来的缘分,要交换心中最好的定情信物。

一对新人的定情信物,是圆圆的戒指。圆圆的戒指,代表的是圆圆满满,希望通过这枚小小的同心圆,能够锁住你们一生一世的爱恋。

现在新郎新娘共同佩戴定情信物。

愿你们守住终身不悔的誓言,记住终身不变的承诺,执子之手,与子偕老。

(夫妻对拜)

下面两位新人行夫妻对拜礼。

一鞠躬。一生一世一心一意。

二鞠躬。两心相应甜甜蜜蜜。

三鞠躬。三生有幸永结同心。

朋友们,二位新人从七年前开始相识、相知、相爱,经历了很多难忘的故事,今天是他们终生难忘的时刻,在这个特殊的时刻,新郎××,请你深深地拥吻你爱人的左手,拥吻左手,代表着昨天,昨天已经过去,美好的回忆永留心中。你们有着非常美好的过去,记住那深深的情,记住那浓浓的爱。

新郎××,请你深深地拥吻你爱人的右手,拥吻右手代表着今天,就在今天,你们两个终成眷属,一起品味收获爱情终成正果的喜悦,就在今天,你们开启人生崭新的一页,谱写婚姻生活的新篇章。

现在新郎××,请你用你所有的热情所有爱去深深地拥吻你心中的女神吧!

深深地拥吻吧,这代表着未来的人生旅程,将由你们两个共同走过;深深地拥吻吧,这代表着美好的幸福生活,将由你们两个共同创造。

尊敬的各位来宾,让我们共同见证,公元××××年×月×日,新郎,××,新娘,×××,缘定今生!

祝福你们,真爱一生,真爱永恒!

(其他仪式)

（香槟塔）

朋友们，一对新人要攀登爱情的圣塔，开启幸福的源泉，浇灌你们的幸福香槟塔。

一对新人的爱情，通过香槟，在香槟塔里慢慢地交汇，在慢慢地交融，在慢慢地倾诉。

带着一丝沉静，一份从容。这是甘露，新人沐浴在爱的奔流中。这是源泉，新人在甜蜜中永浴爱河。这芬芳的香槟，像潺潺的溪水、涓涓的河流；这洁白的酒花，带着新人的喜悦与甜蜜，欢快地在流淌；新人用一份真诚去浇灌，用甜蜜的爱情去播种；几分耕耘，获得几分收获，开花、结果；这收获的喜悦，这浪漫的时刻，有朋友们浓浓的祝福，有新人父母的深切嘱托，有新人彼此的一份心愿。酒香飘逸，甜蜜相随，让爱源远流长！

（切蛋糕）

接下来，有请新郎新娘切百年好合蛋糕，为新的生活剪彩。

夫妻同心，其利断金，接下来的日子里，只要小两口心往一处想，劲往一处使，日子就一定甜甜蜜蜜，顺顺利利。

（抛花球）

同时，对于现在在热恋中想结婚的，或者希望找到爱情的年轻的朋友们，新娘这里还有一份大礼要送给你们，那就是新娘的花球。我们都知道，新娘的花球是婚礼中最喜气、最吉祥的物品，谁得到了这颗花球，谁就能在情场大丰收，跟随着这一对新人的脚步，继续步入幸福的婚姻殿堂。但是这颗花球只有一个，得到这颗花球的人，不仅要运气好，还要有一定的技巧，因为新娘会背对着你们，把花球抛出，得到花球的唯一办法就是"抢"！

来，年轻的朋友们，请赶紧到会场中央集中，从新娘的手中接过祝福，快一点，赶紧把好位置抢到！

（喝交杯酒）

朋友们啊，我们的新人已经是一对合法的夫妻了。好夫妻长相守，相爱的人都要喝一杯交杯酒。一对新人要共饮爱情的美酒，朋友们，幸福的美酒蕴含着他们相识、相知、相恋的七年当中的每一年、每一月、每一分、每一秒，一对新人要各拿一杯，手挽着手，共同饮下爱情的美酒。

喝了这杯酒，一生手牵手。喝了这杯酒，相伴到永久。

谢谢。谢谢大家送来热情的掌声。

（结束）

非常感谢朋友们的捧场，接下来，让我们用祝福的掌声欢送新郎新娘去后台更衣，等一下新娘将会穿着美丽的新娘装来给各位嘉宾敬酒。掌声欢送新郎新娘！

让我们祝福新郎新娘一心一意情意绵，二心相悦似蜜甜，三生有幸结良缘，四方贵人齐来全,五福临门合家欢,六六大顺庆团圆,七星高照全家福,八仙过海来祝愿,九九相依又相伴,十分美好到百年!

新郎新娘为答谢各位亲朋好友,准备了丰盛的美食美酒,愿各位吃好、喝好,共享今晚的快乐喜庆!

下面我宣布,婚礼圆满成功,喜筵开始!

参 考 文 献

[1] 曹洁,封莉. 沟通与演讲[M]. 北京:北京理工大学出版社,2018.
[2] 杜景平. 英文演讲[M]. 北京:对外经济贸易大学出版社,2018.
[3] 刘金来. TED演讲的技巧:18分钟高效表达的秘诀[M]. 北京:中国纺织出版社,2018.
[4] 卫峰. 销售口才与实用技巧[M]. 北京:中国纺织出版社,2018.
[5] 李春梅,马飞羽,唐秀丽. 演讲与口才[M]. 成都:电子科技大学出版社,2017.
[6] 应建芬. 名校毕业典礼演讲经典品读[M]. 杭州:浙江大学出版社,2017.
[7] 赵飞. 口才智慧[M]. 北京:中国言实出版社,2017.
[8] 王坤,李晓燕. 普通话与口才训练实用教程[M]. 成都:西南交通大学出版社,2017.
[9] 郑一群. 脱稿讲话:顶级演讲的10个秘诀[M]. 北京:新华出版社,2016.
[10] 陈权. 演讲是个技术活:15招搞定当众演讲[M]. 广州:广东经济出版社,2016.
[11] 赵铭磊. 实用演讲口才与技巧[M]. 北京:中国纺织出版社,2015.
[12] 陈卫峰. 实用谈判口才与技巧[M]. 北京:中国纺织出版社,2015.
[13] 王兵. 我的演讲[M]. 沈阳:沈阳出版社,2014.
[14] 刘植荣. 世界商界领袖演讲精选[M]. 南昌:江西人民出版社,2014.
[15] 无极. 30天掌握一流演讲口才[M]. 北京:中国经济出版社,2013.
[16] 索燕华,楼佳丽. 习近平国际场域政治演讲之中华传统文化映射[J]. 华侨大学学报(哲学社会科学版),2019(4).
[17] 石晶. 巧妙化解演讲中的紧张心理[J]. 赤子,2019(18).
[18] 赵昱帆. 浅析驾驭演讲现场气氛的方法[J]. 视听,2019(6).
[19] 周红兵. 修辞情境对政治演讲的控制[J]. 湖北大学学报(哲学社会科学版),2015(3).
[20] 福赛斯. 演讲与发言:高招种种[M]. 常玉田,译. 北京:对外经济贸易大学出版社,1998.
[21] 法斯特. 体态语言[M]. 昆明:云南人民出版社,1998.
[22] 王瑞泽. 我为演讲狂:我有一个梦想[M]. 青岛:青岛出版社,2010.
[23] 刘晓树. 慷慨激昂的80篇名人演讲[M]. 天津:天津科学技术出版社,2009.

[24] 张泉君.著名教育家演讲鉴赏[M].济南:山东人民出版社,1995.

[25] 中共天津滨海新区工委宣传部.滨海大讲堂名家演讲集:思想构建价值[M].北京:知识产权出版社,2009.

[26] 石川,林郁.演讲经典99[M].济南:山东人民出版社,2005.

[27] 段晓平.普通话水平测试训练教程[M].杭州:浙江大学出版社,2002.

[28] 林郁.卡耐基的说话教室[M].成都:四川人民出版社,1998.

[29] 方州.说话的艺术[M].北京:中国华侨出版社,2005.

[30] 黄伯荣,廖序东.现代汉语(精简本)[M].6版.北京:高等教育出版社,2018.

[31] 段淑梅.商务谈判[M].北京:机械工业出版社,2010.

[32] 张国良.商务谈判[M].杭州:浙江大学出版社,2011.

[33] 杨晶.现代商务谈判[M].北京:中国人民大学出版社,2009.

[34] 赵洪义.演讲心理压力的产生及消解[J].职业技术教育研究,2005(9).

[35] 吴春来.巧用朗诵,推波助澜[J].语文天地,2005(20).

[36] 刘树宏."怯场"并非不治之症——谈演讲怯场的科学调适[J].思维与智慧,2000(5).

[37] 余丹英.情绪接触——谈演讲者与听众的沟通[J].中国科技信息,2005(2).

[38] 谢伦浩.论语言素质教育[J].现代大学教育,2002(3).

[39] 王金玲.论幽默语言的特征与技巧[J].外语学刊,2002(3).

[40] 周金川.训练学生口才的几种途径[J].语文教学与研究,2002(3).

[41] 苏德超.大言不辩——日常论辩如何软化对立[J].演讲与口才,2000(2).

后 记

长期的教学实践,让我们深感培养和有效提高青年学生的语言表达及应用能力对个人成长是多么的重要,也是多么的迫切!我们一直倡导青年学生在努力学好专业知识的前提下,掌握较为熟练的演讲技能,这对学生提高自身素质,构建完整的知识体系,以及对学生将来走入社会,创造良好的工作业绩,都能起到非常大的作用。我们希望,青年学生不仅专业知识扎实过硬,而且个个思维敏捷、能说会道,在日趋激烈的社会竞争中左右逢源,如鱼得水。

本教材的成型与修订得益于多位同仁不辞辛劳的工作,在此,衷心感谢各位老师在百忙之中参与编写与整理工作,为本书付出辛勤的汗水。

本书编写人员及分工如下:

第一章　　西华大学:樊洁

第二章　　西华大学:王庆

第三章　　哈尔滨广厦学院:王莫楠

第四章　　西华大学:武小军

第五章　　哈尔滨广厦学院:王莫楠

　　　　　成都信息工程学院银杏酒店管理学院:李瑞泉

第六章　　西华大学:武小军

第七章　　哈尔滨广厦学院:王莫楠

第八章　　西华大学:王庆

附录一　　西华大学:樊洁

附录二　　西华大学:王庆、樊洁

　　　　　成都信息工程学院银杏酒店管理学院:张晓艳

本书虽已付梓,但由于时间仓促,加之水平有限,书稿难免薄弱,不足之处敬望各位专家、学者以及读者批评指正。

武小军
2022 年 1 月

郑重声明

高等教育出版社依法对本书享有专有出版权。任何未经许可的复制、销售行为均违反《中华人民共和国著作权法》，其行为人将承担相应的民事责任和行政责任；构成犯罪的，将被依法追究刑事责任。为了维护市场秩序，保护读者的合法权益，避免读者误用盗版书造成不良后果，我社将配合行政执法部门和司法机关对违法犯罪的单位和个人进行严厉打击。社会各界人士如发现上述侵权行为，希望及时举报，本社将奖励举报有功人员。

反盗版举报电话　（010）58581999　58582371　58582488
反盗版举报传真　（010）82086060
反盗版举报邮箱　dd@hep.com.cn
通信地址　北京市西城区德外大街4号　高等教育出版社法律事务与版权管理部
邮政编码　100120

教学资源服务指南

扫描下方二维码,关注微信公众号"高教社极简通识",学生可学习名校通识课,教师可学习教师培训课程、免费申请课件和样书、观看直播回放等。

名校通识课

点击导航栏中的"名校通识",点击子菜单中的"课程专栏",即可选择相应课程进行学习。

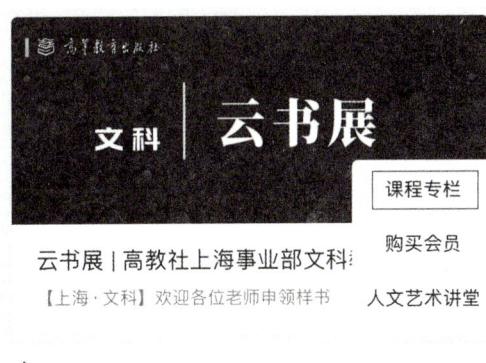

教师培训

点击导航栏中的"教师培训",点击子菜单中的"培训课程",即可选择相应课程进行学习。

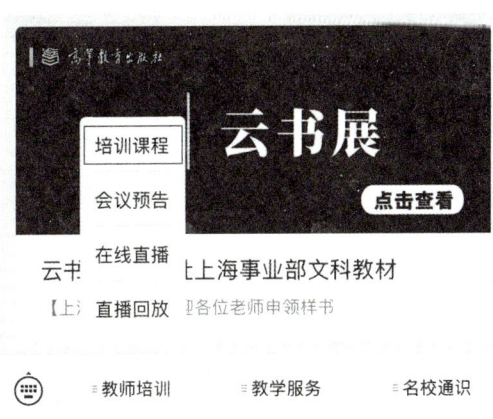

教学资源服务指南

课件申请

点击导航栏中的"教学服务",点击子菜单中的"课件申请",填写相关信息即可申请课件。

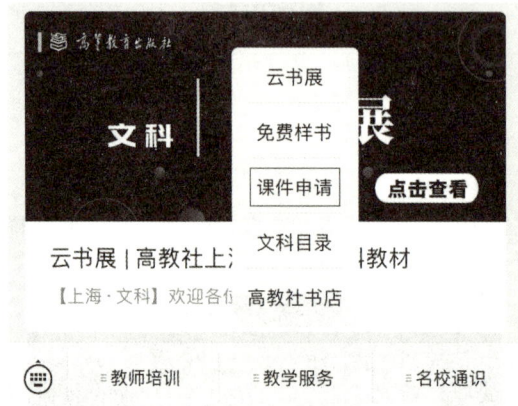

样书申请

点击导航栏中的"教学服务",点击子菜单中的"免费样书",填写相关信息即可免费申请样书。

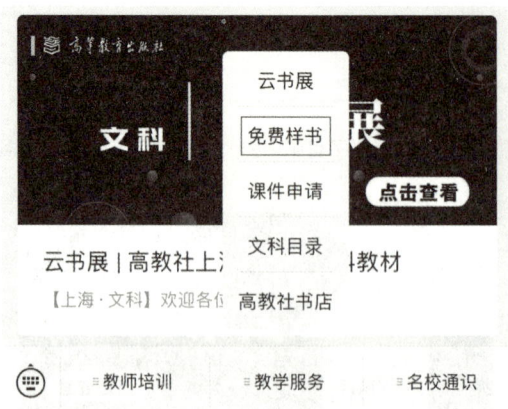